Luis López Vázquez

40 EXCURSIONES diferentes alrededor de MADRID

RECORRIDOS A PIE POR LAS PROVINCIAS DE Madrid, Ávila, Cuenca, Guadalajara, Segovia y Toledo

EDICIONES LA LIBRERÍA

AGRADECIMIENTOS

Este libro quiero dedicárselo muy especialmente a mis padres y a mi mujer por la inestimable ayuda, comprensión, y paciencia que en mí depositaron en la realización del proyecto. También quiero agradecer a Miguel Ángel Acero su desinteresada colaboración en la recopilación del material fotográfico, así como su compañía y la de su hermano Rafa a la hora de acompañarme en las salidas al campo. Asímismo voy a destacar una vez más la eficacia de Sonia Jiménez al pasar mis textos al ordenador y las rapidísimas respuestas informáticas de Javier García a mis reiteradas consultas.

1ª Edición 1999
2ª Edición 2001
3ª Edición 2003

C/ Mayor, 80
28013 - Madrid
Teléf.: 91 541 71 70
Fax: 91 548 93 93
E-mail: info@edicioneslalibreria.com

Cartografía: Ediciones La Librería

I.S.B.N.: 84-89411-40-9
Depósito Legal: M-45.276-2003
Impreso en España/*Printed in Spain*

ÍNDICE

RECORRIDOS

MADRID

ÁVILA

CUENCA

Introducción

Cuando se planteó la idea de realizar un libro de senderismo que agrupase bajo un sólo título las mejores excursiones que a criterio mío pudieran ser catalogadas como tales, me vino a la cabeza un número casi infinito de recorridos y enclaves que cumplían tal requisito. Según fue madurando el proyecto diversos principios, algunos de ellos subjetivos lo reconozco, fueron reduciendo su cifra hasta quedarse en un total de 40 excursiones que como refleja el título del libro pueden ser catalogadas de diferentes. Con la inclusión del adjetivo "diferentes" quiero incidir en que seguramente no van a estar incluidas un gran número de propuestas que están en la cabeza de todos, como sucede con la Sierra de Guadarrama, ya que he preferido reseñar otras zonas y espacios no tan conocidos pero igualmente interesantes, antes que agrupar itinerarios archiconocidos y publicados en un sin fin de guías excursionistas. Esta misma razón me ha llevado a la búsqueda de recorridos alternativos o menos conocidos, antes que recoger los de mayor renombre en determinados enclaves que no podían faltar en el presente libro, como es el caso de la Sierra de Gredos, aunque bien es cierto que en numerosas ocasiones los propios condicionantes físicos –falta de caminos, cortados, pedreras, ríos...– me han impedido llevar a la práctica tales variaciones, y aún así siempre he tratado introducir algún cambio respecto a rutas ya recogidas en otras publicaciones. Por último señalar la inclusión de 20 recorridos totalmente inéditos, algunos de ellos por enclaves tan cercanos e incomprensiblemente olvidados que todavía no me explico como no han sido recogidos en ninguna obra excursionista, como es el caso de la Sierra del Hoyo de Manzanares, el Encinar de Boadilla del Monte o la misma Peña Cadalso, todos ellos en la Comunidad de Madrid, aunque también hay ejemplos en la provincia de Ávila, Sierra de la Higuera, en Segovia, Sierra del Caloco, o en Toledo, con la Sierra de San Vicente.

En otro orden de cosas diré que los recorridos se limitan, a parte de Madrid, a las provincias más cercanas a la nuestra como son las de Ávila, Segovia, Guadalajara, Cuenca y Toledo, aunque ocasionalmente se pueden exceder estos límites en alguno de los trayectos. Las excursiones están pensadas para realizarse en el mismo día, así que el kilometraje por carretera en ningún caso sobrepasa los 200 km de longitud (ida), o si lo hace es por muy poca diferencia, distancia más que razonable si pensamos en la notable mejoría que han experimentado las carreteras nacionales que en poco menos de dos horas nos situarán en el punto más alejado. De todas formas si tenemos pensado desplazarnos durante un fin de semana, un puente, o durante unas vacaciones, indicar que la proximidad de algunas de las excursiones entre sí nos va a permitir realizar varias sin perder mucho tiempo en los desplazamientos, sacándole el máximo provecho a esta guía que es de lo que se trata.

Sin nada más que comentar por mi parte espero que sea del agrado del lector las excursiones que a continuación propongo, con la seguridad que muchas de ellas dejaran una inolvidable impronta en su memoria como así lo hicieran en la mía. Que las disfruten.

SIGNOS CONVENCIONALES

P Aparcamiento	Enclave botánico destacado
Fuente	Ermita
Cascada	Resalte rocoso
Puente	Refugio
Búnker	Cueva
Monumento	Enclave faunístico destacado
Vista panorámica	Área recreativa

ALGUNAS CONSIDERACIONES ANTES DE EMPEZAR

Las 40 excursiones que a continuación pasan a detallarse vienen precedidas de un pequeño recuadro introductorio donde se recogen y comentan distintos apartados relacionados con el recorrido. Aquí encontraremos además de breves notas relacionadas con el medio físico –geología, clima, relieve, geografía, altitudes, hidrología, procesos erosivos...–, la vegetación, o la fauna de la zona por donde transcurre el recorrido, otros apuntes necesarios para el conocimiento y valoración de la actividad propiamente dicha. Asimismo se acompaña cada excursión con la reproducción de un mapa topográfico donde se recoge esquemáticamente la ruta y sus puntos de referencia más importantes, y el consabido texto narrativo en el que se describe, reflexiona y valora cada uno de los itinerarios propuestos con el fin de convertir la andadura en un sencillo y placentero día de campo.

Seguidamente paso a comentar cada uno de los apartados:

- **marco geográfico**: breve reseña donde se enumeran los elementos básicos que caracterizan el enclave natural por donde discurre el recorrido. Aquí encontraremos todos los datos relacionados con la ubicación, la altimetría, el relieve, su litología y los procesos erosivos que han modelado el actual paisaje.
- **vegetación**: comentario explicativo de las profundas transformaciones que han sufrido nuestros bosques en los últimos tiempos. Se reseñan causas, alteraciones, procesos, así como una detallada descripción de las especies arbóreas y arbustivas.

- **fauna**: somera compilación de las especies más representativas de cada espacio natural.
- **kilómetros desde Madrid**: medición exacta de la distancia que separa la capital del punto de inicio de la excursión. Se ha calculado mediante programa informático.
- **distancia total**: trayectos medidos considerando la ida y la vuelta, especificándose en aquellos en los que sólo se contempla la ida –recorrido lineal–. Medición realizada con curvímetro.
- **duración total**: tiempos tomados para un paso normal en los que se incluye las paradas necesarias para recuperar fuerzas.
- **tiempos de marcha**: sucesión detallada de cronometrajes en puntos escogidos del recorrido.
- **desnivel**: será el máximo a superar.
- **dificultad**: valoración subjetiva de la dureza del recorrido generalmente referido a su desnivel y longitud. Atendiendo a estos dos parámetros las dificultades han sido clasificadas como nula-baja-media-alta, y siempre condicionadas a situaciones climatológicas benignas (sin hielo y nieve).
- **tipo de camino**: se especifica si es pista forestal, senda, trocha, o bien la total ausencia de las mismas. También se señala el tipo de recorrido; lineal, circular, o de ida y vuelta.
- **agua potable**: información de gran ayuda para calcular nuestras necesidades.
- **época recomendada**: se señalan los fines de semana más indicados para realizar la excursión.
- **sugerencias**: abanico de información muy variada que recoge todo tipo de opciones, indicaciones, consejos y demás propuestas con el fin de completar aún más todas las posibilidades del itinerario.
- **cartografía**: se indica dentro de qué número de hoja se encuentra el recorrido, su escala más adecuada y el organismo que lo edita.

MADRID

RUTAS

1. LA CASA DE CAMPO DE MADRID
2. EL ENCINAR DE BOADILLA DEL MONTE
3. LAS MACHOTAS
4. PICO DE LA ALMENARA
5. PEÑA CADALSO
6. PEÑA CENICIENTOS
7. SIERRA DEL HOYO DE MANZANARES
8. CERRO DE SAN PEDRO
9. SIERRA DE LA CABRERA
10. PUEBLA DE LA SIERRA; UNA VUELTA POR SUS CUMBRES

MARCO GEOGRÁFICO

Al analizar el relieve de la Casa de Campo para definir su principal característica, basta con otear su paisaje para darnos cuenta que nos encontramos ante un relieve ondulado de suaves pendientes, en una sucesión casi perfecta de lomas y vaguadas. La mayor parte del parque tiene una altitud media comprendida entre los 600 y 650 metros, a excepción hecha de los extremos occidental y oriental, donde ésta es mayor y menor respectivamente. Ello se debe a que toda la Casa de Campo pertenece al valle del río Manzanares drenando todos sus arroyos al mismo, lo que hace que cuanto más nos alejemos del cauce del río la altitud empiece a aumentar progresivamente. Las alturas máximas, por tanto, las vamos a encontrar en su borde más occidental, en el mismo límite con el municipio de Pozuelo de Alarcón, situándose su mayor altitud en la Puerta de Somosaguas, con 690 metros; le siguen en importancia los 677 m de la Puerta de Rodajos. Pero va a ser en los pequeños cerros y lomas por la sensación de relieve que dan al resaltar de su entorno, donde también encontremos alturas destacables. De entre todos ellos sobresale el Cerro de Garabitas, por ser el punto más señalado de la topografía del parque; sus 676 metros y su buen emplazamiento hacen de él un lugar obligado en la visita al parque. Otras altitudes importantes son; el Cerro Morán (651 m), el Cerro de las Canteras (638 m), el Cerro de las Covatillas (652 m), o el Cerro de las Animas (653 m), donde se encuentra la Estación Terminal del Teleférico.

Por lo que respecta a las vaguadas, decir que todas ellas se encuentran recorridas por una serie de arroyos de tercer orden, de dirección O-E perpendiculares al río Manzanares. Estos cauces en su mayoría tienen su nacimiento dentro del parque al recoger las aguas de escorrentía de las laderas próximas, sin embargo, los más importantes tienen su origen fuera de él, caracterizándose por presentar una mayor longitud, un caudal permanente y una amplia red de subafluentes. Entre estos últimos cabe destacar los arroyos Antequina y Meaques.

VEGETACIÓN

Dos son los ámbitos naturales que se desarrollan dentro del parque; las zonas de vaguadas recorridas por arroyos y ocupadas por bosques de galería, y las áreas de ladera, donde el encinar y el pinar encuentran su hábitat natural.

La vegetación riparia tiene como característica fundamental la dependencia con el agua, por tanto siempre encontraremos esta formación vegetal ligada a cauces y suelos con nivel freático poco profundo. Así, en la Casa de Campo se pueden encontrar buenos ejemplos de estos sotos en aquellos arroyos que mantienen el caudal gran parte del año, como es el caso del Meaques, Prado del Rey y Antequina, con una gran variedad de especies entre las que destacan, sauces, fresnos, chopos, álamos, robles..., siempre acompañados por un denso sotobosque.

Por lo que respecta a los encinares decir que éstos corresponden con la vegetación potencial de la zona, aunque hoy en día ocupan una superficie menor que la del pinar, debido en gran parte a las talas y quemas realizadas desde antaño y que tuvieron una especial virulencia durante la Guerra Civil. Aún así abundan sobre todo en el sector central de la Casa de Campo, con ejemplares de gran porte que ofrecen una apariencia adehesada.

Actualmente el Ayuntamiento de Madrid se ha propuesto recuperar el antiguo esplendor de estos encinares, con acertadas repoblaciones de bellota en las zonas más desforestadas y regeneración de los existentes.

Por extensión el pino es el árbol más importante dentro del parque, aunque paradójicamente ha sido el último en llegar. La explicación se encuentra en la gran capacidad que tiene el hombre como agente modificador del medio natural, con masivas repoblaciones en la década de los 50 y 60 no del todo afortunadas, ya que se han realizado siempre en detrimento del encinar, aunque no del todo extrañas, ya que en el siglo pasado también se llevaron a cabo alguna de ellas, como así lo atestigua el magnífico pinar de las Siete Hermanas. Aunque la especie dominante es el pino piñonero, señalar que también se pueden encontrar algunos individuos de pino carrasco y negral.

FAUNA

Al igual que ha sucedido con la flora, la actual fauna de la Casa de Campo es el resultado de las profundas alteraciones producidas en el medio natural por la presión humana. El encinar original albergaba una comunidad faunística muy rica mantenida a lo largo de la historia al ser declarada la Casa de Campo como Real Sitio, y que no difería mucho de la que ofrece en la actualidad el Monte del Pardo. No obstante y a pesar de la fuerte presión a la que se ve sometida, la Casa de Campo encierra una gran variedad de especies animales que han sabido adaptarse a los cambios producidos. Entre ellas destacan:

— Aves: ánade real, perdiz roja, polla de agua, gaviota reidora, abubilla, mirlo, palomas zurita, torcaz y tórtola, mochuelos y picapinos.

— Anfibios y reptiles: gallipato, sapo corredor, rana común, culebra viperina y galápago leproso.

— Mamíferos: erizo, rata de agua, ratón de campo, liebre y conejo.

DISTANCIA TOTAL: 3,7 Km.
DURACIÓN TOTAL: 2 horas.
DESNIVEL: 35 metros.
DIFICULTAD: nula. Apta para todas las edades.
TIPO DE CAMINO: pista forestal y senda. Recorrido circular.
AGUA POTABLE: existen dos fuentes; la de Rodajos y la del Zarzón, esta última en las inmediaciones del Puente de la Culebra.
ÉPOCA RECOMENDADA: sin lugar a duda el otoño y la primavera.
SUGERENCIAS: detenerse tranquilamente a leer los paneles explicativos de la vegetación y fauna que mora en la Casa de Campo.
CARTOGRAFÍA: hoja 559-III escala 1:25.000 del I.G.N.

Uno de los rincones más bonitos y desconocidos de la Casa de Campo es sin lugar a duda el que crea los arroyos Meaques y Prado del Rey. Para su contemplación y disfrute debe uno acercarse hasta las inmediaciones del Parque Zoológico, casi a su aparcamiento, donde se ubica la pequeña ermita de San Pedro, también llamada de Los

Carabancheleros, por la romería que antaño se hacía desde ese barrio hasta aquí. Hoy en día la ermita, construida en el año 1954, se encuentra cerrada al culto y la imagen de la virgen se ha almacenado en las dependencias que el Ayuntamiento de Madrid posee en la antigua Casa de los Vargas, palacio adquirido por Felipe II junto a los primitivos terrenos que configuraron la Casa de Campo, actual sede del Instituto Municipal de Deportes.

La ermita se sitúa junto a un recodo que hace la valla del Zoo, muy próxima al moderno Aquarium, custodiada por esbeltos árboles entre los que destaca un magnífico ejemplar de cedro. Para comenzar el recorrido debemos dirigirnos hacia el Puente del Àlamo Negro y tomar la carretera del Zarzón, acertadamente cortada al tráfico rodado desde hace tiempo. El puente salva las aguas del arroyo Meaques antes de que se adentre en los terrenos del Zoológico, y toma el nombre de los numerosos álamos que aquí existen. Nada más sobrepasarlo abandonaremos la carretera que gira a la izquierda y continuaremos por el camino que justo enfrente sube paralelo a la valla, para en escasos momentos descender ligeramente camino de una pequeña vaguada por donde discurren plácidamente las aguas del arroyo Prado del Rey, sin embargo no habrá que recruzarlo y si tomar la senda que a la izquierda comienza a remontar el cauce por su misma linde.

La vegetación de ribera que en él se asienta está básicamente representada por fresnos, álamos, sauces y algún olmo, siempre acompañados por un tupido sotobosque de aspecto enmarañado donde destacan majuelos, rosales silvestres, zarzas..., que confieren a este espacio una presencia casi selvática muy poco alterado por el hombre. Fuera de los márgenes del arroyo la vegetación se reduce a algunos ejemplares de encina de gran tamaño y a recientes plantaciones de pino piñonero.

En escasos 15 minutos aparecerá a la izquierda una pequeña vaguada cubierta por cepas jóvenes de olmo, por donde discurre muy ocasionalmente el arroyo llamado de los Civiles. Nada más sobrepasarlo, habrá que cambiar de orilla por el sen-

dero que, 50 metros más adelante, vadea el lecho por la derecha en busca de la margen contraria por donde progresa otro camino oculto por un sombrío pinar. Durante el paseo se puede apreciar como el Ayuntamiento esta llevando a cabo una importante labor de conservación y regeneración forestal en la Casa de Campo, con especial incidencia en los sotos, con plantaciones selectivas acordes con el medio natural. Sin perdida alguna, se sobrepasa una pequeña alberca circular que antaño recogía las aguas del arroyo de Prado del Rey para a través de acequias distribuirlas a los campos de cultivo que existían cuando el parque aún era posesión real. En escasos metros hallaremos una pequeña caseta semiderruida tras la cual se esconde la fuente de Rodajos, cuya apariencia actual data de 1966, aunque recientemente ha sido desviado su caudal hacia el lecho del arroyo. Esta fuente hace en la actualidad de cabecera de las aguas aunque el cauce natural prosigue más arriba, sobrepasando los límites del parque.

Si lo remontamos en breves instantes llegaremos a la antigua tapia mandada construir por Carlos III para delimitar el Real Sitio, realizada en ladrillo con sólida mampostería y toda ella cubierta en losas de piedra berroqueña. Paralelo a la cerca discurre una pista que tomaremos a la izquierda, remontando la loma que forma el Cerro del Espinillo, separación natural de aguas entre los arroyos Meaques y Prado del Rey. Antes de llegar al cauce del primero se cruza de nuevo la carretera del Zarzón, en cuyas inmediaciones se situaba una de las numerosas puertas de acceso que existían, y que desgraciadamente no ha llegado a nuestros días. En la actualidad esta explanada esta dedicada al esparcimiento de los madrileños, con columpios, mesas y fuentes para tal menester, en una zona donde abundan las praderas y la buena sombra. También existe un pequeño monumento circular con un madroño en el centro que el entonces alcalde Agustín Rodríguez Sahagún inauguró en el año 1989, como así indica una placa conmemorativa.

Pero es sin lugar a duda el pequeño estanque que represa las aguas del Meaques lo que más llamará nuestra atención y con él su desconocido Puente de la Culebra, construcción de serpenteante trazado hecha en ladrillo y piedra. Las orillas del estanque se encuentran protegidas por una valla de madera que rodea todo su perímetro, con paneles informativos de la vegetación y fauna que aquí habitan; dentro de esta última destacar el ánade azulón, la polla de agua, la abundantísima rata de agua, el más esquivo ratón de campo, la temida culebra viperina y el simpático galápago. Tras sobrepasar el puente tomaremos la senda que a la izquierda bordea el estanque hasta alcanzar el pequeño dique de contención, donde también existe otro puente. Continuaremos lo más cerca posible del arroyo a través de las numerosas sendas que existen, con especial atención a los carteles explicativos que aparezcan. Como curiosidad diré que si agudizamos la vista podremos contemplar junto a un marcado meandro del cauce un bunker de la Guerra Civil situado en la orilla opuesta, así como trazados de algunas trincheras (también existen restos en las inmediaciones del Puente de la Culebra nada más cruzarlo).

El fin del itinerario esta próximo al acercarnos la senda al ya conocido Puente del Álamo Negro, punto final de este didáctico itinerario.

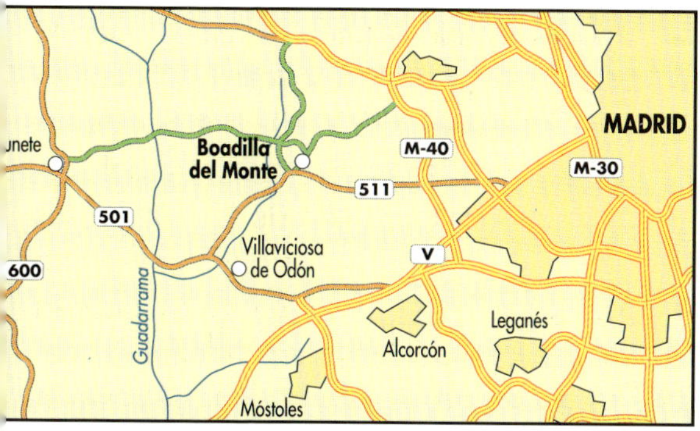

Marco geográfico

El pueblo de Boadilla del Monte se asienta como gran parte de los municipios del cinturón metropolitano de Madrid, en la unidad de relieve que los geógrafos denominan como "campiña" o "llanura de transición", al estar situada entre la Sierra de Guadarrama y la Fosa del Tajo. Esta situación intermedia entre ambas unidades caracteriza en buena medida su geología, formada básicamente por arcillas, arenas y limos procedentes de los derrubios de la sierra, así como su relieve, constituido por una llanura en la que únicamente la posterior incisión del trazado fluvial ha provocado la articulación del relieve, en una sucesión de lomas y vaguadas casi perfecta. Como consecuencia de ello nos vamos a encontrar un paisaje de aspecto uniforme, con suaves pendientes y escasas variaciones altimétricas, pero que ha llegado a nuestros días casi intacto debido a sus connotaciones históricas.

Vegetación

El gran desarrollo urbanístico de los municipios periféricos de Madrid ha provocado la práctica desaparición del primitivo paisaje mesetario que se asentaba en las llanuras de nuestra Comunidad, caracterizado antaño por grandes extensiones de bosques de encinas. De ellos sólo existen actualmente pequeños reductos que diversos avatares han hecho conservar, como es el caso del Monte de Sacedón y el Soto de Viñuelas, ambos de propiedad particular, o el Monte de El Pardo (15.000 hectáreas) y la Casa de Campo, de creación real, o el mismo encinar de Boadilla del Monte, también posesión real que en 1868 pasó a manos privadas.

El encinar de Boadilla ha llegado a nuestros días en un aceptable estado de conservación al formar un bosque de gran porte aunque de apariencia adehesada, que sólo deja paso a un denso jaral en las zonas más degradadas. Otra variación que presenta el encinar es que en la actualidad aparecen algunos pinos piñoneros introducidos por el hombre, o que en los suelos más húmedos, generalmente en las proximidades de los arroyos, es el quejigo el que sustituye a la encina al no soportar esta última los terrenos encharcados. En las zonas de vaguada es el fresno la especie vegetal dominante, al formar también pequeños bosques de aspecto adehesado a causa de las podas a las que se le somete, que le dan una apariencia de porte bajo, con recios troncos que acaban en un muñón del que salen cortas ramas para así favorecer el crecimiento del sustrato herbáceo.

Fauna

Desgraciadamente la fauna que albergaba este bosque sí se ha visto afectada por la presencia del hombre, lo que ha supuesto la desaparición de un gran número de especies. De los moradores que actualmente lo habitan mencionar el conejo y la liebre como las especies más abundantes en número, lo que hace muy fácil su avistamiento, así como el topillo, roedor que nada tiene que ver con el topo como no sea por el hecho de excavar galerías bajo el suelo, claramente detectable por la costumbre que tiene de hacer montones con la tierra extraída. Las aves están mejor representadas aunque no de forma tan abundante; destacan la paloma zurita y torcaz, el mochuelo, la abubilla y el mirlo. Dentro de los reptiles señalar la presencia del lagarto ocelado, el lacertido europeo de mayor tamaño.

KILÓMETROS DESDE MADRID: 17 Km.
DISTANCIA TOTAL: 4,5 Kilómetros.
DURACIÓN TOTAL: 2 horas.
DESNIVEL: 50 metros.
DIFICULTAD: nula. Apta para todos los públicos.
TIPO DE CAMINO: pista forestal y senda. Recorrido circular.
AGUA POTABLE: no hay en todo el camino.
ÉPOCA RECOMENDADA: cualquier estación del año salvo el verano.
SUGERENCIAS: aunque se encuentra cerrado al público, conviene visitar los alrededores del Palacio de los Duques del Infantado, construido por el arquitecto Ventura Rodríguez para el infante Luis de Borbón, hermano de Carlos III. El palacio es de estilo neoclásico y se asienta sobre un pequeño desnivel del terreno, lo que aprovechó el genial arquitecto para trazar bellos jardines de estilo italiano donde se celebraron suntuosas fiestas. La fachada principal también estuvo rodeada de parterres presididos por una gran fuente que también realizó Ventura Rodríguez, y que hoy en día se encuentra separada del recinto por la carretera de Pozuelo.

El palacio perteneció a los duques de Sueca, aunque recientemente el Ayuntamiento de Boadilla del Monte lo ha adquirido para su restauración y posterior uso público.

CARTOGRAFÍA: hojas 558-IV (Villaviciosa de Odón) y 559-III (Madrid SW) escala 1:25.000 del I.G.N.

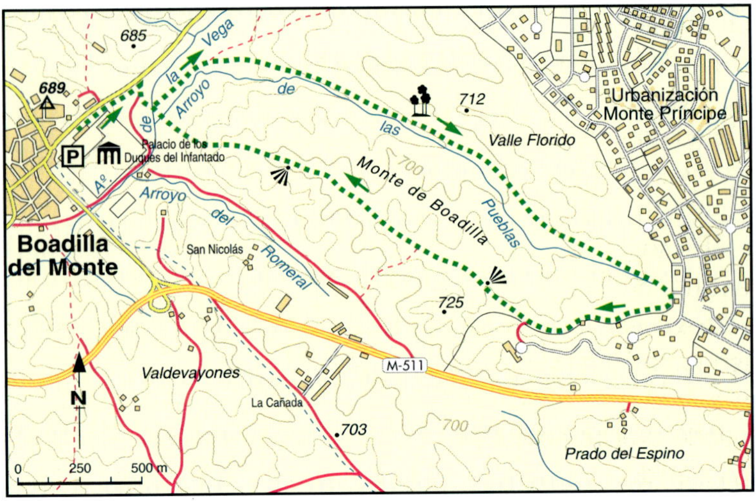

El Palacio de los Duques del Infantado marcará el inicio de este nuevo itinerario, al dejar nuestro vehículo en la gran explanada que hay delante de la fachada principal. Lo primero que haremos será bordear el palacio por la carretera que une la localidad de Boadilla del Monte con Pozuelo de Alarcón, hasta que finalice la tapia del recinto, momento en el cual tomaremos la pista que a la derecha desciende hacia el arroyo de la Vega. Tras cruzar su cauce por un puente elegiremos el ramal de la izquierda, dejando el camino de la derecha para el regreso. En escasos cinco minutos abandonaremos el camino elegido para seguir por el primer desvío que aparece a la derecha, alejándonos definitivamente del arroyo.

El magnífico paisaje que disfrutamos está formado por un encinar adehesado, aunque si nos fijamos con cuidado nos daremos cuenta que en realidad no todo son encinas, ya que existen también muchos quejigos fácilmente confundibles si no se presta la debida atención. Por el contrario en las zonas de vaguada es el fresno la especie dominante, aunque ocasionalmente pueden acercarse a los márgenes de los arroyos también los quejigos.

El camino se adentra en la pequeña vaguada surcada por el arroyo de las Pueblas al que alguna vez nos acercaremos, lo que nos permitirá observar los distintos tipos de vegetación antes comentados. A medida que ganamos altura se puede ver como hacen acto de presencia la jara, la retama y el tomillo, en aquellas zonas donde el encinar está más degradado, así como algunos pinos, uno de ellos especialmente llamativo por su colosal tamaño.

Cuando llevemos unos cuarenta y cinco minutos de paseo el fondo del valle se ensancha, lo que es aprovechado por el fresno para crear un pequeño soto bajo el cual crece una verde y amplia pradera que en primavera nos invitará al sosiego. Tras ella, el camino alcanza la valla que delimita la urbanización Monte Príncipe, lo que nos obligará a girar a la derecha y discurrir paralela a ella durante unos diez minutos.

Siempre que paso por las lindes de la urbanización me vienen a la cabeza dos pensamientos que quiero dejar aquí plasmados; el primero es lo bien que pueden vivir algunos afortunados viendo las enormes mansiones que aquí hay, y el segundo es el enorme poder destructivo que tiene el hombre como agente modificador del medio natural, y que si no se lo preguntan a los parcelistas.

Paralelos a la alambrada ganaremos ligeramente altura hasta dejar a la izquierda el último chalet, justo cuando se corona una pequeña loma. Es aquí donde encontraremos el camino de regreso, el que a la derecha se aparta de la urbanización a través de un denso jaral que recientemente ha sido clareado como medida preventiva contra los incendios. Al andar por lo alto de una loma vamos a gozar de unas vistas que no tuvimos en la ida, apreciando con toda nitidez la extensión de este magnífico bosque. También disfrutaremos de una amplia panorámica sobre la Sierra de Guadarrama, que abarca desde el monte del Abantos hasta el pico de La Najarra, así como del cercano pueblo de Boadilla del Monte. En suave descenso nos iremos aproximando a este último hasta que aparezca de nuevo el palacio, al cual nos dirigiremos por camino ya conocido en busca de nuestro vehículo, concluyendo de esta forma un bonito y cercano itinerario.

Marco geográfico

La sierra de Guadarrama es el tercero de los grandes bloques (con Gredos y Ayllón) que configuran el Sistema Central. Se caracteriza por el predominio de los materiales metamóficos y por presentar formas arrasadas de erosión en su lína de cumbres, que mantienen una orientación SO-NE. El sector occidental lo forma la Sierra de Malagón que tiene su máxima altitud en el pico de Cueva Valiente (1903 m), de la cual las cumbres de Las Machotas representan su sector más meridional. Dos son los tipos de rocas que vamos a encontrar, el granito y el gneis, dándose la peculiaridad que cada una de las cumbres está constituida por uno de estos dos materiales: la Machota Alta (1466 m) por gneis y la Machota Baja (1404 m) por granito, en una de las transiciones más limpias que se pueden observar en la Sierra de Guadarrama.

Vegetación

La vegetación potencial está formada principalmente por un robledal asentado en las laderas umbrosas y húmedas, salpicado por otras especies como castaño y fresno, y un encinar con denso matorral en las laderas más soleadas y secas. Ambos se encuentran en la actualidad muy diezmados, a excepción hecha del Bosque de la Herrería (497 has.), muy bien conservado por pertenecer a los terrenos contiguos al Monasterio de El Escorial.

Fauna

No tan abundante como antaño, la fauna conserva hoy en día un valor significativo destacando las aves como las especies mejor representadas. Entre ellas mencionar; cernícalo, gavilán, lechuza, mochuelo, pito real o la abubilla. Limitados en número y especies los mamíferos se reducen al zorro, gato montés, garduña y comadreja.

Kilómetros desde Madrid: 54 Km.
Distancia total: 8 kilómetros.
Duración total: 4 horas.
Tiempo de marcha: Zarzalejo-Collado de Entrecabezas; 1 hora y 15 minutos. Collado de Entrecabezas-Machota Baja; 1hora. Regreso por el mismo camino; 1 hora y 45 minutos.
Desnivel: 365 metros.
Dificultad: baja. Apta para todos los públicos.
Tipo de camino: senda en su mayor parte. Recorrido de ida y vuelta.
Agua potable: fuente de Entrecabezas con agua durante todo el año.
Época recomendada: se puede realizar en cualquier época del año.
Sugerencias: la cumbre de la Machota Baja está formada por un gran lanchar granítico de curiosas formas que bien merece una visita detallada.
Cartografía: hoja 533-III (Valdemorillo) escala 1:25.000 del I.G.N.

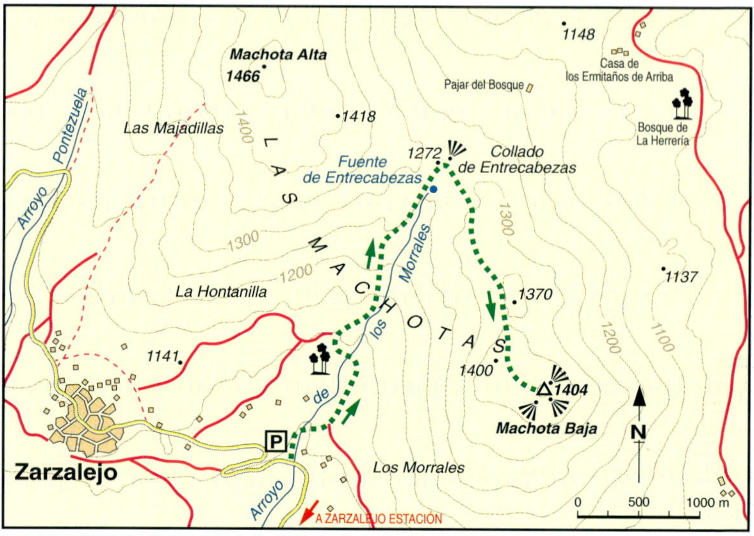

La serrana localidad de Zarzalejo es el punto de inicio elegido para esta interesante excursión. El casco urbano está dividido en dos asentamientos; el pueblo propiamente dicho y el Barrio Pajares, también llamado Zarzalejo Estación, mucho más moderno y formado casi exclusivamente por casas unifamiliares. Pues bien, el inicio del camino lo marca la pista que surge junto a la carretera que une dichos núcleos, a la altura del puente que salva las aguas del arroyo de los Morrales. Nada más abandonar el asfalto estacionaremos nuestro vehículo y eligiremos el desvío de la derecha para empezar la andadura.

La pista en sus inicios discurre paralela al arroyo pero enseguida lo cruza para adentrarse entre pequeñas fincas delimitadas por muros de piedra, manteniendo un trazado rectilíneo de muy suave perfil. La vegetación que observamos está formada por árboles caducifoleos, preferentemente robles y fresnos, aunque enseguida irán apareciendo algunos castaños. En breves minutos se incorporá por la derecha una senda bien marcada que procede del Barrio Pajares, momento en el cual el camino empieza a empinarse considerablemente en dirección al collado que separa las dos cabezas de la cumbre de Las Machotas. Antes la pista gira a la izquierda y pierde momentáneamente altura al cruzar de nuevo el cauce del arroyo de los Morrales, instante en el cual también se deja a la derecha la última valla de un chalet. Acto seguido en la primera contracurva que aparezca habrá que estar atentos al sendero que a la derecha surge, y que se encuentra indicado con las típicas marcas de los senderos de gran recorrido, en este caso del GR-10, que por aquí pasa camino del pueblo de El Escorial. La senda también se encuentra marcada por mojones de piedra y aún así habrá que prestar una especial atención al camino, sino queremos perderlo a causa de la espesura del matorral.

En escasos metros se divisa a la derecha una pequeña construcción con mesas y bancos, aunque debo señalar que la finca es de titularidad privada y su acceso prohibido. Como curiosidad indicar que los castaños centenarios que se localizan en sus inmediaciones están recogidos en el *Catálogo de árboles monumentales de la Comunidad de Madrid*.

De nuevo en el itinerario, la senda comienza a ganar altura notablemente en busca de las altas praderas que se sitúan en el Collado de Entrecabezas (1272 m). Antes la vegetación caducifólea desaparece sustituida por pastizales en las próximidades del arroyo, y encinas y enebros en las laderas. Dependiendo del fuelle que tengamos se tarda entre una hora y hora y cuarto en llegar a la fuente de Entrecabezas, situada a

escasos cinco minutos del collado. Sin embargo antes de llegar al manantial nos incorporaremos a otro camino mucho más marcado y señalizado también como GR-10, y que no es sino una variante del que se sigue.

Una vez coronado el collado hay que buscar el sendero que nace a nuestra derecha en busca de la Machota Baja (1404 m), y que se le conoce con el nombre de los Tres Ermitaños, como así indica la inscripción de una gran roca. Este último trayecto del recorrido es una auténtica delicia, pues no sólo salva muy cómodamente el desnivel que resta, sino que también depara espléndidas vistas de los altivos resaltes rocosos que preceden a la cumbre. Antes de llegar a ella se sobrepasan pequeños collados hasta que por fin se alcanza su vértice geodésico, oculto por un laberinto de rocas de apariencia llamativa. Embele-

sados por la impresionante panorámica emprenderemos el camino de regreso por el mismo camino concluyendo de esta forma un nuevo recorrido.

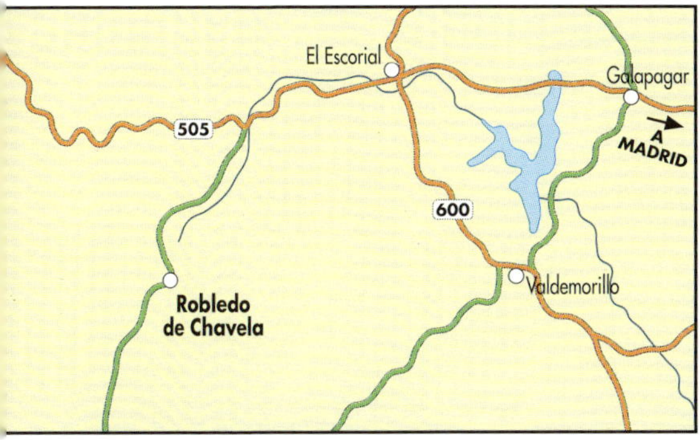

MARCO GEOGRÁFICO

La Sierra de Robledo de Chavela es la primera estribación montañosa de la Sierra de Guadarrama en su sector más occidental. Sus límites geográficos son: al oeste el valle del río Alberche, depresión natural que separa los macizos de Gredos y Guadarrama, y al este el Puerto de la Cruz Verde, donde enlaza con la Sierra de Malagón a través de las cumbres de San Benito y Las Machotas.

La sierra se caracteriza por presentar una única alineación orográfica de dirección SSO-NNE constituida en su mayor parte por materiales graníticos, aunque ocasionalmente el gneis también aflora en superficie coincidiendo casi siempre con las altitudes más bajas. En total forma un cordal de algo más de 16 kilómetros de longitud por tan sólo 2 ó 3 kilómetros de anchura, donde se suceden resaltes rocosos enlazados por pequeños collados.

La altitud media de la Sierra de Robledo de Chavela se sitúa entre los 900-1000 metros, aunque ocasionalmente es superada por algunos cerros, como sucede con el pico de la Almenara (1262 m), máxima altura de la sierra, o el pico de Almojón (1178 m), ambos situados en su extremo más meridional.

VEGETACIÓN

El encinar que antaño cubría las laderas de la Sierra de Robledo de Chavela así como sus inmediaciones, ha sufrido un fuerte retroceso como consecuencia de la presión humana, al localizarse en las zonas de relieve menos accidentado, y por tanto más accesibles. Su territorio ha sido utilizado tradicionalmente por la agricultura, sobre todo el cereal en las extensiones más llanas, y la ganadería extensiva del vacuno y ovino en la misma sierra, aunque más recientemente ha sido la desorbitada proliferación de urbanizaciones la causante final de su casi total desaparición. Por todo ello es normal que en la actualidad ya no veamos bosques de encinas sino, todo lo más, matorrales de sustitución (retamares, escobonales, jaras...) acompañados ocasionalmente por ejemplares jóvenes de encina.

Nuevamente hay que mencionar al hombre como el causante de la importante extensión que adquiere en la actualidad el pinar, extensión artificial fomentada mediante repoblación y eliminación de otras especies, en este caso del encinar. No obstante la antigüedad de las mismas hace que ante nuestros ojos aparezcan como bosques naturales, de gran belleza, formados básicamente por pino piñonero, aunque ocasionalmente también aparece la variedad pinaster.

Por último mencionar que a consecuencia de la modesta entidad orográfica que presenta la sierra, las condiciones climáticas se ven muy ligeramente afectadas, pero sí lo suficientemente como para que aparezcan especies vegetales caducifoleas que sustituyen al encinar en altitud. Así, en determinados enclaves, preferentemente vaguadas, umbrías, cursos de arroyos,... especies como el roble melojo, el fresno, el arce o el quejigo encuentran la suficiente humedad edáfica para su desarrollo.

FAUNA

La escasa entidad de la sierra, así como su fácil accesibilidad, han repercutido muy negativamente en el número y variedad de animales que lo habitan, acosados desde antaño por el hombre. Si ha ello le unimos la profunda transformación que ha sufrido el medio, así como la más reciente presión humana, no es de extrañar que su número se vea muy menguado en la actualidad. Así por ejemplo, dentro de las especies terrestres destacar únicamente la abundancia del zorro, predador natural del conejo, liebre, ardillas y ratón de campo. Más abundantes y mejor representadas se encuentras las aves, entre las que destacan; azor, picapinos, mochuelo, ratonero común y trepador azul.

KILÓMETROS DESDE MADRID: 60 Km.
DISTANCIA TOTAL: 13 kilómetros.
DURACIÓN TOTAL: 5 horas.
TIEMPOS DE MARCHA: Robledo de Chavela – Collado de Navahonda; 1 hora y 15 minutos. Collado de Navahonda – Pico Almenara; 1 hora. Camino de regreso; 1 hora y 45 minutos.
DESNIVEL: 380 metros.
DIFICULTAD: baja. Apta para todos los públicos.
TIPO DE CAMINO: vereda y senda. Recorrido de ida y vuelta.
AGUA POTABLE: no encontraremos en todo el recorrido.
ÉPOCA RECOMENDADA: cualquier estación del año.
SUGERENCIAS: si tenemos un segundo vehículo de apoyo podemos variar el camino de regreso dirigiéndonos desde el collado hacia la Ermita de Navahonda, situada muy cerca de la Estación Espacial de Robledo de Chavela.
CARTOGRAFÍA: hoja 557 escala 1:50.000 del I.G.N. o S.G.E.

Aunque la ascensión al pico de la Almenara (1262 m) ya ha sido recogida como itinerario en alguna de las guías publicadas sobre la Sierra de Guadarrama, su inclusión en este libro tiene como finalidad divulgar uno de los rincones menos conocidos de la Comunidad de Madrid, a la vez que bellos, pues puedo garantizar que esta excursión es una de las más completas que se pueden realizar por la zona, y que sin lugar a duda sorprenderá al visitante por la singularidad de su paisaje, nada parecido al de las sierras contiguas.

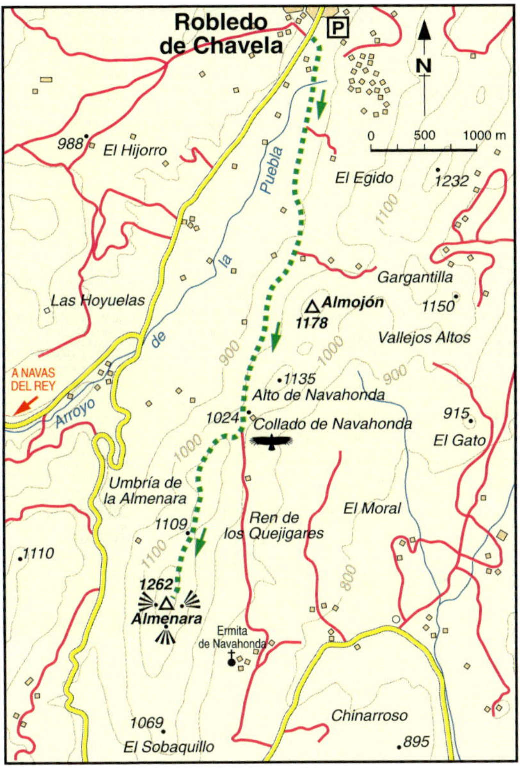

El arranque de la excursión toma como punto de partida el pueblo de Robledo de Chavela, en concreto la gasolinera que se sitúa a las afueras del mismo, por la carretera que se dirige hacia Navas del Rey. A la izquierda de ésta se encuentra una pequeña urbanización a la que nos dirigiremos por la calle Nuestra Señora de Navahonda, aparcando en sus inmediaciones nuestro vehículo dispuestos a iniciar la andadura. La calle bordea las últimas viviendas y se incorpora a una pista, que en sus inicios presenta un perfil horizontal así como un buen firme. Enseguida el camino se va a pegar a la ladera de la sierra, bordeando por la derecha el amplio valle que surca el arroyo de la Puebla, dedicado mayoritariamente a campos de cultivo, mientras que a la izquierda son las pequeñas huertas y prados los que predominan. Desde el inicio de la pista vemos las conocidas señales en blanco y rojo del GR-10 –sendero de gran recorrido– que en todo momento nos indican la dirección a seguir, aunque el recorrido no ofrece ninguna complicación pues se trata de un único camino bien marcado y desprovisto de desvíos.

Tras sobrepasar el altivo pico de Almojón (1178 m) el camino que seguimos, antigua vereda por donde transitaba el ganado en busca de los pastos próximos a la Ermita de Navahonda, comienza a estrecharse al ir ganando altura, lo que provoca que el firme se haga más irregular. En aproximadamente una hora alcanzaremos el Collado de Navahonda (1024 m), paso natural de aves migratorias como así indica algún panel indicativo y punto de referencia para el nuevo camino que hemos de tomar. En efecto, será aquí donde abandonaremos definitivamente la vereda en busca de la senda que nace tras una pequeña portilla junto a la alambrada. Esta en sus inicios progresa por la ladera norte bordeando un resalte rocoso, hasta que definitivamente se incorpora al cordal.

Con la vista puesta en el pico de la Almenara el tramo que resta no ofrece ninguna complicación, al sucederse pequeñas subidas y bajadas que nos conducirán hasta un nuevo collado (1109 m), situado al pie de la misma cumbre. La ascensión la efectuaremos sin senda alguna, aunque si estamos atentos podremos ver los hitos de piedra que la marcan, atacándola por su cara sur, es decir, rodeándola por la izquierda para luego ganar altura. La subida es dura, pero no ofrece ninguna complicación técnica hasta que se alcanza el último peñasco que la corona, momento en el cual habrá que trepar los últimos metros que nos separan de su cima. La panorámica que se abarca desde esta privilegiada atalaya es soberbia, no encontrando ninguna cumbre que ensombrezca tal visión, especialmente amplia la que se abre hacia el valle del Alberche y primeras estribaciones de Gredos.

El regreso lo efectuaremos por el mismo camino utilizado en la subida, aunque existe una variante para aquellos que dispongan de un segundo vehículo de apoyo. Así nada más retornar al Collado de Navahonda tomaremos de nuevo la vereda, pero en esta ocasión en dirección a la ermita del mismo nombre, situada en la otra vertiente. La bajada es directa y no ofrece ningún problema, no tardando más de cincuenta minutos.

MARCO GEOGRÁFICO

El suroeste de la Comunidad de Madrid es una zona de transición orográfica entre el Macizo de Gredos y las primeras estribaciones de la Sierra de Guadarrama, separados geológicamente por la fosa del Alberche. Esta situación de tránsito hace que geográficamente no estén perfectamente definidas las alineaciones montañosas, al confluir hasta tres estribaciones diferentes, ni tampoco los caracteres de su relieve, muy variable según su composición litológica. Aún así podemos explicar que la cumbre de Peña Cadalso (1044 m) es la última elevación montañosa que pertenece al Macizo de Gredos, aunque no a su alineación principal, sino a la que con dirección SO-NE se adentra en la Comunidad de Madrid a través de las sierras de la Higuera (1072 m) y Peña Cenicientos (1252 m). Este sector se caracteriza por ofrecer unas altitudes medias poco destacadas y cumbres generalmente redondeadas, formadas por materiales graníticos que ocasionalmente pueden dar lugar a resaltes rocosos de perfil agreste, que reciben en la zona el nombre de peñas.

VEGETACIÓN

El primitivo bosque mediterráneo que cubría la sierra se ha visto relegado a pequeños enclaves que casi de forma testimonial ocupa los reductos más inaccesibles. El encinar ha quedado reducido a algunos bosques de aspecto achaparrado que perviven en condiciones muy poco favorables, lo mismo que sucede con su sotobosque (enebros, jaras, retamas, cantueso...), apartado a los suelos más degradados y pobres.

El paisaje vegetal que podemos contemplar es el resultado de grandes y reiteradas talas del bosque mediterráneo para extender los pastizales y cultivos, facilitar la caza y aprovechar la madera de las especies introducidas por el hombre. En esta última razón hay que buscar la causa del dominio de los pinares, fuertemente implantados en el paisaje, al que dotan de un matiz diferente al del resto de la Comunidad, por ser bosques formados por ejemplares robustos y viejos capaces de crear un ambiente muy acogedor. Las dos especies dominantes son el pino piñonero, en los terrenos más bajos, y el pinaster en las cumbres.

FAUNA

Como sucede en la cercana sierra de Peña Cenicientos es la ardilla el más típico morador del pinar, al igual que el picapinos, ave que perfora la corteza de los árboles viejos en busca de larvas. Sobre las copas de los pinos encontraremos al carbonero garrapinos, mientras que en las ramas medias y bajas es el herrerillo capuchino el que busca la fauna invertebrada. Entre los mamíferos; la comadreja, la garduña y el zorro común, son los principales depredadores carnívoros, actuando sobre un amplio espectro de especies como conejos, liebres, aves, anfibios y reptiles.

KILÓMETROS DESDE MADRID: 79 Km.
DISTANCIA TOTAL: 5 kilómetros.
DURACIÓN TOTAL: 2 horas y 30 minutos.
TIEMPOS DE MARCHA: Inicio de la pista – Peña Cadalso; 1 hora y 30 minutos. Camino de regreso; 1 hora.
DESNIVEL: 244 metros.
DIFICULTAD: baja. Apta para todos los públicos.
TIPO DE CAMINO: pista y senda. Recorrido de ida y vuelta.
AGUA POTABLE: no hay en todo el camino.
ÉPOCA RECOMENDADA: cualquier estación del año.
SUGERENCIAS: la cumbre de Peña Cadalso es una buena atalaya para observar todo el rincón suroccidental de la Comunidad de Madrid, por lo que se recomienda llevar prismáticos.
CARTOGRAFÍA: hoja 580 (I) escala 1:25.000 del I.G.N.

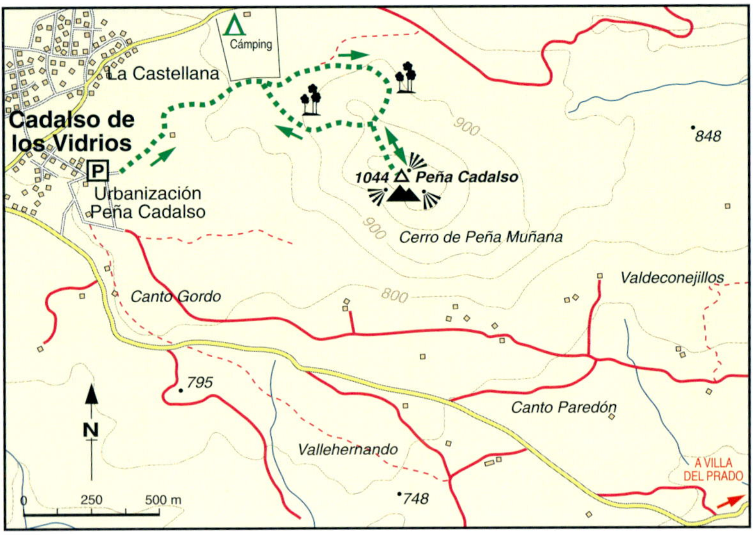

La Ascensión a Peña Cadalso (1044 m) se realiza desde el mismo pueblo que le da nombre, en concreto desde la Urbanización Peña Cadalso, situada a la entrada de la localidad si nuestro acceso se realiza desde la carretera que procede de Villar del Prado. La urbanización se encuentra señalizada por un gran rotulo, desviándonos a la derecha para tomar una calle que sube ligeramente hasta encontrar un nuevo cartel que indica "Canteras-Carriere. Stone quarry". Aquí giraremos de nuevo a la derecha para escoger esta vez la Calle Camarón de la Isla que rápidamente gana altura hasta superar los últimos chalets, ya en su parte más alta, donde nace la pista forestal que marcará el inicio del recorrido.

Una vez estacionado el vehículo comenzaremos a andar por la pista antes indicada, que para más información se encuentra situada muy próxima a un tendido eléctrico, contemplando desde el principio la altiva Peña Cadalso, también llamada por los lugareños como Muñana. El camino va a ir ganando altura suavemente rodeados desde el principio por un pinar for-

mado por individuos de pino piñonero, aunque según se suba en altitud éste dará paso al pinaster. La longitud de la pista es de aproximadamente dos kilómetros, la suficiente para bordear la peña por su cara norte así como para encontrar numerosos restos de pequeñas canteras hoy abandonadas, testigos imperecederos de la prolífera actividad cantera del pueblo de Cadalso de los Vidrios, del cual dicen los entendidos se extrae uno de los mejores granitos de España. Envueltos por la fragancia de las plantas aromáticas (tomillo, cantueso, lavandas, etc.,..) llegaremos casi sin darnos cuenta al final de la pista, casi de forma brusca, momento en el cual buscaremos la senda que a la derecha continúa bordeando la cumbre. La senda se encuentra muy bien marcada tardándose unos diez minutos en coronar un pequeño collado que se asienta en la base del risco. Desde aquí sólo nos restará continuar la senda para adentrarnos enseguida en un denso pinar camino de la cumbre, la cual alcanzaremos tras unos cuantos zigzags. Sin embargo los últimos metros se haran trepando por la roca al es-

tar constituida su cima por imponente roquedo, en donde hallaremos una cruz, una antigua choza que puede servirnos de improvisado refugio, así como una moderna caseta de vigilancia contra incendios, utilizada por agentes forestales de la Comunidad de Madrid.

La montaña está formada en realidad por tres peñas muy próximas entre sí, desde las que se contempla una espléndida panorámica que abarca desde las primeras estribaciones de Gredos, pasando por la cercana Peña Cenicientos, hasta todo el piedemonte que se extiende hasta el valle del Alberche, ya en la provincia de Toledo.

Para el camino de regreso podemos efectuar una pequeña variante que nos evitará buscar el final de la pista que nos llevó a la ida. Así nada más descender al pequeño collado que se asienta al pie de la Peña, podemos coger un sendero que a izquierda desciende rápidamente en dirección a Cadalso de los Vidrios incorporándose finalmente a la pista antes mencionada.

MARCO GEOGRÁFICO

El Macizo Oriental de Gredos ocupa la zona meridional de la provincia de Avila, pequeñas áreas de septentrionales de la de Toledo y sectores del este de la Comunidad de Madrid. Se extiende de norte a sur entre los valles del Alberche y del Tajo, y de oeste a este desde el Puerto del Pico hasta al fosa de Alberche. A este gran cordal montañoso hay que unir otra alineación más modesta en altura y extensión que con orientación SO-NE forman las sierras de San Vicente, Higuera, Cenicientos y Cadalso de los Vidrios, enlanzando a partir de esta última con las primeras estribaciones de la Sierra de Guadarrama. Estas sierras se caracterizan por presentar unas elevaciones modestas y cumbres redondeadas con altitudes comprendidas entre los 1000 y 1300 metros, salvo en el caso de la Sierra de San Vicente que las rebasa ligeramente (1369 m).

VEGETACIÓN

A pesar de la escasa altitud que ofrece la Sierra de Peña Cenicientos (1252 m) si es lo suficientemente importante para que el bosque mediterráneo, vegetación potencial de la zona, se vea parcialmente modificado con la aparición de especies vegetales que aquí llegan a encontrar su acomodo climático, especialmente en su ladera septentrional, donde existen castaños, robles, arces, fresnos y muy puntualmente algún madroño. De todas formas estos bosques se encuentran muy degradados y reducidos en extensión, como también sucede con el encinar, únicamente conservado en los sectores menos accesibles. La culpa de la transformación del paisaje hay que buscarla nuevamente en el hombre que desde antaño taló y quemó los bosques autóctonos para repoblarlos de pinares, para obtener una serie de productos rentables económicamente, como el piñón, la resina y la madera. Ello no quita la innegable belleza de estos pinares, constituidos básicamente por pinos piñoneros en las áreas más bajas y pino negral en los tramos medios y altos de la sierra.

FAUNA

De entre todos los habitantes del pinar es sin lugar a duda la ardilla su más típico morador. Otro inquilino habitual es el picapinos, ave que perfora la corteza de los árboles viejos en busca de larvas, siempre observado por la atenta mirada del azor, la rapaz forestal por excelencia. Ya en tierra destacar la presencia de zorros, comadrejas y garduñas como principales depredadores.

KILÓMETROS DESDE MADRID: 84 Km.
DISTANCIA TOTAL: 10 kilómetros.
DURACIÓN TOTAL: 3 horas y 30 minutos.
TIEMPOS DE MARCHA: Inicio de la pista-Casilla de la Alberca; 1 hora y 30 minutos. Casilla de la Alberca-Peña Cenicientos; 30 minutos. Camino de regreso; 1 hora y 30 minutos.
DESNIVEL: 432 metros.
DIFICULTAD: baja. Apta para todos los públicos.
TIPO DE CAMINO: pista forestal en casi toda su totalidad. Recorrido de ida y vuelta.
AGUA POTABLE: no hay en todo el camino.
ÉPOCA RECOMENDADA: cualquier estación del año salvo el verano.
SUGERENCIAS: llevar prismáticos.
CARTOGRAFÍA: hoja 580 escala 1:50.000 del S.G.E.

El punto de inicio de la excursión será la pista que nace de la carretera que une las localidades de Cadalso de los Vidrios y Cenicientos, a unos 4,5 kilómetros de la primera nada más sobrepasar el pequeño puerto de Cadalso (825 m). Una vez estacionado el vehículo emprenderemos la marcha por un amplio camino que discurre a media ladera y que en sus primeros metros deja atrás un depósito de aguas. Enseguida gana altura aunque de forma pausada lo que facilita el disfrute de la extensa panorámica que se

tiene del pueblo de Cenicientos, así como de su rica campiña, cultivada preferentemente por extensos viñedos salpicados por alguna mancha de olivar. Según se asciende el pinar hace acto de presencia, lo que implica la desaparición casi absoluta de cualquier otra especie arbórea, manteniendo su hegemonía hasta la misma cumbre de Peña Cenicientos (1252 m).

El paisaje vegetal que se contempla es el resultado de grandes y reiteradas talas del bosque mediterráneo del cual sólo nos ha llegado algunos matorrales, sustituido por repoblaciones de pinares de gran longevidad que dan al bosque una apariencia seminatural y paisajísticamente muy bien integrado con el entorno.

De nuevo en el camino, éste continua ganando altura moderadamente hasta que en el primer giro de la pista a la derecha la pendiente se empina acusadamente durante algo más de un kilómetro. Ahora la vista cambia y se abre hacia el mismo cordal de la sierra, donde emerge con toda nitidez la desafiante figura de Peña Cenicientos, compuesta en realidad por dos peñas. En la subida se desechan diversos desvíos, algunos de ellos incluso con barrera, hasta llegar a las ruinas de la Casilla de la Alberca (1010 m) situada en la orilla izquierda de la pista. En

la explanada donde nos encontramos se pueden ver, incluso antes si hemos estado atentos, entremezclados con el pinar brotes de jóvenes castaños así como robles, vegetación potencial de estas laderas que también se ha visto modificada por la acción del hombre. Nuevamente desecharemos los dos desvíos que aquí existen, uno de ellos con barrera de color verde, para en unos 300 metros abandonar la pista y continuar por el desvío que a la izquierda nos conducirá hasta la base de la cumbre.

Este nuevo camino vuelve a ganar altura hasta coronar el cordal de la sierra en busca de una caseta de vigilancia contraincendios. Hasta aquí llega también la pista que antes habíamos abandonado al pie mismo de la Peña, a la cual nos dirigimos directamente por un corto y empinado tramo de pista que acaba convirtiéndose en senda bien marcada que nos ayudará a coronar el último repecho. La privilegiada posición de la cumbre permite contemplar una vasta panorámica que abarca desde las primeras estribaciones de Gredos hasta las más cercanas sierras de la Higuera y Peña Cadalso, sin olvidar el pico de la Almenara y en general las primeras cimas de la Sierra de Malagón. Si el día es bueno y el tiempo acompaña la cumbre es un magnífico lugar para descansar y llevarse algo a la boca, antes de emprender el camino de regreso.

MARCO GEOGRÁFICO

La Sierra del Hoyo de Manzanares se encuentra situada dentro de los límites del Parque Regional de la Cuenca Alta del Manzanares, espacio protegido de la Comunidad de Madrid que cuenta en la actualidad (tras sucesivas ampliaciones) con un total de 47.000 hectáreas, lo que le convierte en el más extenso de todos ellos. Con su creación se ha pretendido la preservación de un espacio natural que tiene como eje unificador al propio río Manzanares, para poner así freno a la especulación que amenazaba con poner fin a las actividades rurales tradicionales y a sus usos del suelo. Dentro de este gran Parque, la Sierra del Hoyo de Manzanares conforma un pequeño enclave montañoso de modesta altitud que se yergue a modo de isla entre el cercano Monte de El Pardo, con el que enlaza a través de la rampa de Colmenar Viejo, y la majestuosa Pedriza, de la cual la separa la depresión de Cerceda.

Está constituida en su totalidad por materiales graníticos, lo que le da una fisionomía maciza y pesada siendo las formaciones rocosas el elemento más característico del paisaje, en el que abundan los conocidos lanchares, domos, o piedras berroqueñas, aunque no llegan ni a la profusión ni grandeza que alcanzan en La Pedriza. La altitud media se sitúa entre los 1200 y 1400 metros, encontrando su cumbre más alta en el pico del Estepar con 1403 metros; le siguen en importancia la Silla del Diablo (1368 m) y El Picazo (1296 m).

VEGETACIÓN

Afortunadamente la vegetación clímax que se asienta en la Sierra del Hoyo de Manzanares ha llegado a nuestros días en un aceptable estado de conservación, de tal forma que en la actualidad esta zona es uno de escasos ejemplos de "encinar de monte" que se conserva en estado puro dentro de la Comunidad de Madrid. Sin embargo esta generalización no se puede trasladar a la totalidad del enclave, ya que buena parte de él ha visto desaparecer casi por completo el primitivo bosque mediterráneo que lo cubría, como ha sucedido en su cara norte, donde la suave pendiente favoreció que el hombre lo talase para crear prados para el ganado. Por el contrario, la vertiente meridional de la sierra sí ha preservado estos bosques debido sin lugar a duda al fuerte desnivel que ofrecen las laderas, que ha imposibilitado al hombre su aprovechamiento agrícola y ganadero, pese a lo cual su actividad es detectable por las talas y ramoneo que se han ejercido sistemáticamente sobre las encinas, muy apreciadas por su madera para leña. Ello ha provocado que el estado arbóreo se vea hoy en día reducido a pequeños pies de escaso porte, salvo en algunos reductos donde todavía pueden verse árboles maduros con grandes copas que permiten el mantenimiento de un mayor grado de humedad en el suelo.

Por lo que respecta al estrato arbustivo su grado de conservación es excelente, con un numerosísimo plantel de especies que llegan a dar al bosque un aspecto denso e impenetrable. Entre estas destacar; el enebro, que presenta casi siempre un porte arbóreo, la jara pringosa, el tomillo, el cantueso, la esparraguera, la retama, etc.,... que con la llegada de la primavera dan a la sierra un baño de colores y fragancias inigualable. El empaque de estas cumbres hace posible que aparezcan otras especies que suceden al encinar en altura, como es el caso de los robles melojos asentados testimonialmente en algún enclave de umbría. También hacen acto de presencia algunos quejigos y alcornoques, siempre al abrigo de los resaltes rocosos, así como algunos arces y ocasionalmente alguna sabina albar, árbol muy raro en la Comunidad de Madrid.

FAUNA

La densidad del bosque mediterráneo alberga una abundantísima fauna que en el caso de las aves está representada principalmente por el ribalargo, la paloma torcaz, la perdiz y la abubilla, aunque ocasionalmente se puede ver el vuelo del águila real, el buitre negro y el halcón peregrino. Entre los mamíferos predadores señalar la presencia de la ginela, el gato montés, la comadreja, el zorro y el tejón, que basan su dieta alimentaria en el abundantísimo conejo. En lo referente a los reptiles destacar como especies de fácil avistamiento el lagarto ocelado, lagartija coliroja, ibérica y colilarga, y la abundantísima víbora.

KILÓMETROS DESDE MADRID: 35 km.
DISTANCIA TOTAL: 11 kilómetros.
DURACIÓN TOTAL: 4 horas.
TIEMPOS DE MARCHA: Hoyo de Manzanares – El Picazo; 1 hora y 30 minutos. El Picazo – Estepar; 1 hora. Estepar – Hoyo de Manzanares; 1 hora y 30 minutos.
DESNIVEL: 440 metros.
DIFICULTAD: media. La bajada desde La Tortuga a Hoyo de Manzanares, tiene tramos algo duros por el fuerte desnivel.
TIPO DE CAMINO: pista, camino carretero y sendero en su mayor parte. Recorrido circular.
AGUA POTABLE: existe una fuente en la bajada de La Tortuga.
ÉPOCA RECOMENDADA: sin lugar a duda la primavera, cuando el bosque mediterráneo se encuentre en todo su esplendor.
SUGERENCIAS: El principal atractivo quizá radique en la escasa presencia de excursionistas por la parte alta de la sierra, lo que garantiza un contacto muy directo con el medio que nos rodea
CARTOGRAFÍA: hoja 533-II (Hoyo de Manzanares), escala 1:25.000 del I.G.N.

NOTA IMPORTANTE:
Al atravesar esta ruta una propiedad privada, es imprescindible solicitar un permiso de paso. Teléfono de contacto: 91 856 60 46. Ayuntamiento de Hoyo de Manzanares.

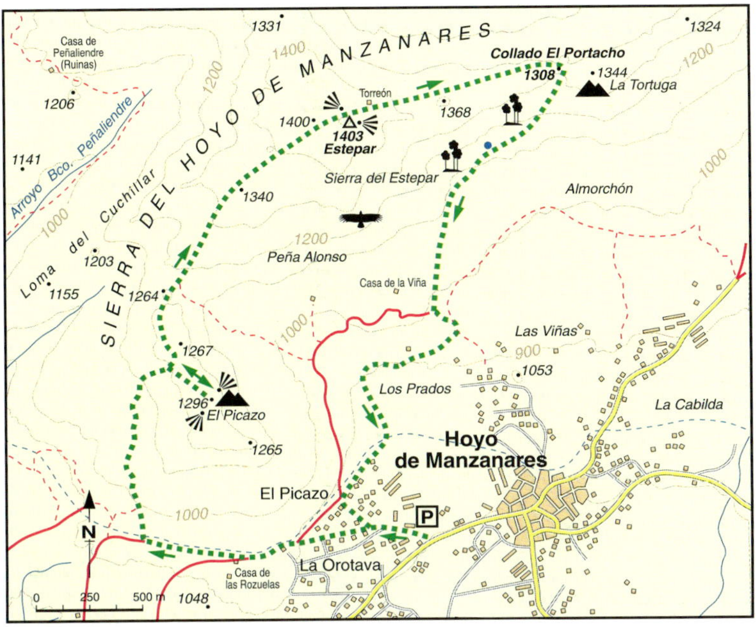

El tranquilo pueblo de Hoyo de Manzanares se sitúa en una pequeña hoya al pie de la sierra que lleva su nombre, dentro de una extensa planicie muy rica en aguas. Este hecho, unido a la elevada altitud media, entorno a los 1000 metros, ha provocado que desde antaño el hombre se fija-

ra en estas tierras para dedicarlas a uso ganadero, proliferando los prados y las dehesas que aún hoy en día pueden verse. Pues bien, nada más llegar al pueblo por la carretera que se desvía de la A-6, tomaremos a la izquierda la calle que se dirige hacia la urbanizacón La Berzosa. A la altura de la plaza de toros nos desviaremos siguiendo las indicaciones de la urbanización La Orotava, hasta llegar a la plaza de Ruiz Jiménez, lugar donde estacioneromos nuestro vehículo. De frente, una larga calle asfaltada en acentuada pendiente nos llevará, en quince minutos hasta un depósito de agua y al arranque de una pista de tierra. Sin más compañía que la línea de un tendido eléctrico y un muro de piedra, será precisamente al desaparecer éste último cuando a nuestra diestra nos encontraremos con una vieja arenera a la que nos dirigiremos.

Desprovista de retamas y surcada por barranqueras, pequeños senderos sortean los socavones para alcanzar en la parte superior un visible sendero, que suavemente sube por la ladera. Este sendero se abre paso entre una impenetrable maraña de jaras y pequeñas encinas, para dar en menos de cinco minutos con un camino carretero, por el que comenzaremos a subir más seriamente. Tanto es así, que el agua que por él corre ha terminado por complicar más el ascenso, convirtiendo el piso en un baile de piedras sueltas, durante los 15 minutos que nos llevará alcanzar el primer sendero que salga por la diestra del camino.

Pese a que el camino y el sendero terminan en el mismo lugar, es preferible éste último, pues las sensaciones de naturaleza son más vivas; ya sea por desenvolverse cerca de lajas graníticas mientras le apretan las jaras y el romero, o por las encinas de mediano porte que nos darán algo de sombra. Tras 20 minutos de duro esfuerzo físico accedemos por fin a las últimas estribaciones de El Picazo (1296 m), al que nos dirigimos sin sendero definido en tendida subida. El espectáculo visual es un sugerente premio, mientras nos tomamos un descanso sentados con los pies colgando sobre el pueblo de Hoyo de Manzanares.

De nuevo en camino, volvemos a retomar el sendero que ahora inicia una bajada de 15 minutos por el cordal que une El Picazo con la cima del Estepar, hasta alcanzar el collado que separa a ambas cumbres. Este será un tramo en el que ignorando el camino y el sendero que descienden a nuestra izquierda, ti-

raremos de frente por un paraje de grandes rocas panzudas y redondeadas.

Siguiendo los mojones que otros montañeros dejaron con anterioridad, desde el collado comenzaremos a subir por la ladera del Estepar. Primeramente entre frondosas jaras y flanqueados por paredes rocosas; y posteriormente un largo trecho más cómodo entre jara, cantueso y mucho tomillo, hasta acceder en media hora al vértice geodésico de la cumbre del Estepar (1403 m). Tras pasear también nuestra mirada por la vasta llanura castellana, retomamos el sendero que ahora se decide a bajar por el cordal principal en dirección a un derruido torreón de piedra.

Unos cinco minutos más abajo el sendero choca contra un gran y enorme bolo granítico, al que por estos parajes se le conoce como La Tortuga, bajo cuyo auspicio han crecido encinas de gran porte. Tan magnánima sombra, puede ser un buen lugar para degustar con sana curiosidad, este paraje de belleza contrastada. Aquí se separa en dos el sendero, y nosotros ignorando el que continúa por el cordal, tomamos el que se decide a bajar por la ladera. Sin darnos cuenta estamos inmersos en un trepidante descenso, o mejor dicho caída, en el que tanta atención hemos de prestar en donde ponemos los pies, que casi nos olvidamos de mirar el bosque de encinas que nos rodea. Sorteando grandes piedras, saltando algún escalón... llegaremos en diez minutos a una fuente con pilón, parada obligada en el camino. Si prestamos atención, observaremos un poco más abajo los desnudos troncos rojizos de un buen número de robustos alcornoques. De este árbol (inusual en la Sierra de Guadarrama) se obtiene el corcho, y sus bellotas constituyen una alimento muy apreciado por los jabalíes, a tenor de las numerosas hozadas.

Tras la pausa seguimos descendiendo entre alcornoques y encinas durante 20 minutos, por un sendero que suaviza su pendiente y su piso, hasta que gira a la izquierda y en un par de zigzags enlaza con una pista de tierra que tomaremos por nuestra derecha. Un cuarto de hora más y nos incorporaremos a la vía del mismo firme que rodea la última línea de chalés del pueblo, la cual nos guirará hasta la primera calle asfaltada que nace a la diestra. Ésta última, ya sin desvíos, nos conducirá en escasos minutos hasta la plaza Ruiz Jiménez, punto final de un itinerario irrepetible.

Marco geográfico

El Cerro de San Pedro constituye, geológicamente hablando, una elevación más del importante sistema montañoso que forma Guadarrama, aunque geográficamente pertenezca a su borde más periférico, de ahí que reciban el calificativo de "sierras exteriores" este tipo de relieves, al estar separados de las alineaciones principales por zonas más o menos amplias que coinciden con valles o llanuras. A diferencia de otras estribaciones montañosas, el Cerro de San Pedro está compuesto por una única altitud a modo de gran bloque del cual parten cordales muy cortos en longitud, lo que le da una apariencia de isla que emerge sobre las llanuras colindantes, acrecentando aún más la sensación de relieve que trasmite. Su altitud máxima es de 1425 metros, ligeramente superior a la cercana Sierra del Hoyo de Manzanares (1403 m).

Vegetación

Las alteraciones producidas por el hombre durante cientos de años sobre esta zona son las causantes de que el actual paisaje que contemplamos ofrezca un aspecto desolador. El antaño vigoroso encinar que cubría en su totalidad estas laderas ha desaparecido casi por completo, quedando únicamente algunas dehesas de reducida superficie y escaso valor ecológico. También el sotobosque ha sido duramente castigado con el fin de convertir las onduladas lomas del Cerro de San Pedro en pastos de temporada que sustenten al abundante ganado vacuno que desde hace tiempo se cría aquí. Ello ha dado lugar hoy en día a que, salvo en los escarpes más accidentados del terreno, y siempre en su fase más degenerativa (retamas y escobonales), la vegetación arbustiva haya dado paso a pastos herbáceos de escaso valor medioambiental.

Fauna

La fauna del lugar viene condicionada en gran medida por la falta casi absoluta de vegetación. Por todos es sabido que los animales encuentran en el bosque el sustento y cobijo que les permite vivir más o menos cómodamente, de tal forma que cuando éste desaparece también lo hace con él la fauna. Con esta premisa es fácil suponer que la fauna que aquí pervive tiene un escaso valor, al haber quedado reducida a unas pocas especies que se limitan en el caso de los mamíferos al conejo, y en el de los reptiles a algunas lagartijas. Las aves salen algo mejor paradas pero tampoco destacan ni por número ni por variedad.

KILÓMETROS DESDE MADRID: 47 Km.
DISTANCIA TOTAL: 8 kilómetros.
DURACIÓN TOTAL: 3 horas y 30 minutos.
TIEMPOS DE MARCHA: Inicio de la pista-Cerro de San Pedro; dos horas. Camino de regreso; 1 hora y 30 minutos.
DESNIVEL: 465 metros.
DIFICULTAD: baja. Apta para todos los públicos.
TIPO DE CAMINO: no hay en su mayor parte. Recorrido de ida y vuelta.
AGUA POTABLE: no hay en todo el camino.
EPOCA RECOMENDADA: cualquier estación del año menos el verano.
SUGERENCIAS: si vamos bien entrada la primavera debemos tener precaución con el sol, al no haber ninguna sombra. Precaución también con la cantidad de agua que llevemos porque no hay en todo el camino.
CARTOGRAFÍA: hoja 534 escala 1:50.000 del S.G.E. o I.G.N.

El lugar de inicio de este nuevo recorrido lo marca el punto kilométrico –km 14,9– de la carretera que une la localidad de Colmenar Viejo con Guadalix de la Sierra. Según nos dirigimos a esta última, encontraremos junto a pequeño puente el comienzo de una pista forestal que a mano derecha se sitúa. Nada más estacionar el vehículo en la amplia explanada que existe, emprenderemos la andadura por la pequeña vaguada creada por las aguas de un arroyo, el cual

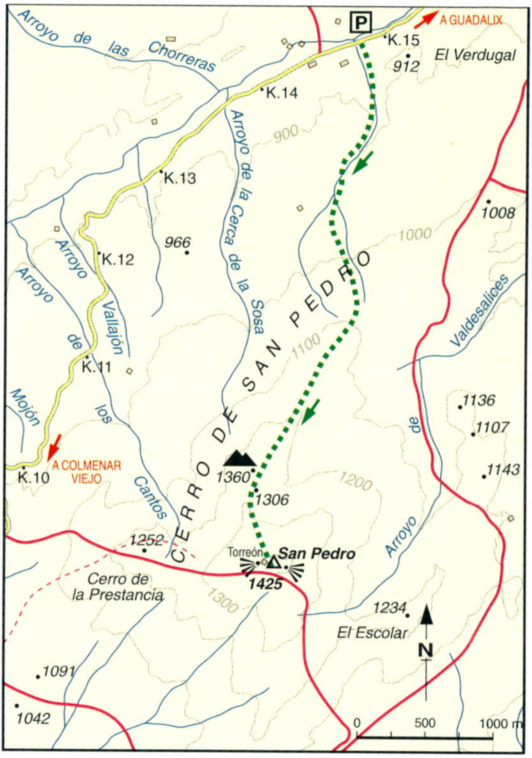

en contadas ocasiones veremos circular. En escasos metros lo vadeamos dejándolo en estos primeros instantes a nuestra izquierda, justo cuando aparecen las primeras fincas particulares dedicadas mayoritariamente a la cría de vacuno, e incluso al ganado bravo como algún cartel indica.

Los márgenes del arroyo albergan una exigua vegetación de ribera formada básicamente por zarzas, y en donde ocasionalmente pueden distinguirse algunos fresnos y sauces, mien-

tras que en las laderas colindantes se aprecia un encinar muy degradado que cobija un matorral algo más denso compuesto principalmente por enebros, retamas y alguna jara. En unos diez minutos alcanzaremos unas construcciones dedicadas a albergar el ganado, tras las cuales cruzaremos por última vez el riachuelo dejándolo definitivamente a nuestra derecha. A partir de aquí el camino comienza a empinarse ganando rápidamente altura, lo que propicia que nuestro horizonte se vaya ampliando con vistas a la cercana mole del Cerro de San Pedro (1425 m), así como al cordal por el cual vamos a ascender. Tras atravesar una alambrada con cancela en breves instantes llegaremos al final del camino, a la altura de un redil construido con tablas de madera. Algo más arriba existe un muro de piedra al que nos dirigiremos, sin dejar en ningún momento de ascender, hasta que este gire a la derecha en sentido paralelo a la pendiente; nosotros también lo haremos y le seguiremos por alguna de las veredas que el ganado ha trazado muy cerca de la tapia, a la sombra de una pequeña fila de robles. Algo más adelante el muro vuelve a cambiar de dirección, esta vez a la izquierda, en sentido perpendicular al desnivel, lo que nos obligará a ganar altura otra vez a través de alguno de los senderillos que encontremos. En la subida veremos como por nuestra siniestra aparece otro muro que poco a poco va a ir acercándose hasta que se cruce en nuestro sentido de marcha, lo que nos obligará a sobrepasarlo y continuar ascendiendo hasta coronar una pequeña loma en cuyas inmediaciones se ubica una diminuta chopera, muy próxima a una choza de pastores y a un caño que sirve de abrevadero al ganado.

Una vez situados aquí deberemos dirigirnos hacia el cordal que, enfrente de nosotros asciende lentamente hacia la cumbre, lo que nos obligará a caminar campo através en dirección al primer resalte rocoso que se contempla. Antes deberemos saltar alguna otra valla de piedra hasta que definitivamente marchemos paralelos al muro que se sitúa en la misma divisoria de aguas. Recomiendo que una vez sitos junto a él, lo dejemos en un principio a nuestra izquierda para luego, tras sobrepasar una pista forestal que lo corta, tenerlo a la derecha. La razón no es otra que al hacerlo así nos aprovecharemos de alguna que otra vereda trazada por el ganado que nos facilitará la andadura, aunque si no la encontramos tampoco pasa nada porque los arbustos –escobonales– no son lo suficientemente densos como para impedir el paso.

La ascensión se irá haciendo poco a poco más dura, aunque se pueden ir efectuando paradas en los sucesivos resaltes rocosos que van apareciendo desde los cuales se contemplan vastas panorámicas. Nada más sobrepasar el último risco se llega a un pequeño collado de cota 1306 metros, desde el cual ya sólo nos resta enfilar la última subida que nos guiará hasta

la cima. Este último desnivel es algo más fuerte y dificultoso porque aquí sí que el escobonal ocupa todo el terreno, ralentizando en gran medida el avance, por lo que emplearemos aproximadamente unos veinticinco minutos hasta que por fin coronemos. Nada más llegar llamará poderosamente nuestra atención el gran torreón cerrado que sirve de base a una veleta así como la estupenda vista que se divisa, que abarca desde las cercanas cumbres de Guadarrama y Somosierra hasta los más lejanos perfiles de la ciudad de Madrid. En total habremos empleado en la subida algo más de dos horas si ha ido a paso tranquilo, algo menos de lo que utilizaremos en la bajada que se efectuará por el mismo camino de subida.

Marco geográfico

La Sierra de la Cabrera está formada por una única alineación montañosa de algo más de 5 kilómetros de longitud, orientada de O-E, y compuesta en su totalidad por rocas graníticas. Esta elevación presenta la particularidad de ofrecer dos tipos de relieves muy diferentes según por donde se mire; así la vertiente norte tiene una pendiente muy tendida y suave, carente por completo de resaltes rocosos, lo que le da una apariencia monótona y poco destacada paisajísticamente hablando. Por el contrario la vertiente sur es verdaderamente vigorosa, casi desafiante, con abruptas laderas rematadas por paredes rocosas que en muchos casos terminan en agujas.

La sierra se ubica muy próxima al importante cordel orográfico que constituye la Cuerda Larga, con el cual conecta a través del Puerto de Medio Celemín (1320 m), antiguo paso natural de la Cañada Real Segoviana, mientras que por el este la sierra finaliza sin solución de continuidad en el Pico de la Miel (1392 m), aunque geológicamente los pequeños cerros que a levante se extienden hasta las inmediaciones del pueblo de El Berrueco también pertenecen a dicha alineación, aunque estén separados de ella por la N-I.

Vegetación

La dicotomía que comentábamos anteriormente entre el relieve de la vertiente norte y de la sur vuelve a repetirse cuando hablamos de comunidades vegetales. La ladera septentrional está ocupada casi exclusivamente por pinares de repoblación (pinus pinaster) introducidos por el hombre recientemente para su posterior explotación maderera y resinera, aunque en las partes más altas de la sierra podemos encontrar algunas encinas de porte chaparro, además de enebros y algún que otro arbusto, así como vegetación herbácea que en algunos lugares llega a formar praderas. También señalar que por debajo del pinar en las zonas más llanas aparecen dehesas de robles, encinas, y quejigos, mientras que cerca de los arroyos se crean pequeñas fresnedas. La vertiente meridional es mucho más rica en número y variedad de plantas y árboles, pese a lo cual el primitivo encinar que aquí se asentaba se encuentra en la actualidad bastante modificado al haber desaparecido casi por completo el estrato arbóreo. Mejor conservado ha llegado a nuestros días el sotobosque mediterráneo con una rica variedad de arbustos y matorrales, entre los que destacan enebros, tomillo, cantueso, romero, etc., aunque la especie dominante es la jara, la cual llega a ocupar extensas superficies casi en exclusividad.

Fauna

La espesura del matorral alberga una gran variedad de especies, que en el caso de los mamíferos está básicamente representada por el zorro, la comadreja, la liebre, el conejo y el ratón de campo. También son abundantes los reptiles, especialmente las serpientes, por encontrar en el roquedo un hábitat idóneo para su desarrollo; destacar la víbora hocicuda, la culebra bastarda y la culebra de escalera. Por último reseñar entre las aves; milano real, ratonero común, ruiseñor, mochuelo y azor.

KILÓMETROS DESDE MADRID: 58 Km.
DISTANCIA TOTAL: 7 kilómetros.
DURACIÓN TOTAL: 3 horas y 30 minutos.
TIEMPOS DE MARCHA: Inicio del recorrido - Collado del Alfrecho; 1 hora. Collado del Alfrecho – Cancho Gordo; 25 minutos. Cancho Gordo – Convento de San Antonio; 1 hora y 25 minutos. Convento de San Antonio – Final del recorrido; 10 minutos.
DESNIVEL: 445 metros.
DIFICULTAD: baja. Salvo la ascensión a Cancho Gordo que ofrece algún paso difícil, el resto del recorrido no presenta ninguna complicación.
TIPO DE CAMINO: senda en su mayor parte. Recorrido circular.
AGUA POTABLE: no encontraremos agua potable en todo el recorrido salvo al final, en el mismo Convento de San Antonio.
ÉPOCA RECOMENDADA: cualquier mes del año.
SUGERENCIAS: la visita al Convento de San Antonio es un magnífico broche final al itinerario. Para efectuarla diré que sólo está abierto al público desde las 11:00 a 12:30 por la mañana y de 18:00 a 19:00 por la tarde, eso sí, sólo los jueves, sábados y domingos.
CARTOGRAFÍA: hoja 484 escala 1:50.000 del I.G.N. o S.G.E.

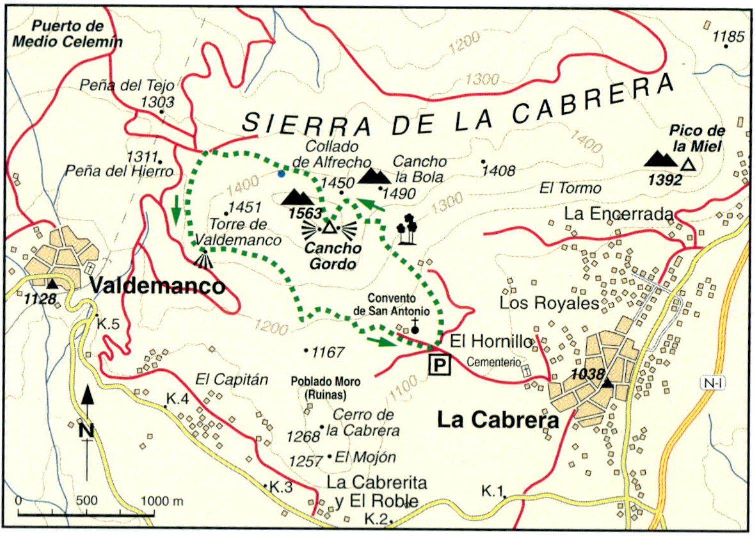

Situados en la localidad de La Cabrera, deberemos buscar la pista que se dirige hacia el Convento de San Antonio. Antes de alcanzar ésta tendremos que

atravesar todo el casco urbano en dirección al cementerio, para una vez en él, continuar definitivamente por la Calle Subida al Convento. Desde el comienzo vamos a encontrar las típicas señales en rojo y blanco de los senderos de gran recorrido, pese a lo cual nos va a costar un poco de trabajo localizar el camino, pues algunas de las calles señalizadas por donde discurre el GR-10 son de dirección prohibida, por lo que recomiendo no dudar en preguntar a los lugareños que gentilmente nos indicarán el camino.

La pista arranca a las afueras del pueblo y se dirige rápidamente hacia la última colonia de viviendas unifamiliares, tras la cual encontraremos un desvío a la derecha que marca el comienzo del recorrido, y en cuyas inmediaciones existe una pequeña explanada donde dejaremos el vehículo. Esta nueva pista la abandonaremos en breves instantes, pues a escasos 50 metros nace el camino que nos guiará hasta la cumbre de Cancho Gordo (1563 m). Éste se encuentra a la izquierda, perfectamente señalizado por una inscripción en una piedra y rodeado desde el comienzo por un denso jaral. La senda gana altura lentamente, lo que hace muy agradable este primer tramo, pues desde el comienzo vamos a visualizar el conjunto de picos que forma el cordal de la sierra, así como el cercano Collado del Alfrecho (1450 m). Justo antes de comenzar la subida propiamente dicha dejaremos a la derecha un par de chalets asentados al pie de la ladera, uno de los cuales tiene un llamativo hórreo.

La ascensión se realiza sin complicación alguna (se incorporan algunas sendas), salvando el importante desnivel que nos separa del collado en sucesivos zigzags que nos harán ganar altura sin perder en ello el resuello, pese a lo cual habrá que realizar las típicas paradas para regular fuerzas y contemplar así la panorámica que se abre ante nuestros ojos. El Collado del Alfrecho se asienta en una profunda escotadura que separa las cimas de Cancho Gordo y Cancho la Bola (1490 m), en un paso natural de fácil acceso, por lo que desde antaño ha sido utilizado por el hombre. Hasta aquí habremos empleado aproximadamente una hora, restándonos todavía unos veinticinco minutos para coronar el pico de Cancho Gordo. Para su ascensión utilizaremos otra senda que arranca a la izquierda, nada mas superar el collado, fácilmente visible porque se encuentra señalizada por mojones de piedra. Esta gana rápidamente altura haciéndose el primer repecho algo duro, pero enseguida se suceden varios portillos que nos facilitan el paso entre el roquedo hasta visualizar la cumbre, formada en realidad por dos enormes resaltes rocosos casi iguales en altitud –Cancho Gordo y Cancho Largo–, separados entre sí por un pequeño pasillo tapizado por una pradera. En el primero es donde se sitúa el vértice geodésico así como restos de una antigua construcción, a la cual se accede trepando los últimos metros a través del roquedo granítico. Las vistas como es de suponer son amplísimas y abarcan, desde el cercano pico del Mondalindo hasta las primeras estribaciones de Somosierra y Ayllón.

Una vez asomados y curioseados todos los rincones de la cumbre el descenso lo efectuaremos por la cara norte de la misma, a través del pasillo que separa ambos riscos, y por el que la senda, ahora en acusado desnivel, se dirige hacia un sendero que a media ladera recorre la vertiente septentrional de la sierra. La bajada no implica ningún problema y en todo momento vemos el camino que debemos tomar, de tal forma que al llegar a él sólo nos restará girar otra vez a la izquierda y continuar su discurrir.

El camino enseguida sobrepasa un manantial donde suele abrevar el abundante ganado que por aquí pace (no es recomendable beber agua), y tras el cual el sendero comienza a perder altura en busca de una cercana pista forestal a la que termina por incorporarse. En todo momento discurrimos por el PR-13, sendero de pequeño recorrido que une las localidades de La Cabrera y Valdemanco, de ahí que veamos pintadas sus conocidas marcas en blanco y amarillo. A ellas habrá que estar especialmente atentos para elegir el camino correcto y desechar algún que otro desvío, hasta que nos incorporemos a otra

pista que nos cruza perpendicularmente. Una vez aquí, la tomaremos por nuestra izquierda, cambiando bruscamente de dirección para de esta forma atravesar nuevamente el cordal y dirigirnos otra vez hacia la ladera sur. La zona que estamos recorriendo en este momento es especialmente bella por las curiosas formaciones rocosas que configuran el paisaje, algunas de las cuales asemejan fortalezas como es el caso de Peña del Tejo (1341 m) y Peña del Hierro.

La pista se adentra en el valle del arroyo Albala aunque muy pronto lo abandonaremos al tomar no el primero, sino el segundo desvío que a mano izquierda aparezca. Este gana rápidamente altura en dirección al cordal que procede del pico Torre de Valdemanco (1451 m), al que llegaremos en breves minutos, y tras el cual la pista pierde ligeramente altitud al encuentro de una nueva bifurcación. Justo antes de que esto ocurra, podemos desviarnos a la derecha escasos metros en busca de un enorme lanchar donde hacer un alto en el camino para reponer fuerzas a la vez que contemplar una muy bonita panorámica. Después del descanso emprenderemos de nuevo la marcha por la pista que nos traía, desechando el desvío antes citado que a la derecha pierde rápidamente altura. A continuación el camino gira a la izquierda y comienza a subir ligeramente en busca de otra pista con la que termina uniéndose. Es en este momento cuando habrá que poner especial atención a la senda que nace a la derecha, restos de una antigua pista forestal que por el desuso se encuentra casi totalmente oculta por la vegetación. El camino en sus primeros metros pierde rápidamente altura, pero si alzamos la vista hacia el pequeño llano que tenemos delante veremos como la senda se abre camino entre el denso jaral hasta llegar a un saliente rocoso, donde se esconde el collado que separa las cimas de Cancho Gordo y Cerro de la Cabrera (1268 m). Por este collado pasa el primitivo GR-10 que abandonamos a las afueras del pueblo de La Cabrera, hacia el que dirigiremos nuestros pasos para el camino de regreso.

Desde el resalte rocoso en que nos encontramos se aprecia con total nitidez el cercano trazado el GR-10, del cual sólo nos separa un pequeño desnivel que habrá que salvar campo a través. Una vez en él, sólo nos restará seguir atentamente sus indicaciones hasta llegar al Convento de San Antonio, edificio recientemente restaurado por la Comunidad de Madrid y regido por la comunidad franciscana. Si la excursión la realizamos en los días en que el monasterio abre sus puertas al público y hemos tenido la precaución de amoldar la hora de regreso con la de recepción, su visita es un magnífico colofón a este recorrido, del que sólo nos queda continuar por la pista cementada en dirección al cercano punto de partida.

Marco geográfico

El extremo nororiental de la Comunidad de Madrid engloba un conjunto muy variado de alineaciones montañosas separadas entre sí por una compleja red de fallas que dan al enclave un gran valor paisajístico. A toda esta zona se la conoce con el genérico nombre de Sierra Pobre, desafortunado término de escaso valor geográfico al aunar áreas de muy variada composición. De las tres principales elevaciones orográficas que la componen –Guadarrama, Somosierra, Ayllón–, es a esta última a la que pertenecen las cumbres que bordean el pueblo de Puebla de la Sierra.

La localidad se asienta en el fondo de un impresionante anfiteatro rocoso en forma de U cerrada, cuya única salida natural es la que crea el arroyo de la Puebla en su extremo más meridional. El cordal montañoso está constituido por materiales metamórficos, básicamente gneis, pizarra y cuarcita, lo que le da una topografía muy accidentada con un claro predominio de las pendientes fuertes (del 20 al 35%). La línea de cumbres se sitúa siempre por encima de los 1600 metros de altitud aunque los picos más altos rebasan ligeramente los 1800 metros, como sucede con Peña la Cabra (1834 m), Porrejón (1827 m), o Pico Tornera (1865 m), máxima altitud orográfica.

Vegetación

La característica más notable del paisaje vegetal es una vez más la existencia de evidentes y numerosas muestras de la enorme importancia que tiene la ación antrópica como factor modificador del medio natural. En efecto, si bien es cierto que la vegetación climácica estaría constituida por formaciones arbóreas de tipo caducifóleo esclerófilo, en el momento actual dichas formaciones se encuentran relegadas a un segundo plano y el predominio está ejercido por matorrales de sustitución, como el brezo y la jara. Por tanto los restos de estos bosques (melojares y encinares principalmente) se reducen en la actualidad a pequeños bosquetes relegados a las zonas más inaccesibles, mientras que las formaciones arbustivas y subarbustivas ocupan áreas muy amplias a expensas de las anteriores.

Entre las causas de la regresión del bosque hay que señalar principalmente su aprovechamiento para leña y carbóneo, la quema para producir pastos, la roturación de terrenos o el propio pastoreo excesivo. Sin embargo el reciente abandono de algunos de estos aprovechamientos mencionados está provocando una cierta recuperación de la vegetación con la aparición de algunas series progresivas hacia el bosque, como puede apreciarse con toda nitidez en el caso de los robledales.

FAUNA

Todo el término municipal de Puebla de la Sierra pertenece a la Reserva Nacional de Caza de Sonsaz, figura legal de protección creada en 1973 que engloba en total 68.106 ha repartidas entre las provincias de Guadalajara y Madrid. El origen de su creación fue permitir, sobre todo, el desarrollo del corzo, cuya población desde entonces no ha hecho más que aumentar lo mismo que ha ocurrido con el ciervo, aunque en proporciones más modestas. Mamíferos como el gato montés, la garduña, la comadreja, el tejón, el turón, son también muy abundantes, así como el ubicuo jabalí y el astuto zorro. También son abundantes las rapaces, como el buitre leonado, el águila real, perdicera y calzada, el ratonero común, el azor, el cernícalo y el halcón peregrino. Entre las nocturnas destaca la lechuza, el mochuelo y el búho chico.

KILÓMETROS DESDE MADRID: 91 Km.
DISTANCIA TOTAL: 18 kilómetros.
DURACIÓN TOTAL: de 5 a 6 horas.
TIEMPOS DE MARCHA: Puebla de la Sierra – Peña la Cabra; 1 hora y 30 minutos. Peña la Cabra – Porrejón; 1 hora y 30 minutos. Porrejón – Collado de las Palomas; 45 minutos. Collado de las Palomas – Puebla de la Sierra; 1 hora y 15 minutos.
DESNIVEL: 670 metros.
DIFICULTAD: media. La longitud y el desnivel a salvar no la hacen recomendable para gente poco acostumbrada a andar por el monte.
TIPO DE CAMINO: senda en su mayor parte. Recorrido circular.
AGUA POTABLE: no encontraremos en todo el camino.
ÉPOCA RECOMENDADA: cualquier estación del año. Si la realizamos en invierno no es raro que encontremos nieve.
SUGERENCIAS: llevar suficiente acopio de agua y viandas.
CARTOGRAFÍA: hojas 459-485 escala 1:50.000 del I.G.N. o S.G.E.

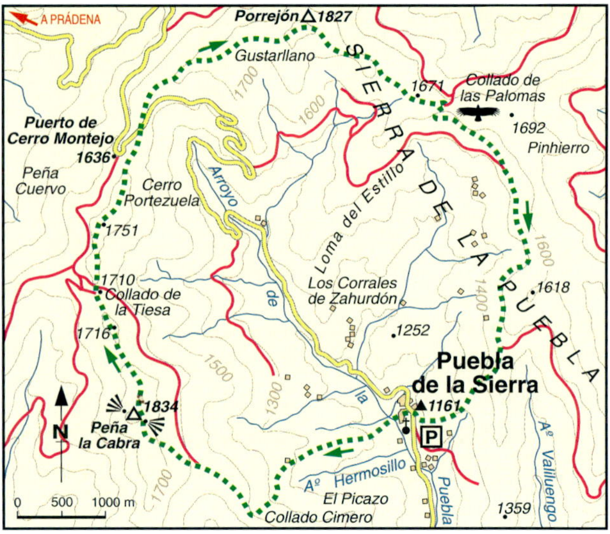

El marco geográfico que rodea la localidad de Puebla de la Sierra es quizá uno de los espacios naturales más desconocidos y bellos de la Comunidad de Madrid. Su aislamiento orográfico, sus duras condiciones climáticas, así como los complejos accesos viarios, han facilitado el anonimato de esta zona a lo largo de su historia. Su casco urbano es también uno de los mejor conservados de toda la Sierra Norte, con magníficas casas de piedra rematadas en teja roja, que dan al pueblo una notable presencia además de una gran uniformidad, respetada incluso por las nuevas construcciones. Pues bien, una vez situados en él estacionaremos

nuestro vehículo y nos dirigiremos hacia la Ermita de Nuestra Señora de la Soledad, sita a la entrada de la población, muy cerca de la carretera que se dirige a Robledillo de la Jara y en cuyas inmediaciones se encuentra la curiosa Fuente Abajo, llamada así por estar en la parte más baja del pueblo. Por delante de su fachada pasa un camino de tierra que se dirige de nuevo hacia el interior del casco urbano, el cual tomaremos dejando siempre a la izquierda las aguas del arroyo de la Puebla. En escasos metros, justo antes de que el camino se convierta en calle cementada, a la izquierda surge un sendero que atraviesa huertos y frutales en dirección al cercano cauce. Tras sobrepasar el pequeño puente que salva las aguas, la senda comienza a ganar ligeramente altura hasta que gira bruscamente a la izquierda, a la altura de una hilera de robles, momento en el cual la abandonaremos definitivamente en busca de la loma que enfrente de nosotros se alza. La ausencia total de vegetación nos permitirá un avance rápido hasta su cima, desde la que se observa con toda nitidez el cordal occidental que bordea el valle de la Puebla, así como el cortafuegos que lo atraviesa perpendicularmente por su parte más baja y hacia el que encaminamos nuestros pasos.

Para acceder al cortafuegos continuaremos campo através, pero con la precaución de no dirigirnos hacia la pequeña vaguada que crea el arroyo Hermosillo, ya que se encuentra cubierta en su totalidad por un denso jaral-brezal que dificultará enormemente nuestro avance. Por eso es preferible bordearlo por la derecha lo más alejado posible para así evitar el matorral, aunque para ello tengamos que dar un poco más de rodeo. Sin dejar nunca de ganar altura, llegará un momento en que no podremos continuar campo através pues enfrente de nosotros se alza un enorme pinar de repoblación que nos lo impide, por lo que giraremos a la izquierda y caminaremos por su misma linde en dirección al contiguo cortafuegos. En realidad no es en sí un verdadero cortafuegos, sino un imponente canchal que hace de límite natural al pinar, lo que ha aprovechado el hombre para continuarlo artificialmente en su extremo superior, muy cerca ya del collado que se asienta en la base del Cerro de las Cabezas (1561 m). La subida por la pedrera es corta pero muy dura al salvar en muy breve espacio un desnivel superior a los 100 metros, lo que nos obliga a ir trazando sucesivos zigzags para no perder el resuello. Superada ésta, se abre ante nuestros ojos el amplio cordal que forma la cumbre de Peña la Cabra (1834 m), hacia la que nos encaminamos a través de un sendero que enseguida se convierte en pista. Ésta última avanza directa hacia la cumbre, pero después de ganar altura gira repentinamente a la derecha adentrándose en el denso pinar que cubre toda la ladera, bordeando de esta forma el enorme roquedo que forma la cima. Cuando es-

to suceda, nosotros continuaremos ascendiendo pero no en línea recta sino en diagonal, rumbo al enorme mojón de piedra de más de dos metros de altura que se sitúa en las inmediaciones del pico. El hito es perfectamente visible desde lejos, al estar puesto en la misma línea de cresteria, por lo que sólo nos resta atravesar algunas hileras del pinar por encima de las cuales ya sólo aparece la roca desnuda.

Aunque la cima no es tan espectacular como parecía desde la lejanía, sí lo son en cambio las vistas, verdaderamente amplias, al divisarse el importante nudo orográfico que forma la confluencia de las sierras de Guadarrama, Somosierra y Ayllón, así como la vasta llanura que en suave descenso llega hasta la capital. Reconfortados por la belleza del paisaje reemprenderemos la marcha, sucediéndose a partir de ahora pequeñas subidas y bajadas a modo de tobogán que harán más ameno aún el camino. Así, tras superar el Collado de la Tiesa (1710 m) viene a continuación el Cerro Portezuela (1751 m), en cuyas inmediaciones existen diversas instalaciones así como una caseta utilizada por los retenes contraincendios, y después el Puerto de Cerro Montejo (1636 m), por donde discurre la carretera que une las localidades de Puebla de la Sierra y Prádena del Rincón. Llegados aquí descenderemos por la carretera escasos 50 metros en dirección al primero, hasta la altura de un gran cartel verde de Icona situado a nuestra izquierda. Por encima del terraplén existe un senderillo que discurre paralelo a un pequeño muro de piedra, y aunque en sus inicios está bien marcado, nada más sobrepasar un pinar ambos terminan desapareciendo, lo que nos obligará a dirigirnos nuevamente hasta el contiguo cordal. Por su línea progresa una senda señalizada de vez en cuando por mojones a los que habrá que estar muy atentos si no queremos perderla, cosa que ocurrirá tarde o temprano, pero que no debe preocuparnos en demasía pues el camino no ofrece complicación alguna al discurrir en todo momento por la divisoria de aguas.

Antes de llegar a la cumbre del Porrejón (1827 m) se bordea por el lado derecho una especie de crestón rocoso formado por varios cuchillos, entre los que nos abriremos paso aprovechando alguna brecha creada en la roca. Si no queremos perder mucha altura es preferible dirigirnos hacia su cima através de algunos de los pasillos que conducen a ella. Desde aquí, ya se divisa el vértice geodésico del Porrejón hacia el que nos encaminaremos atravesando una amplia campa. Situados en él, nuestro próximo objetivo es visible; el cercano Collado de las Palomas (1610 m). En la bajada la senda se encuentra muy bien marcada bordeando la única dificultad rocosa por la izquierda, en un descenso muy rápido y cómodo. El nombre del collado le viene dado por ser un paso natural de aves migratorias, especialmente de la paloma torcaz, de ahí que encontremos varios puestos de tiradores en sus inmediaciones.

Con la mirada puesta en la población de Puebla de la Sierra, la pista que cruza el collado será el camino que utilizaremos para recorrer este último tramo del itinerario. Ésta en su inicio pierde algo de altura, al trazar dos cerradas curvas, pero enseguida toma la horizontal adentrándose en un denso pinar de repoblación. En escasos minutos desecharemos un desvío a la derecha, continuando nosotros a media ladera hasta que el arbolado desaparezca repentinamente, justo cuando la pista hace un giro brusco a la izquierda, en busca del arroyo de Valiluengo. De la misma linde del bosque surge a la derecha una senda muy fácil de localizar que se encamina hacia un pequeño altillo, sin embargo antes de alcanzarlo la senda gira a la derecha y empieza a perder altura muy rápidamente. Con el límite del pinar siempre a nuestra derecha el camino poco a poco se va a ir ensanchando hasta convertirse en una trocha de trazado rectilíneo, que en poco más de veinte minutos nos conducirá al pueblo. Escasos metros antes de llegar a él, a la altura de los primeros muros que delimitan los huertos, la trocha se bifurca en varias sendas cualquiera de las cuales nos traerá nuevamente a Puebla de la Sierra, dando por finalizado un nuevo recorrido.

ÁVILA

RUTAS

11. CUEVA VALIENTE
12. PICO DE LA CRUZ DE HIERRO
13. SIERRA DE LA HIGUERA
14. PICO ZAPATERO
15. RUTA DE LOS COLLADOS
16. LA GARGANTA DE BOHOYO
17. LAGUNA DE LA NAVA
18. LAGUNAS DEL TRAMPAL

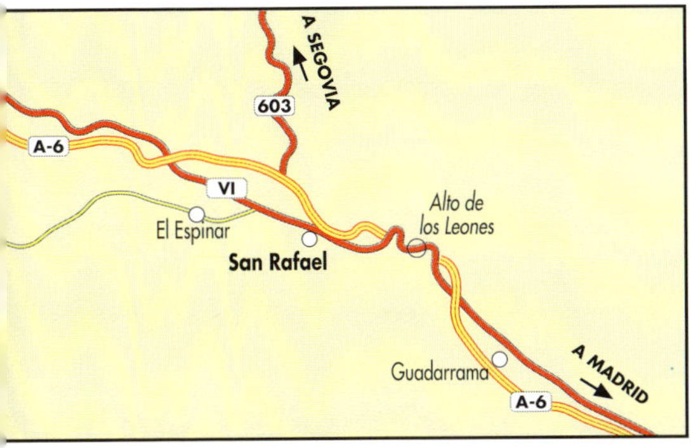

Marco geográfico

A través de la Sierra de Malagón la Sierra de Guadarrama entra en contacto con las estribaciones montañosas más septentrionales del Macizo de Gredos, en concreto con las elevaciones de la Sierra de Avila, Sierra de Ojos Albos y Sierra de la Paramera. Esta articulación del relieve en varias alineaciones orográficas hace que la Sierra de Malagón presente dos ramales bien diferenciados: uno más meridional que se iniciará en el Puerto de la Lancha (1485 m) y que englobaría genéricamente los montes de El Escorial –Las Machotas, Abantos, San Benito, Barranco de la Cabeza–, así como todo el cordal del Valle de los Caídos hasta el Alto del León (1511 m). El otro ramal discurre algo más al norte y es más corto en longitud, pues arranca del Puerto de la Cruz del Hierro (1467 m) y termina en Cabeza Lijar, pasando por Cabeza Renales y Cueva Valiente, máxima altitud de toda la Sierra de Malagón.

Toda la sierra se caracteriza por el predominio de los materiales graníticos así como por el modelado redondeado de sus cumbres, fuertemente erosionadas, donde ocasionalmente aparecen formaciones rocosas de menor importancia que rompen en parte con arrasamiento de los relieves.

Vegetación

Tres son los pisos de distribución característicos de la vegetación que podemos encontrar en la Sierra de Malagón. El primero en aparecer en altitud es el **basal**, formado antaño por bosques de melojos y fresnos que en la actualidad han desaparecido por la acción del hombre, que transformó las zonas más llanas en prados de siega para así favorecer una tradicional ganadería. Hoy sus especies características son el escaramujo, las zarzas y los rosales silvestres, aunque en determinados enclaves aún pueden apreciarse algunos reductos de estos primitivos bosques. Le sucede en altura el piso **subalpino**, constituido exclusivamente por bosques de pino silvestre aunque ocasionalmente pueden aparecer algunos robles, tejos y avellanos. Es un bosque pobre en substrato arbustivo ya que apenas deja pasar los rayos del sol, por lo que únicamente encontraremos algunas jaras, retamas, helecho común, piorno y enebros. A más altitud, a partir de los 1900-2000 metros, o incluso antes en determinadas zonas, las condiciones climáticas se vuelven muy duras para el desarrollo de los bosques, dando paso al piso **alpino**, caracterizado por matorrales como el piorno y el enebro rastrero. Su extensión geográfica está limitada exclusivamente a las cumbres más altas, como sucede en Cueva Valiente y Cabeza Lijar.

Fauna

De entre toda la fauna vertebrada, son las aves las especies mejor representadas. Circunscritas a un territorio mucho más amplio algunas rapaces sobrevuelan estas alturas en busca de sustento. Especies como el azor o milano real, entre otras, son ocasionalmente observadas en sus vuelos al igual que el buitre leonado. Sin tanta relevancia pero igualmente importantes en número tenemos al cuco, picapinos, arrendajo, pinzón vulgar, carbonero garrapinos o herrerillo capuchino. Por lo que respecta a los mamíferos, señalar la presencia del zorro y el turón como predadores naturales de la ardilla, así como de algún pequeño roedor y ave.

KILÓMETROS DESDE MADRID: 66 km.
DISTANCIA TOTAL: 13 kilómetros.
DURACIÓN TOTAL: 4 horas.
TIEMPOS DE MARCHA: Arroyo de la Gargantilla – Cueva Valiente; 1 hora y 30 minutos. Cueva Valiente – Collado del Hornillo; 45 minutos. Collado del Hornillo – final del recorrido; 1 hora y 45 minutos.
DESNIVEL: 525 metros.
DIFICULTAD: baja. Apta para todos los públicos.
TIPO DE CAMINO: pista forestal en su mayor parte. Recorrido circular.
AGUA POTABLE: sólo la encontraremos casi al final del recorrido, en la fuente de la Yedra.
ÉPOCA RECOMENDADA: cualquier fin de semana del año.
SUGERENCIAS: la cumbre de Cueva Valiente es un magnífico remanso de paz donde poder pasar un día tranquilo de campo.
CARTOGRAFÍA: hojas 507-508 escala 1:50.000 del I.G.N. o S.G.E.

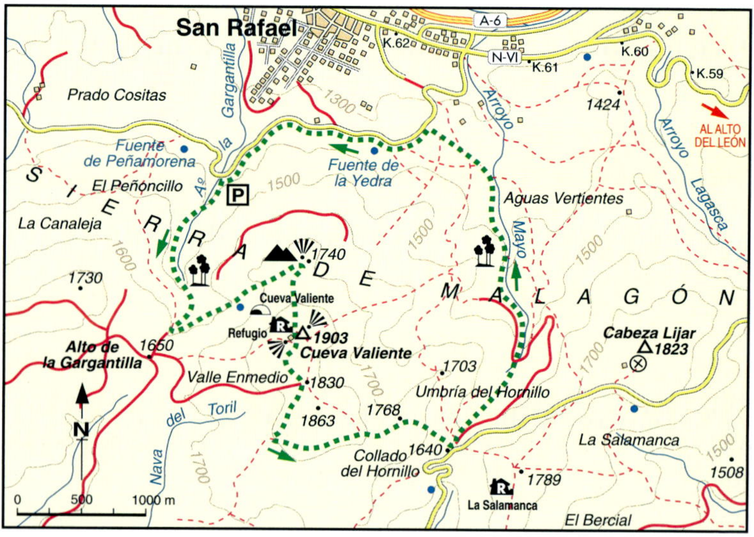

La serrana localidad de San Rafael va a ser el marco de referencia para un nuevo recorrido que tiene como objeto coronar la máxima altitud de la

Sierra de Malagón. Aunque el comienzo del itinerario parte de tierras segovianas, la mayoría del mismo se desarrolla dentro de la provincia de Ávila, a la que pertenece la cumbre de Cueva Valiente (1903 m), por lo que he creído conveniente englobarla dentro de esta última. San Rafael es el primer pueblo segoviano que nos encontramos nada más descender el Alto del León (1511 m), desviándonos a la izquierda por la primera calle que veamos nada más acceder a él. En realidad no se trata de una calle propiamente dicha, sino de una pista forestal as-

faltada que bordea todo el pueblo en dirección a la cercana localidad de El Espinar. Tras superar las últimas casas, en aproximadamente 2,5 kilómetros localizaremos una pequeña explanada que se sitúa justo antes de un puente con barandilla de color amarillo. Aquí es donde abandonaremos nuestro vehículo en busca de la pista que nace junto al arroyo de la Gargantilla, el cual no abandonaremos hasta casi llegar al Alto de la Gargantilla (1650 m).

El camino remonta el pequeño valle que han creado las aguas del arroyo, y desde el principio nos veremos envueltos por un denso bosque de pino silvestre, aunque ocasionalmente podremos observar algún tejo y avellano. Al comienzo el arroyo se sitúa nuestra derecha, pero enseguida lo vadearemos para dejarlo definitivamente a la izquierda durante toda la subida. Tras unos 20 minutos de dura ascensión encontraremos una valla con cancela y a continuación otra pista que por la derecha se junta a la nuestra. Algo más arriba nos cruzaremos con una segunda pista a la que hay que prestar mayor atención, pues su ramal de la izquierda será el que nos conducirá hasta la base de la cumbre, así, nada más incorporarnos a ella, abandonaremos la que traíamos y cogeremos esta nueva que con dirección perpendicular a la pendiente progresa a media ladera entre recientes plantaciones de árboles. No obstante, la nueva pista de inmediato va a presentar un firme más irregular hasta convertirse en una senda fácil de seguir, desde la que se contempla una bonita panorámica sobre el valle del arroyo de la Gargantilla. Nada más sobrepasar una pequeña fuentecilla (no siempre con agua), la senda se convierte en trocha y vuelve a ganar bruscamente altura en dirección a un cercano collado (1740 m) al pie mismo de la cumbre de Cueva Valiente.

El collado se sitúa en la ladera norte de la montaña y se encuentra presidido por un gran risco rocoso, desde el que se contempla una espléndida panorámica de la meseta castellana. Una vez repuestas las fuerzas gastadas en el último repecho, emprenderemos de nuevo el camino en busca del último desnivel que nos separa de la cima, atacándolo de forma directa, pero muy atentos a un senderillo no muy visible en sus inicios pero que poco a poco aparece más marcando en el terreno hasta convertirse en una senda perfectamente señalizada con mojones de piedra. Este último tramo es muy fuerte, pues no en vano se salva un desnivel de algo más de 160 metros, pero gracias al camino la subida se nos hará más llevadera.

La cumbre de Cueva Valiente la forma una amplia y redondeada campa en la que únicamente sobresalen algunos crestones rocosos en uno de los cuales encontraremos su vértice geodésico, así como un refugio de montaña en un lamen-

table estado de conservación. La ausencia de vegetación permite contemplar una de las mejores vistas de toda la Sierra de Guadarrama que a más de uno sorprenderá por su inesperada belleza.

El camino de regreso lo efectuaremos por la pista forestal asfaltada que procedente de Peguerinos asciende hasta la misma cima de Cueva Valiente. Por ella descenderemos unos cuantos metros hasta alcanzar un pequeño collado (1830 m), donde la pista cambia de sentido en dirección al Alto de la Gargantilla. Aquí tomaremos un camino muy marcado que bordea por la cara oeste un pequeño cerro (1863 m) hasta que en unos cinco minutos nos topemos con un desvío a la izquierda, eligiendo este nuevo camino que sin pérdida alguna y en cómoda bajada nos conducirá hasta el cercano Collado del Hornillo (1640 m). En el collado, siempre sin cruzar la carretera, coinciden tres pistas; dos muy marcadas situadas en los extremos y otra central mucho más desdibujada, que desciende rectilíneamente entre ambas. Será ésta última la que escojamos, encontrándonos desde el principio las típicas marcas en rojo y blanco de los senderos de gran recorrido, en este caso el GR-88 que por aquí pasa en dirección al pueblo de San Rafael.

La bajada es rápida y acusada hasta que nos crucemos otra vez con una de las pistas que ya desechamos en el collado, momento a partir del cual se suaviza la pendiente. Sin perder nunca de vista las aguas del arroyo Mayo así como las señales del GR-88, llegará un momento en que vadearemos por última vez el curso del riachuelo alejándonos definitivamente de su valle, en busca de una cercana tapia de piedra que hallaremos a nuestra derecha. Nada más sobrepasarla el GR-88 gira a la derecha y continúa bordeándola en dirección a San Rafael, lo que nos obligará a abandonarlo también definitivamente, esta vez en dirección a la primitiva pista forestal asfaltada que tomamos antes de estacionar nuestro vehículo. A ella nos dirigiremos en línea recta hasta recorrer los escasos 300 metros que nos separan, muy cerca ya de la gran fuente de la Yedra, restándonos únicamente recorrer el kilómetro y medio que nos separa del inicio del recorrido.

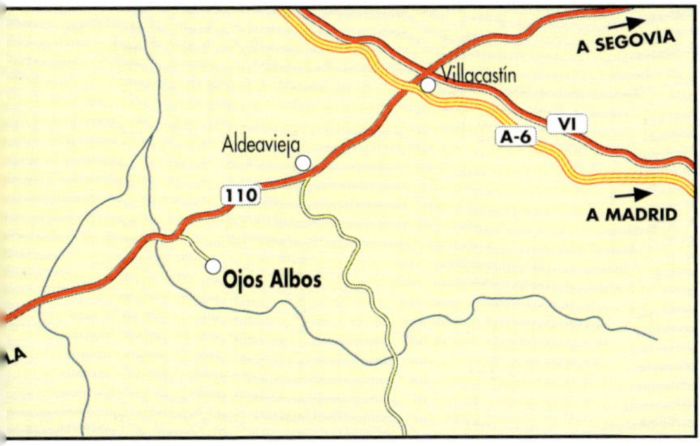

MARCO GEOGRÁFICO

Bajo el nombre genérico de Sierra de Ávila se engloba un conjunto de pequeñas elevaciones que se sitúan en el extremo más septentrional del Sistema Central, dentro de la provincia de Ávila. La denominación de todo el enclave montañoso como Sierra de Ávila se debe a la mayor extensión de la misma y a su posición central, aunque para ser fieles a la realidad habría que hablar también de las sierras de Villanueva y Ojos Albos. Por lo que respecta a la Sierra de Ojos Albos decir que se localiza en el extremo más oriental del enclave, ligeramente separada de la Sierra de Ávila por una pequeña depresión por donde se abre paso el río Adaja camino de la llanura castellana, aunque no es la única, ya que al sur se ubica el valle del río Voltoya, límite natural entre las cumbres de Ojos Albos y la Sierra de Malagón.

Toda la sierra se caracteriza por el predominio de los materiales metamórficos así como por el modelado redondeado de sus cumbres que le dan una apariencia poco destacada, donde ocasionalmente afloran formaciones rocosas de menor importancia que rompen en parte con la monotonía del relieve, como sucede en el Pico Atalaya (1589 m), aunque lo más normal es que presenten una total planitud las cimas de la que no se escapa el Pico de la Cruz de Hierro (1662 m), máxima altitud de la Sierra de Ojos Albos.

VEGETACIÓN

El tradicional uso ganadero que ha venido soportando durante siglos esta zona es el causante principal que en la actualidad las laderas de la Sierra de Ojos Albos presenten un aspecto desolador. En efecto, el hombre desde antaño ha favorecido dicha actividad económica diezmando sin cesar la primitiva extensión de bosque que cubría por completo la sierra, bien a través de podas, talas y carboneo, o bien directamente con quemas controladas para así aumentar la superficie dedicada a la ganadería extensiva. Si ha ello le unimos el aprovechamiento agrícola de los terrenos más aptos, así como las duras condiciones climatológicas que limitan enormemente el desarrollo de la vegetación, es fácil de entender la casi nula presencia de bosques hoy en día en la casi totalidad del enclave. Del antaño encinar que cubría las partes más bajas y soleadas de la sierra todavía quedan algunos vestigios, como sucede en el tramo medio del río Voltoya, aunque siempre en formaciones adehesadas y relegadas al escarpe del valle, mientras que en la laderas éste ha desaparecido por completo dando paso a un denso jaral de sustitución. No ha corrido mejor suerte el robledal que poblaba las partes más altas de la sierra y las áreas de umbría de las vaguadas, ya que también ha desaparecido ocupando su territorio nuevamente el jaral.

Indicar por último las recientes repoblaciones que se están efectuando en toda la Sierra de Ojos Albos basadas principalmente en pinares, aunque también se están plantando algunas encinas con el fin de recuperar su original aspecto.

FAUNA

A pesar de las profundas transformaciones a las que se ha visto sometida, la Sierra de Ojos Albos encierra todavía hoy en día una gran variedad de especies animales que han sabido adaptarse a los cambios introducidos por el hombre. Entre ellas destacar:

— Aves: azor, águila común, águila culebrera, águila real, buitre negro, buitre leonado y milano negro.
— Mamíferos: erizo, ratón de campo, conejo, liebre y zorro.
— Reptiles: lagarto ocelado y culebra bastarda.

KILÓMETROS DESDE MADRID: 99 km.
DISTANCIA TOTAL: 14 kilómetros.
DURACIÓN TOTAL: 3 horas y 45 minutos.
TIEMPOS DE MARCHA: Ojos Albos – Collado del Caloco; 20 minutos. Collado del Caloco – Arroyo de Corral Hondo; 30 minutos. Arroyo de Corral Hondo – Pico de la Cruz de Hierro; 1 hora y 10 minutos. Pico de la Cruz de Hierro – Pico Atalaya; 1 hora. Pico Atalaya – Ojos Albos; 45 minutos.
DESNIVEL: 440 metros.
DIFICULTAD: baja. La debida a su longitud y duración.
TIPO DE CAMINO: pista forestal en su mayor parte. Recorrido circular.
AGUA POTABLE: no encontraremos en todo el camino.
ÉPOCA RECOMENDADA: otoño, invierno y primavera.
SUGERENCIAS: esta excursión es una buena opción para evitar las aglomeraciones que se producen en invierno en la Sierra de Guadarrama. Si la realizamos con nieve y en un día despejado podemos contemplar una espléndida panorámica de un gran número de cumbres. Recientemente la excursión se ha visto parcialmente afectada por la instalación de una línea de torretas para la producción de energía eólica.
CARTOGRAFÍA: hoja 506 escala 1:50.000 del I.G.N. o S.G.E

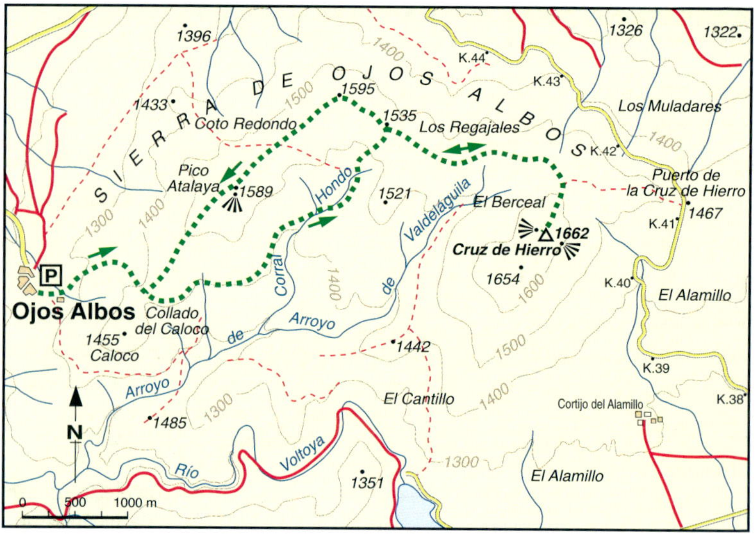

Hasta la tranquila localidad abulense de Ojos Albos nos desplazaremos con el objeto de coronar el altivo Pico de la Cruz de Hierro (1662 m), máxima altitud de la sierra y uno de los mejores miradores que conozco sobre buena parte de las cumbres que configuran el Sistema Central. Nada más entrar en el pueblo buscaremos su pequeña plaza donde se ubica el ayuntamiento, su curiosa iglesia, así como una fuente en la que podremos llenar las cantimploras. Tras estacionar nuestro vehículo emprenderemos el ca-

mino en busca de la pista forestal que nace de la misma linde de la población, justo en su parte más alta, tomando para ello la Calle de la Iglesia que en breves instantes nos situará en el comienzo de la misma. Nada más empezar desecharemos un doble desvío que encontraremos a la derecha del camino, aunque éste no será el último pues en escasos cien metros volveremos a sobrepasar otro que nuevamente se desvía a nuestra diestra, momento a partir del cual la pista gana decididamente altura en dirección a un cercano collado que se sitúa entre las cumbres de la Atalaya (1589 m) y Caloco (1455 m). Antes tendremos la oportunidad de progresar muy próximos a una pequeña vaguada donde se amontonan los muros caídos de antiguos huertos así como abrir la cancela de una valla que se interpone en el camino, pero lo que sin lugar a duda más llamará nuestra atención es la total ausencia de manchas boscosas asentadas en las laderas de la sierra, reducidas en el mejor de los casos a jóvenes brotes de encinas de porte chaparro que se entremezclan con el denso jaral, formación arbustiva sustitutoria del primitivo encinar que cubría la zona.

A la altura del collado encontraremos un ramal a la izquierda que ahora desestimaremos pero que será el utilizado para el camino de regreso, al realizarse por toda la línea de cordada. A partir de aquí la pista pierde ligeramente altura surcando a media ladera el pequeño valle que recorre el arroyo de Corral Hondo, recientemente repoblado en su totalidad por plantaciones de pinos como puede apreciarse perfectamente en el aterrazamiento del suelo. Sin complicación alguna llegaremos al cauce del riachuelo antes mencionado, aunque enseguida lo vadearemos para a continuación remontar su diminuto lecho hasta encontrarnos de nuevo con otra cancela, detrás de la cual sólo nos restará superar el repecho que nos separa de la línea de cumbres. Sin abandonar en ningún momento la pista coronaremos un collado (1535 m) donde hallaremos una alta valla metálica que marca el límite de los términos municipales que aquí confluyen, y que en ningún momento cruzaremos pues el camino gira a la derecha y se dirige hacia el ya cercano Pico de la Cruz de Hierro. La pista a partir de este instante se encuentra mucho menos marcada en el terreno aunque sí lo suficiente como para avanzar cómodamente por ella subiendo y bajando los pequeños resaltes que anteceden a la Cruz de Hierro. Para subir hasta él tenemos que abandonar el cordal principal que se dirige al Puerto de la Cruz de Hierro (1467 m) y girar a nuestra derecha para ascender por la dura cuesta que nos separa de la cumbre. En su ancha y plana cima encontraremos el consabido vértice geodésico así como algunas antenas que la fuerza del viento ha derribado, pero lo que seguramente no se borrará de nuestra memoria es la impresionante panorámica que acapara el amplio horizonte, tanto de las cumbres de Guadarrama, Malagón, Sierra de Ávila, Paramera, Serrota y Gredos, como de la inmensa planicie caste-

na en la que se distinguen al menos una treintena de pueblos repartidos entre las provincias de Ávila y Segovia, sin olvidar sus respectivas capitales.

Para el camino de regreso vamos a realizar una pequeña variación respecto al camino de ida, así retrocederemos por el camino andado hasta el pequeño collado donde la pista forestal se incorporaba a la línea de cumbres, para una vez aquí abandonar el cómodo camino y proseguir por la cordada en dirección a una cercana cumbre de cota 1595 m donde hallaremos un repetidor de comunicaciones. Sin llegar en ningún momento a cruzar la valla que progresa por la divisoria de aguas continuaremos hacia el contiguo Pico de la Atalaya (1589 m), nombre que le viene que ni pintado por la excepcional vista que se contempla desde su imponente risco rocoso, especialmente bonita la que se abre sobre el boscoso valle del río Voltoya, así como hacia el Embalse de Serones. En las proximidades del alto localizaremos una pista que nos guiará en rápida bajada hasta el primer collado que encontramos nada más salir del pueblo, en donde nos incorporaremos de nuevo a la primitiva pista que esta vez nos conducirá hasta nuestro punto de partida, Ojos Albos, dando por concluido un nuevo recorrido que nos ha descubierto los secretos de una sierra poco conocida para la mayoría de los madrileños.

Marco geográfico

La Sierra de la Higuera se sitúa en el borde meridional de la provincia de Ávila, lindando con Toledo, que comparte con Castilla y León este bloque elevado. Forma parte del Sistema Central y constituye uno de sus últimos contrafuertes montañosos junto con la Sierra de San Vicente, antes de adentrarse en la Fosa del Tajo. Esta sierra pertenece, como las de San Vicente, Peña Berrocal, Peña Cenicientos y Peña Cadalso, a un conjunto de elevaciones que se organizan como un gran bloque tectónico o horst levantado entre las fosas del Tiétar y Alberche. Todas presentan una única alineación montañosa de dirección SO-NE enlazando por su extremo más septentrional con las primeras estribaciones de la Sierra de Guadarrama.

La Sierra de la Higuera se caracteriza por presentar unas elevaciones muy modestas, siempre comprendidas entre 700-1000 metros de altitud, aunque ocasionalmente pueden aparecer algunos riscos que las superen ligeramente, como ocurre con Cerro Poyal (1056 m), Cuchillar (1063 m), o el Risco de las Cuevas (1072 m), máxima altitud de toda la sierra. Su línea de cumbres es muy redondeada y suave, por no decir casi plana, lo que ocurre es que ocasionalmente aparecen formaciones graníticas menores que se alzan a modo de resaltes rocosos que rompen en parte la uniformidad paisajística. Su origen se encuentra en el desmantelamiento de las superficies culminantes, en las que se ha producido una alteración desigual, de tal modo que la destrucción de la capa alterada deja al descubierto las rocas no meteorizadas, dando lugar a las típicas piedras berroqueñas o lanchares.

Vegetación

La Sierra de la Higuera se encuentra colonizada por una vegetación frondosa típicamente mediterránea, formada por un bosque de encinas acompañado por un denso sotobosque compuesto principalmente por enebros, que alcanzan algunas veces la talla arbórea, cantueso, torvisco, retama, y en las zonas más húmedas majuelos y rosales silvestres. El estado de conservación del encinar está en relación directa con el tipo de uso al que haya sido destinado el terreno, de tal modo en las zonas más llanas éste prácticamente ha desaparecido en favor de la agricultura, mientras que las áreas de laderas la acción humana ha potenciado el ahuecamiento del monte para favorecer su uso ganadero.

Por último señalar la presencia de robles melojos y castaños en las zonas de umbría y proximidades a arroyos, aunque siempre reducidos a pequeñas extensiones sin llegar a formar bosques puros. También indicar como especie muy abundante aunque introducida por el hombre a la higuera, tan frecuente que incluso da nombre a la sierra.

FAUNA

A pesar de las profundas transformaciones a las que se ha visto sometida, la Sierra de la Higuera encierra todavía hoy en día una gran variedad de especiales animales que han sabido adaptarse a los cambios introducidos por el hombre. Entre ellas destacan:

— Aves: azor, águila calzada, águila culebrera, águila real, milano negro, cernícalo común, mochuelo y autillo.

— Mamíferos: erizo, ratón de campo, conejo, liebre, zorro y comadreja.

— Reptiles: lagarto ocelado y culebra bastarda.

KILÓMETROS DESDE MADRID: 91 km.
DISTANCIA TOTAL: 9 kilómetros.
DURACIÓN TOTAL: 4 horas y 30 minutos.
TIEMPOS DE MARCHA: Higuera de las Dueñas – Mirador; 2 horas y 45 minutos. Mirador – Higuera de las Dueñas; 1 hora y 45 minutos.
DESNIVEL: 375 metros.
DIFICULTAD: nula. Apta para todos los públicos.
TIPO DE CAMINO: pista forestal. Recorrido circular.
AGUA POTABLE: existen un par de fuentes a las afueras del pueblo.
ÉPOCA RECOMENDADA: cualquier estación del año.
SUGERENCIAS: no olvidarse llevar unos prismáticos.
CARTOGRAFÍA: hoja 579 escala 1:50.000 del I.G.N. o S.G.E.

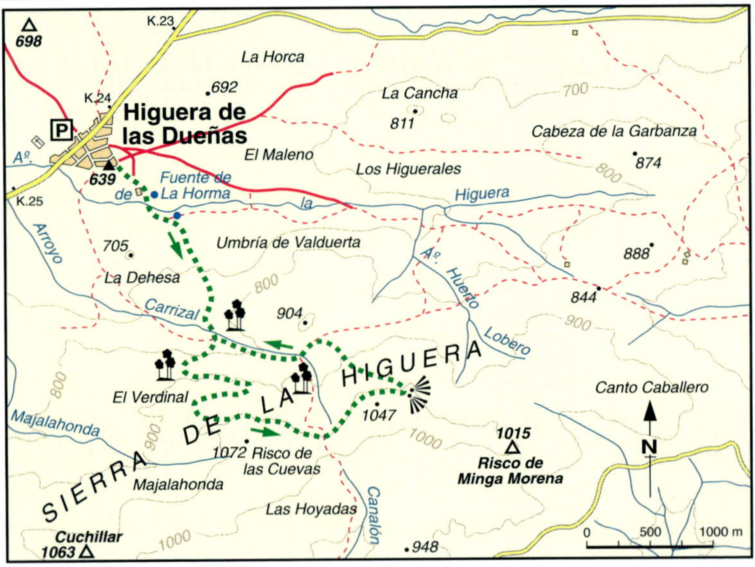

Esta nueva excursión tiene como punto de inicio la magnífica iglesia del pueblo de Higuera de las Dueñas, en cuyas inmediaciones estacionaremos nuestro vehículo. Nada más hacerlo emprenderemos la marcha por la contigua Calle Toledo con dirección a las últimas casas que se sitúan a las afueras de la población, alguna de las cuales son en realidad naves dedicadas a la cría de ganado porcino.

La calle se convierte enseguida en un camino de tierra que finaliza nada más cruzar un pequeño puente que salva el cauce del arroyo de la Higuera, momento en el cual nos incorporaremos a otra pista que progresa bordeando todo el casco urbano. En breves metros veremos ya el camino definitivo que nos guiará sin complicación alguna hasta las proximidades de la Sierra de la Higuera, eligiendo para ello el desvío que se aparta definitivamente del pueblo. La pista recorre en estos primeros momentos una amplia campa que durante gran parte del año permanece siempre verde, lo que hace que sea muy utilizada por los lugareños como lugar de pasto para el abundante ganado vacuno que en esta comarca se cría. Si hemos estado atentos habremos visto antes de cruzar el arroyo la fuente de La Horna, una de las varias que existen en estos prados y que contribuyen, junto con el arroyo, a que ofrezcan siempre un inmejorable aspecto. La que no pasará desapercibida será otra fuente algo más grande que se sitúa a la izquierda del camino, ligeramente apartada, por tener un pilón fácilmente distinguible además de situarse en las inmediaciones del primer desvío que desecharemos a nuestra siniestra.

Lentamente la pista comienza a ganar altura según nos acercamos a las primeras laderas de la sierra, lo que favorece que empiecen a aparecer los primeros brotes de vegetación de apariencia raquítica, principalmente robles y encinas, que poco a poco irán aumentando en número y tamaño hasta cubrir por completo el cordal montañoso. Enseguida desecharemos un nuevo ramal a la izquierda que se encamina hacia la Umbría de Valduerta, tras el cual se corona un pequeño collado que antecede a la recogida vaguada del arroyo Carnizal, bello lugar que acoge una gran variedad de especies arbóreas, algunas de gran tamaño como sucede con los robles, castaños y nogales, y en donde no faltan higueras, almendros y olivos, estos últimos en la ladera de solana. La pista, tras vadear el arroyo, al momento describe una curva muy cerrada y comienza a subir en altitud mucho más decididamente que hasta entonces, alejándose definitivamente del pequeño valle donde se asientan un gran número de huertos a los que se accede a través de un camino carretero que nace en la misma curva, y que será el que utilizaremos en el regreso.

A partir de aquí el camino describe sucesivos zigzag que nos harán progresar a media ladera hasta alcanzar una altitud considerable, muy cerca de la línea de cumbres de la sierra. Al ascender en altura las vistas se van a ir completando hasta abarcar con toda nitidez el impresionante Macizo de Gredos, del que sólo nos separa el valle del Tiétar. El último tramo de la vía es totalmente horizontal y discurre paralelo al cordal, desde el Risco de las Cuevas (1072 m) hasta el collado que existe en las proximidades del Risco de Minga Morena (1015 m), donde finaliza bruscamente sin solución de continuidad. Nosotros la seguiremos cómodamente sin intentar en ningún momento coronar la cercana divisoria de aguas, a no ser que vayamos provistos de un machete, pues la espesura de los arbustos, sobre todo zarzas, nos puede dejar marcados para un buen tiempo. La pista cruza nuevamente el arroyo Carnizal, aunque en esta ocasión por su cabecera, totalmente cubierto por un denso ro-

bledal-castañar de gran porte, donde no faltan las saucedas, algún fresno, y un rico sotobosque formado por majuelos, zarzas y escobonales.

El punto final del itinerario está muy próximo, nada más superar una amplia curva que describe el camino al bordear un pequeño resalte rocoso de cota 1047 metros. Al hacerlo la pista llega a su máxima altitud antes de adentrarse en el valle del arroyo de Huerto Lobero donde finaliza, justo a la altura de una pequeña explanada en cuyas inmediaciones se agrupan un conjunto de piedras de curiosas formas y desde las que se contempla una de las mejores panorámicas de todo Gredos. Por eso propongo hacer en este lugar la consabida parada para descansar y reponer fuerzas, antes de iniciar el camino de regreso, que se efectuará por la vaguada que desde la explanada conduce hasta un cercano collado situado debajo de nosotros, visible en todo momento. A él llegaremos en breves minutos, campo a través, sin senda alguna, aunque la escasez de vegetación facilitará el descenso, para luego tomar el camino carretero que cruza el collado en dirección al arroyo Carnizal. Antes atravesaremos un par de cancelas hasta que aparezcan los huertos que anuncian la pronta aparición del riachuelo. Una vez en él, sólo nos restará dirigirnos hacia el pueblo de Higuera de las Dueñas por el mismo camino que empleamos en nuestra ida.

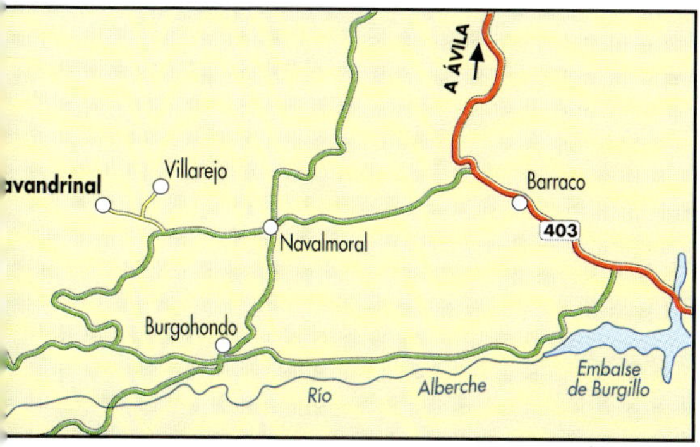

Marco geográfico

Las Parameras de Avila es el nombre común que recibe un conjunto de sierras de elevada altitud media, pero con superficies culminantes relativamente llanas. En concreto, y de oeste a este, tenemos la Sierra de Piedrahíta, la Sierra de Villafranca, La Serrota, la Sierra de los Baldíos, la Sierra de la Paramera, la Sierra de Yemas y la Cuerda de los Polvisos. Los límites geográficos de todo este área son: los valles de los ríos Amblés y Corneja al norte, los cursos altos de los ríos Tormes y Alberche al sur, al oeste nuevamente el río Tormes, mientras que al este es la Sierra de Malagón la encargada de unir las Parameras con la Sierra de Guadarrama.

El relieve de toda esta zona viene principalmente marcado por dos hechos. El primero es que la culminación de todas estas sierras se caracteriza por ofrecer unas cumbres arrasadas, poco vigorosas, por no decir casi llanas, fruto de la fuerte erosión a la que se vieron sometidas durante la era Secundaria y buena parte de la Terciaria, y a la escasa incidencia de los hielos en el relieve durante el Cuaternario, al situarse el límite de las nieves perpetuas por encima de los 1800 – 2100 metros, es decir, rozando tan sólo las pocas alturas superiores a dichas cotas. El segundo hecho es la fuerte disimetría que existe entre las vertientes, mucho más pronunciada la meridional al salvar en escasa distancia un mayor desnivel altimétrico, mientras que la septentrional es mucho más suave y tendida. Esta diferenciación provoca que en la cara sur encontremos los únicos picos y resaltes rocosos dignos de mención, que en el caso de la Sierra de la Paramera son realmente grandiosos, inusuales para esta formación montañosa y casi más propios del Macizo de Gredos.

Vegetación

Las duras condiciones climáticas de la zona así como la elevada altitud condicionan en gran manera las formaciones vegetales que aquí se asientan. Por lo que respecta a las llanuras y valles que bordean las sierras, la vegetación potencial está compuesta casi exclusivamente por robles melojos, por ser una especie bien adaptada a los rigores continentales, aunque en las laderas soleadas al resguardo de los vientos fríos la encina hace acto de presencia. Sin embargo en la actualidad la extensión de estos bosques se ve reducida a enclaves testimoniales, al haber sido suelos tradicionalmente ocupados por la agricultura y muy especialmente por la ganadería. En las áreas más elevadas –piso oromediterráneo– destacar el gran desarrollo de piornales y enebrales rastreros y la ausencia casi total de la vegetación arbórea, salvo algunos pinares de repoblación. De hecho, prácticamente el 60% de la superficie de las Parameras está ocupada por matorrales, porcentaje que se eleva al 75% si unimos los espacios dedicados a prados y pastizales.

FAUNA

Estas apartadas alineaciones montañosas son refugio de numerosas especies faunísticas, como aves rapaces, con presencia de águila imperial, jabalíes, zorros, y nutrias en algunos cursos altos de ríos, como en el caso del Alberche.

KILÓMETROS DESDE MADRID: 115 km.
DISTANCIA TOTAL: 15 kilómetros.
DURACIÓN TOTAL: 6 horas.
TIEMPOS DE MARCHA: Navandrinal – Portacho Zapatero; 2 horas. Portacho Zapatero – Pico Zapatero; 1 hora. Pico Zapatero – Collado del Cuchillo; 1 hora y 30 minutos. Collado del Cuchillo – Navandrinal; 1 hora y 30 minutos.
DESNIVEL: 825 metros.
DIFICULTAD: alta. Se trata de una excursión dura por el gran desnivel a salvar así como por la longitud del recorrido.
TIPO DE CAMINO: senda en su mayor parte. Recorrido circular.
AGUA POTABLE: no encontraremos en todo el camino.
ÉPOCA RECOMENDADA: cualquier época del año aunque hay que tener mucha precaución si lo realizamos en invierno (nieve, hielo, cambios de tiempo, material.....).
SUGERENCIAS: al transitar por una zona de alta montaña es imprescindible llevar el material adecuado para cada estación. Si la realizamos en invierno son imprescindibles los crampones para las placas de hielo que se forman. Hay que traer resuelto el problema del agua desde nuestra casa.
CARTOGRAFÍA: hojas 555-556 escala 1:50.000 del S.G.E. o I.G.N.

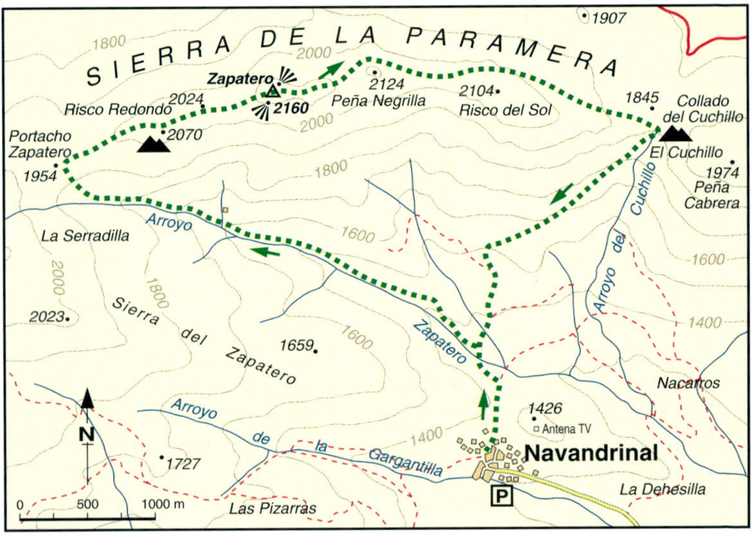

La subida al pico Zapatero (2160 m) se realiza desde la serrana localidad de Navandrinal, enclavada en la vertiente sur de la Sierra de Paramera, dentro de un valle precioso donde abundan el agua y los afilados picachos que delimitan tan paradisiaco enclave. Nada más llegar al pueblo estacionaremos nuestro vehículo en su pequeña plaza y preguntaremos por el camino que conduce hasta el depósito de aguas. Aunque existen varias callejuelas que llegan hasta él, quizás sea la Calle Zapatero la

que más rápidamente lo haga al ganar altura en busca del pequeño collado donde se asienta la construcción. La calle enseguida deja atrás las casas y se convierte en un camino de tierra que pasa por delante del depósito de abastecimiento, en cuyas inmediaciones se encuentra un primer desvío a la izquierda que desecharemos. Tras superar la loma el camino desciende rápidamente en sucesivos zigzags hacia el arroyo Zapatero, donde encontraremos un vado para poder cruzarlo. Nada más hacerlo aparecerá una nueva bifurcación, optando en esta ocasión por el ramal de la izquierda, aunque no hay que perder de vista el otro camino pues será el que utilicemos para el regreso.

El acceso que estamos siguiendo es en realidad un antiguo camino utilizado todavía por los lugareños para bajar, a través de carros tirados por bueyes, el heno recogido en los altos pastos de montaña. Esta bonita estampa ha desaparecido hoy en día en muchos de los pueblos que rodean la sierra, sin embargo en Navandrinal se ha conservado por la especial configuración del relieve, muy accidentado para la maquinaria agrícola pesada. El camino carretero que seguimos se hace muy agradable además de no tener pérdida alguna, pues en todo momento nos vemos escoltados por muros de piedra que delimitan huertos y pastizales. Sin embargo, cuando el amplio valle que transitamos llega a su fin, el camino se estrecha considerablemente hasta convertirse en un sendero muy bien marcado que remonta la garganta formada por el arroyo Zapatero. La proximidad a sus aguas nos deparará mas de una sorpresa al irse sucediendo pequeñas cascadas y pozas que amenizarán enormemente la subida, siempre rodeados por verdes pastos donde pace tranquilamente el ganado vacuno. La subida al Portacho Zapatero (1954 m) es larga y fuerte, sin descanso alguno, excepto una pequeña nava que encontraremos antes del último repecho.

Una vez situados en el collado, tomaremos la senda que a la derecha se encamina por el cordal hacia el Pico Zapatero, máxima altitud de toda la Sierra Paramera. La senda nace junto a la alambrada metálica que cruza el portacho, y discurre paralela en sus inicios, siempre sin sobrepasarla. El camino se encuentra en todo momento jalonado por hitos de piedra a los que habrá que estar muy atentos, si no queremos perdernos en el laberinto de piedras que forman estos riscos, así, en el caso de no encontrar los mojones, es recomendable retroceder el camino andado hasta que localicemos las nuevas indicaciones. Aunque la ascensión es algo más complicada y requiere una mayor concentración por nuestra parte, resulta muy agradable y suave, además, las amplias vistas que se abren ante nuestros ojos nos harán acrecentar el ritmo sin darnos cuenta. Tras bordear el picacho de Risco Redondo (2070 m) llegaremos a un pequeño collado (2024 m) desde el que se divisa el Pico Zapatero, al que subiremos en escasos 20 minutos de trepada vertiginosa (extremar la precaución si encontramos hielo). La amplia panorámica que se contempla desde el vértice geodésico del pico es verdaderamente grandiosa, al abarcar desde la Sierra de Ávila hasta la cercana estribación del Macizo de Gredos, pasando por los valles de los ríos Adaja, Alberche y Tormes, así como por las lejanas elevaciones de la Sierra de Malagón.

De nuevo en el camino, el sendero no abandona el cordal y se dirige en primer lugar a Peña Negrilla (2124 m), aunque no es necesario subir a su cumbre ya que la bordearemos por su cara norte, lo mismo que sucederá con el Risco del Sol (2104 m),

alejándonos definitivamente de la divisoria de aguas en busca del Collado del Cuchillo (1845 m), excepcional paraje que nos envaucará por su singular belleza, nada habitual en el Sistema Central y más propio de montañas alpinas como los Pirineos. Y es que enfrente de nosotros se alza el colosal bloque granítico llamado por los lugareños como El Cuchillo, al asemejar un enorme risco filado de algo más de 300 metros de longitud por unos 30 de altura. En realidad no se trata de ningún pico sino de un espolón rocoso que desciende desde la cumbre de Peña Cabrera (1974 m), objeto de visita en el itinerario próximo. Desde el collado se divisa nuevamente el pueblo de Navandrinal, al cual nos dirigiremos en primer lugar campo a través siguiendo para ello el curso del recién nacido arroyo del Cuchillar, para acto seguido tomar el sendero que surge unos metros más abajo justo cuando la pradera por la que descendíamos se estrecha acusadamente. El camino se encuentra a la derecha del arroyo, medio escondido entre el piornal, aunque enseguida su trazado se vuelve muy marcado al avanzar por una ladera totalmente desprovista de vegetación. El descenso se realiza en diagonal, lo que nos alejará en parte de nuestro objetivo final, pero no importa porque enseguida encontraremos senderillos que descienden verticalmente hacia el valle del arroyo del Zapatero. Da lo mismo cual de ellos elijamos porque todos acaban uniéndose, cuando aparecen los primeros muros de piedra que delimitan pastizales, así, a la sombra de los primeros robledales desembocaremos en el amplio camino carretero que desechamos nada más vadear el arroyo. Por camino ya conocido sólo nos restará superar el pequeño collado que antecede al pueblo, dando por finalizado este interesante recorrido que nos ha llevado a una agreste sierra desconocida por la gran mayoría de los madrileños.

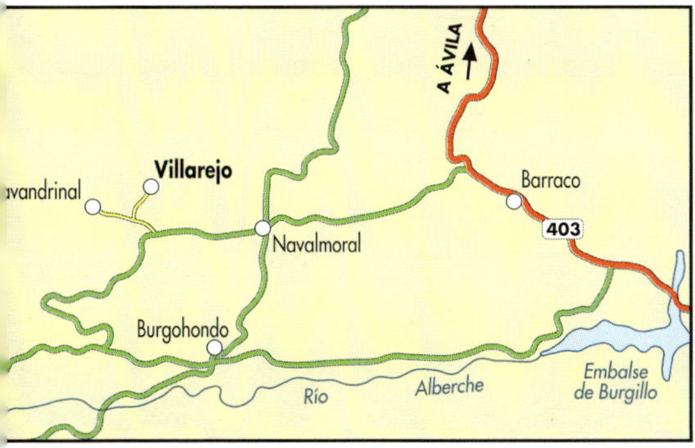

MARCO GEOGRÁFICO

Las Parameras de Avila es el nombre común que recibe un conjunto de sierras de elevada altitud media, pero con superficies culminantes relativamente llanas. En concreto, y de oeste a este, tenemos la Sierra de Piedrahíta, la Sierra de Villafranca, La Serrota, la Sierra de los Baldíos, la Sierra de la Paramera, la Sierra de Yemas y la Cuerda de los Polvisos. Los límites geográficos de toda este área son: los valles de los ríos Amblés y Corneja al norte, los cursos altos de los ríos Tormes y Alberche al sur, al oeste nuevamente el río Tormes, mientras que al este es la Sierra de Malagón la encargada de unir las Parameras con la Sierra de Guadarrama.

El relieve de toda esta zona viene principalmente marcado por dos hechos. El primero es que la culminación de todas estas sierras se caracteriza por ofrecer unas cumbres arrasadas, poco vigorosas, por no decir casi llanas, fruto de la fuerte erosión a la que se vieron sometidas durante la era Secundaria y buena parte de la Terciaria, y a la escasa incidencia de los hielos en el relieve durante el Cuaternario, al situarse el límite de las nieves perpetuas por encima de los 1800–2100 metros, es decir, rozando tan sólo las pocas alturas superiores a dichas cotas. El segundo hecho es la fuerte disimetría que existe entre las vertientes, mucho más pronunciada la meridional al salvar en escasa distancia un mayor desnivel altimétrico, mientras que la septentrional es mucho más suave y tendida. Esta diferenciación provoca que en la cara sur encontremos los únicos picos y resaltes rocosos dignos de mención, que en el caso de la Sierra de la Paramera son realmente grandiosos, inusuales para esta formación montañosa y casi más propios del Macizo de Gredos.

VEGETACIÓN

Las duras condiciones climáticas de la zona así como la elevada altitud condicionan en gran manera las formaciones vegetales que aquí se asientan. Por lo que respecta a las llanuras y valles que bordean las sierras, la vegetación potencial está compuesta casi exclusivamente por robles melojos, por ser una especie bien adaptada a los rigores continentales, aunque en las laderas soleadas al resguardo de los vientos fríos la encina hace acto de presencia. Sin embargo en la actualidad la extensión de estos bosques se ve reducida a enclaves testimoniales, al haber sido suelos tradicionalmente ocupados por la agricultura y muy especialmente por la ganadería. En las áreas más elevadas –piso oromediterráneo– destacar el gran desarrollo de piornales y enebrales rastreros y la ausencia casi total de la vegetación arbórea, salvo algunos pinares de repoblación. De hecho, prácticamente el 60% de la superficie de las Parameras está ocupada por matorrales, porcentaje que se eleva al 75% si unimos los espacios dedicados a prados y pastizales.

FAUNA

Estas apartadas alineaciones montañosas son refugio de numerosas especies faunísticas, como aves rapaces, con presencia de águila imperial, jabalíes, zorros, y nutrias en algunos cursos altos de ríos, como en el caso del Alberche.

KILÓMETROS DESDE MADRID: 112 km.
DISTANCIA TOTAL: 11,5 kilómetros.
DURACIÓN TOTAL: 5 horas.
TIEMPOS DE MARCHA: Villarejo – Collado del Portezuelo; 1 hora y 15 minutos. Collado del Portezuelo – Peña Cabrera; 1 hora y 30 minutos. Peña Cabrera – Collado del Cuchillo; 25 minutos. Collado del Cuchillo – Villarejo; 1 hora y 50 minutos.
DESNIVEL: 775 metros.
DIFICULTAD: alta. Se trata de una excursión dura por el gran desnivel a salvar así como por la longitud del recorrido.
TIPO DE CAMINO: senda en su mayor parte. Recorrido circular.
AGUA POTABLE: sólo encontraremos agua en el Collado del Portezuelo.
ÉPOCA RECOMENDADA: cualquier época del año aunque hay que tener mucha precaución si lo realizamos en invierno (nieve, hielo, cambios de tiempo, material.....).
SUGERENCIAS: al transitar por una zona de alta montaña es imprescindible llevar el material adecuado para cada estación. Si la realizamos en invierno son imprescindibles los crampones para las placas de hielo que se forman.
CARTOGRAFÍA: hoja 556 escala 1:50.000 del S.G.E. o I.G.N.

La desconocida Sierra de la Paramera va a ser el marco nuevamente elegido para el desarrollo de este inédito itinerario. En esta ocasión es en la pequeña localidad de Villarejo donde aparcaremos el vehículo en

busca de nuestro primer objetivo, el Collado del Portachuelo (1699 m), visible ya desde el mismo pueblo. Hacia él nos encaminaremos a través de alguna de las calles que ganan rápidamente altura hasta dejar atrás las últimas casas, y proseguir por alguno de los senderillos que bordean la población. A las afueras encontraremos pequeñas huertas delimitadas por muros de piedra que nos conducirán irremediablemente hacia la vaguada por donde discurren las aguas nacidas en El Portachuelo. Aquí es donde se unen los caminillos para vadear el arroyo, continuando a partir de este momento por un amplio corredor delimitado en su inicio por cercas de piedra, por donde avanza un camino carretero que remonta el curso de agua.

Con el arroyo siempre a nuestra izquierda el camino sube pendiente arriba sin ninguna vacilación, aunque enseguida se convierte en senda muy bien marcada por hitos, a los cuales habrá que prestar atención para no perderla. Poco a poco nos iremos alejando del arroyo al girar el sendero hacia la derecha, para ganar así más cómodamente altura, aunque a medida que la pendiente se endurece los sucesivos zigzags que traza nos llevarán de nuevo hasta su vaguada. El fuerte desnivel que estamos salvando no se hace muy duro por el sabio discurrir del camino, lo que nos permitirá disfrutar del paisaje y ver con toda nitidez los desafiantes riscos que se alzan por encima de nosotros, que a más de uno harán recordar las cumbres más altas de Gredos. El último tramo de la ascensión es sin lugar a duda el más fuerte al aparecer resaltes rocosos que hay que bordear, lo que nos obligará a cambiar de orilla y continuar por el lado derecho del arroyo (aguas abajo). Antes de coronar el collado señalar que existe una fuente con caño que es donde nace el arroyo.

Situados en El Portezuelo tenemos dos opciones para subir a la cumbre de Peña Cabrera (1974 m). La más fácil es cruzar la alambrera que atraviesa el collado y perder algo de altura en dirección al valle del río Mayor, sin embargo en escasos metros torceremos a la izquierda en busca de una pequeña vaguada que crea el terreno, para luego remontarla hasta casi la base de la cumbre. Si lo hacemos de esta forma el camino será mucho más cómodo y rápido, al aprovechar mejor los claros del suelo que el piornal deja libres, además de evitar en todo momento los resaltes rocosos. La otra opción es progresar por el mismo cordal subiendo y bajando cada uno de los riscos que lo configuran, aunque en el mejor de los casos los podremos bordear. Si elegimos esta variante sólo deberemos continuar la alambrada, sin llegar a cruzarla nunca, eludiendo siempre los peñascos por su cara sur hasta llegar al Portacho de Piedracanal (1755 m). Esta segunda alternativa es realmente sobrecogedora al discurrir siempre al filo del vacío, con subidas y bajadas que nos mostrarán el lado más abrupto de la Sierra de la Paramera, aunque como contrapartida el esfuerzo físico y el tiempo serán mayores.

En cualquiera de los dos casos la ascensión a Peña Cabrera sólo se puede realizar de una única forma, ya que la cumbre es casi inexpugnable por tres de sus caras. Así, si hemos optado por la segunda opción, una vez llegados al Portacho de Piedracanal rodearemos por su base la cumbre sin ganar en ello mucha altura, hasta que nos encontremos en su vertiente norte. De esta manera nos situaremos en el mismo lugar que en la variante primera, no restándonos más que buscar el final de una pista que progresa verticalmente en dirección al pico. Esta termina bruscamente, bastante lejos de nuestro objetivo, por lo que deberemos continuar campo a través manteniendo la misma dirección hasta que nos topemos con una enorme pared rocosa. Junto a ella se abre un gran tubo que nos conducirá sin ninguna dificultad hasta la misma cima, donde encontraremos unas antenas y una pequeña caseta. Pocas montañas me han impresionado tanto como Peña Cabrera, no tanto por la dificultad que ofrece su ascenso como por la singularidad de su relieve, verdaderamente extraño en el Sistema Central por la

sensación de poder que transmite, de bravura, casi de desafío, aunque como he relatado al principio muy pocos montañeros conocen ente solitario lugar.

Tras disfrutar de la amplia panorámica que se contempla emprenderemos el regreso por el mismo camino que utilizamos en los últimos metros de subida, es decir, bajaremos por el gran tubo que se abre en la montaña aprovechándonos para ello de un pequeño sendero que discurre al pie mismo del cortado rocoso. Este gran espolón granítico es el que los lugareños denominan gráficamente con el nombre de El Cuchillo, al asemejar la forma y el tamaño de hoja de gran filo, de unos 300 metros de longitud por unos 30 metros de altura. El canal por el que descendemos baja directo hacia el Collado del Cuchillo (1845 m), aunque tengo que advertir que se trata de una descenso muy duro y complicado, sobre todo si nos encontramos con hielo, por lo que recomiendo salir del tubo lo antes posible y dirigirnos, dando un pequeño rodeo, hasta la misma planicie del collado. Desde él sólo nos restará descender paralelos al arroyo que aquí tiene a bien nacer, primero a través de una amplia pradera, y luego por las sendas que el ganado ha abierto entre los escobonales, pero siempre dejando el cauce a nuestra izquierda. El descenso es muy rápido y cómodo, pues continuamente van apareciendo sendas más o menos alejadas del arroyo que nos facilitarán el paso entre la espesura de la vegetación, hasta que definitivamente aparezcan los primeros muros de piedra así como alguna acequia de riego. Sin perder nunca de vista las aguas del riachuelo seguiremos su discurrir hasta que gire decididamente a la izquierda, en busca del arroyo Zapatero. Este será el momento en que vadearemos su cauce para progresar por su otra orilla, siempre a través de algún sendero, hasta que nos aparezcan las primeras cercas que delimitan los prados. Propongo continuar bordeándolas durante un pequeño tramo hasta que veamos claro por donde podemos saltar el cercado; si así lo hacemos enseguida localizaremos un magnífico camino carretero que recorre todos estos prados dedicados exclusivamente a la cría del ganado vacuno.

El paisaje casi sin darnos cuenta ha cambiado totalmente, pues hemos pasado de una vegetación rastrera de ladera a una rica vega sabiamente aprovechada por el hombre, en donde podemos hallar magníficos ejemplares de roble. Aunque el camino es difícil de seguir pues en todo momento se van a incorporar o alejar otras vías de semejante trazado, debemos seguir la máxima de dejar siempre a la derecha el arroyo Zapatero y a la izquierda algunos cercados que se interpongan entre nosotros y la ladera, si así lo hacemos en unos 25 minutos nos encontraremos de nuevo en el pueblo de Villarejo, dando por finalizado un nuevo recorrido.

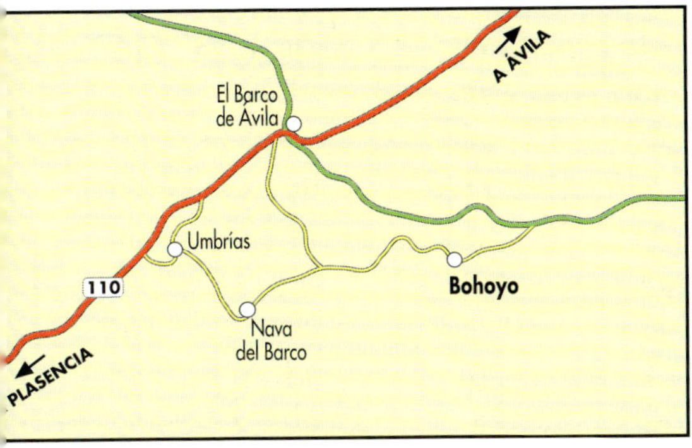

Marco geográfico

Desde un punto de vista estrictamente geográfico, al hablar de la Sierra de Gredos nos estamos refiriendo al colosal bloque elevado de algo más de 140 kilómetros de longitud que se alza a modo de barrera orográfica casi infranqueable entre las provincias de Avila, Cáceres y Salamanca, separación natural de las dos Castillas e importante nudo hidrográfico que divide las cuencas del Duero y Tajo. Todo este gran conjunto está subdividido a su vez en tres macizos: **Oriental**, situado entre la Fosa del río Alberche y el Puerto del Pico, con máxima cota en el Cabezo (2188 m); **Central**, desde este último hasta el Puerto de Tornavacas, también llamado **Alto Gredos** por ser el tramo de los grandes relieves, con máxima cúspide en el Pico del Almanzor (2592 m), la mayor altura de todo el Sistema Central; **Occidental**, situado entre el Puerto de Tornavacas y el Corredor de Béjar, con la cumbre del Canchal de la Ceja (2430 m) como altitud más elevada.

La formación del relieve se origina en el Terciario, durante la orogenia alpina, con la fracturación de los antiguos materiales paleozoicos de la Meseta dando lugar a un típico relieve germánico, con alternancia de horst o bloques levantados –todo el Macizo de Gredos– y graben o bloques hundidos –los valles del Tormes y del Tiétar al N y S respectivamente–. La disimetría existente entre las dos vertientes se debe al gran salto de falla que aparece en su vertiente meridional, mucho más abrupta y desnivelada, y al basculamiento posterior de los bloques elevados hacia el norte que incidió especialmente en la vertiente septentrional, al hacerla mucho más tendida y suave. Durante el Cuaternario (glaciación Würm) se produce el modelado erosivo que ha conferido a Gredos su fisionomía actual. La acción de los hielos ha sido intensa y se traduce de muy distinta manera según qué vertiente. Así, mientras que la sur ha sufrido más los procesos de gelifracción (rotura del roquedo por la acción del hielo-deshielo) que los de glaciación –sólo 14 glaciares no muy bien conservados hoy en día–, en la norte se han llegado a contabilizar hasta 33 aparatos glaciares algunos de los cuales llegaron a tener más de 10 kilómetros de longitud en su recorrido, como así lo atestigua la multitud de depósitos morrénicos asentados en los fondos y laderas de los valles. Muchas de estas artesas han sufrido posteriormente una importante labor erosiva a cargo de las aguas de escorrentia producidas con los deshielos, transformando en parte el característico perfil en "U" de los valles glaciales por el de "V" de los fluviales, de ahí que muchos de ellos se les conozca por el nombre de gargantas. Se trata de cursos fluviales de régimen casi exclusivamente nival que en muchos casos tienen su nacimiento en distintas lagunas glaciares.

Vegetación

El descenso de las temperaturas y el aumento de las precipitaciones a medida que se asciende en altitud influyen de manera importante en las formas de vegetación que se asientan en las montañas. Esta es la razón que explicaría por qué encontramos tantas diferencias entre la vegetación del valle con respecto a las laderas de las montañas, o por qué no aparecen árboles a partir de una altitud determinada. En función de las variaciones de estos dos parámetros son cuatro los pisos bioclimáticos que podemos encontrar en Gredos:

— Piso mesomediterráneo: se distribuye entre los 300 y 800 metros y sólo en la vertiente sur. Está formado básicamente por el encinar como comunidad climácica.

— Piso supramediterráneo: ocupa la franja comprendida entre los 800 y 1700 metros. Está integrado principalmente por robles melojos y sus diferentes etapas de degradación; piornal, escobonal, brezal y pastizales.

— Piso oromediterráneo: ocupa la banda entre los 1700 y 2100 metros. Ya no aparece el arbolado, sólo formaciones de piorno.

— Piso crioromediterráneo: por encima de los 2100 metros de altitud. Sólo se desarrollan prados.

FAUNA

Hablar de Gredos es hablar de la cabra montés, animal emblemático donde los haya que se ha erigido con todo merecimiento en la reina de la fauna que habita las altas cumbres de la Sierra de Gredos. Bajo la denominación de cabra montés ibérica (Capra pyrenaica) hoy en día todavía se consideran cuatro subespecies diferentes que atienden a ligeras variaciones en la morfología de los cuernos y el color del pelaje, aunque recientes estudios están cuestionando tales matizaciones. De estas cuatro subespecies la Capra pyrenaica victoriae sería la que se desarrolla en Gredos. Desde que a principios de siglo apenas existieran una o dos decenas de individuos la población no ha hecho más que crecer continuamente hasta estimarse sus efectivos en la actualidad en unos 10.000 ejemplares, según los últimos censos. A este espectacular desarrollo han contribuido las distintas figuras legales de protección, algunas de las cuales se remontan a tiempos de Alfonso XIII, aunque se espera ansiosamente el momento que la Junta de Castilla y León declare a Gredos como parque natural, lo que conllevaría la protección de un total de 87.717 hectáreas.

A la espera de ese día comentar por último el gran número de endemismos que habitan estas montañas, fruto de los cambios climáticos acaecidos durante las últimas glaciaciones. Entre ellos destacar; la salamandra de Almanzor, que se caracteriza por la poca profusión de manchas y unos hábitos acuáticos muy desarrollados, el sapo de Gredos, que se identifica por su pequeño tamaño, el topillo nival abulense y la lagartija serrana.

KILÓMETROS DESDE MADRID: 177 km.
DISTANCIA TOTAL: 30 kilómetros.
DURACIÓN TOTAL: entre 9 y 10 horas.
TIEMPOS DE MARCHA: Bohoyo – La Apreturilla; 1 hora. La Apreturilla – Prado de las Tablas; 1 hora. Prado de las Tablas – Hoya Belesar; 2 horas y 30 minutos. Hoya de Belesar – Collado de Belesar; 30 minutos. Camino de regreso: 4 horas mínimo.
DESNIVEL: 1060 metros.
DIFICULTAD: alta. No tanto por su desnivel como por su extremada longitud.

TIPO DE CAMINO: senda en su mayor parte. Recorrido de ida y vuelta.
AGUA POTABLE: encontraremos varias fuentes en el camino, aunque recomiendo ir rellenando nuestra cantimplora cada vez que pasemos por una de ellas. Cuanto más arriba subamos menos posibilidad de encontrar agua.
ÉPOCA RECOMENDADA: sin lugar a duda la primavera, con la llegada de los primeros calores. Si la hacemos en invierno precaución con las condiciones meteorológicas así como con el material que llevemos.
SUGERENCIAS: hay que tener mucho cuidado con las horas de sol no vaya a ser que durante el regreso se nos haga de noche, sobre todo si la realizamos en otoño e invierno.
CARTOGRAFÍA: hoja 577 escala 1:50.000 del I.G.N. o S.G.E.

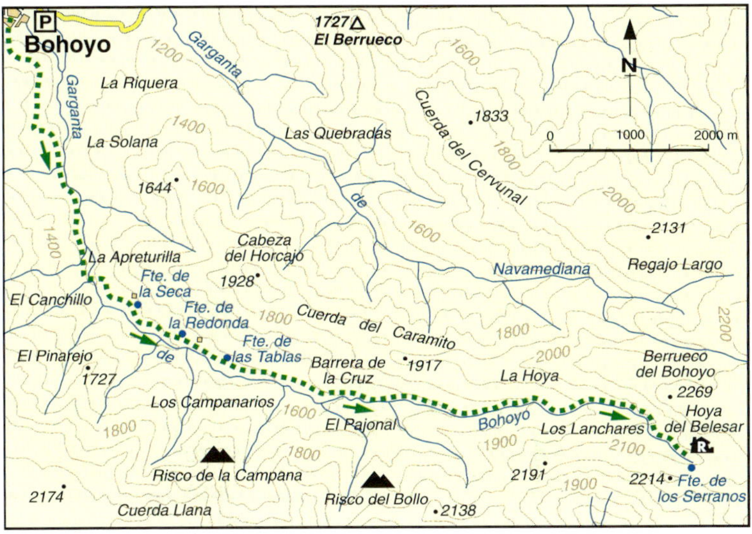

Para iniciar esta ruta es preciso situarse en Bohoyo, población asentada en la margen izquierda del río Tormes a tan sólo 9 kilómetros de la localidad de Barco de Ávila. El camino que marca el comienzo del recorrido nace a las afueras del pueblo, justo en su parte más alta, a la altura de un depósito de aguas al aire libre. La calle que pasa junto a él termina en escasos metros y se convierte en una pista que en estos primeros instantes discurre junto a una acequia a la sombra de centenarios robles. En escasos 5 minutos llegaremos a una bifurcación en la que elegiremos el ramal de la derecha, ya que el otro camino desciende en dirección a la rica vega que ocupa el fondo del valle. Tras superar una cancela de paso la pista progresa a media ladera algo por encima del límite de los prados, lo que nos permite obtener una amplia panorámica de la Garganta de Bohoyo, así como de las altivas montañas que la custodian. Cuando llevemos aproximadamente 20 minutos de andadura la pista parece desaparecer al alcanzar dos pequeñas casas situadas a la derecha de la misma. Será el momento de abandonarla y tomar el camino carretero que en la otra orilla nace entre muros de piedra, y que rápidamente pierde altitud en busca del lecho del arroyo que recorre la Garganta de Bohoyo. Rodeados por verdes prados salpicados aquí y allá por pequeñas manchas de robledal arribaremos en escaso tiempo al mismo cauce de las aguas, instante en el cual desaparece el cómodo camino que traíamos. Sin embargo, no debemos preocuparnos porque allí mismo surge una senda bien marcada que remonta la garganta abriéndose paso entre un denso matorral sin perder nunca de vista el cercano arroyo, en un cómodo trayecto que finaliza cuando nuevamente ésta se acerque al arroyo, esta vez para cruzarlo. Los puntos de vadeo se encuentran señalizados con mojones de piedra, no encontrando ninguna dificultad en atravesar su pedregoso cauce.

El lugar por donde vadeamos las aguas se conoce por el nombre de La Apreturilla, ya que el valle se cierra en un angosto paso que pone punto final a la amplia vega que veníamos remontando. A partir de aquí es cuando comienza propiamente la garganta y aunque posteriormente vuelve a ensancharse ligeramente su fondo, ya no aparecen más ni los pastizales ni los campos de cultivo. Nada más atravesar el cauce buscaremos los hitos que nos indicarán la dirección a seguir, primero junto al arroyo, pero enseguida se apartan de él en busca de un camino algo más amplio que discurre por encima de nuestras cabezas oculto por un gran robledal. Así, nos adentraremos en el bosque y ganaremos algo de altura hasta desembocar en él en escasos cinco minutos. El nuevo sendero discurre en estos primeros instantes a media ladera rodeado por un denso follaje pero enseguida, a medida que el valle cambia su antigua orientación N-S por la de O-E, el bosque desaparece por completo

apareciendo ante nuestros ojos la impresionante Garganta de Bohoyo, amplio valle de origen glaciar que recorreremos en su totalidad hasta su antiguo circo de alimentación.

Aunque el desnivel a salvar es muy importante la longitud de la garganta hará que la subida sea continua pero muy tendida, nada usual en Gredos, lo que posibilitará que el camino en todo momento sea muy cómodo y nada fatigoso. La senda va a discurrir siempre por la margen derecha del arroyo, más o menos cerca de él, observándose en estos primeros instantes la clara sucesión altitudinal de la vegetación; poco a poco los robledales ceden paso a los escobonales y piornales, para luego más tarde aparecer los prados alpinos, compañeros fieles de camino hasta el final del recorrido. Al discurrir el camino por la ladera de la Cuerda del Caramito, van a ser numerosos los cursos de agua que surjan a nuestro encuentro, pese a lo cual recomiendo rellenar nuestras cantimploras exclusivamente en los manantiales y fuentes que encontraremos, ya que la abundancia de ganado en el valle desaconseja su consumo. La primera fuente que hallaremos se sitúa junto a uno de los últimos muros de piedra, en el mismo borde del camino, a una altitud de unos 1350 m (fuente de la Secá). En seguida aparecerán las fuentes de la Redonda y la de las Tablas, esta última a una altitud de 1600 m, dentro del prado que lleva su nombre en un pequeño llano de la garganta. También se superarán tres chozos que, en caso de cambio brusco de las condiciones meteorológicas, podremos utilizar como improvisado refugio, pero lo que sin lugar a duda fijará nuestra atención será la enorme profusión de pequeños valles glaciares que se suceden en la ladera opuesta a la nuestra; es decir, la correspondiente a la denominada Cuerda Llana. Se trata de pequeños glaciares que aunaban sus lenguas de hielo al colector principal que formaba el glaciar de Bohoyo, construyendo de esta forma un complejo sistema de morrenas laterales, centrales y terminales, cuyos depósitos salpican por doquier el fondo el valle. Algunos de los circos que alimentaban estas pequeñas lenguas están formadas por esbeltos torreones, agujas y picachos de singular belleza, como ocurre con el impresionante Risco de la Campana, en el glaciar de la Gargantilla, o el no menos altivo Risco del Bollo, este último perteneciente al glaciar del mismo nombre.

La senda que proseguimos no ofrece complicación alguna, siempre y cuando estemos atentos a los mojones que indican su trayectoria, aunque ocasionalmente resulta algo más dificultosa de encontrar, sobre todo cuando evita los densos escobonales, o cuando atraviesa antiguos depósitos morrénicos donde abunda el roquedo. Sin dejar en ningún momento de ganar altura llegaremos a la que es quizá la zona más agreste de toda la garganta, la que se conoce como Los Lanchares, al pie mismo del esbelto pico del Berrueco de Bohoyo (2269 m). Se trata de un enorme pasillo que presenta un acusado desnivel, lo que propició que el substrato rocoso fuera concienzudamente pulido por la acción de los hielos, presentando en la actualidad una apariencia muy bella, casi laberíntica, con profusión de formas y modelados en el roquedo. Desde aquí, todavía es necesario caminar unos 3 kilómetros y ascender unos 300 metros más hasta llegar a la Hoya del Belesar, antigua cabecera del glaciar donde se acumulaban los hielos antes de emprender su camino de bajada a través del valle en un recorrido de unos 8 kilómetros de longitud. Aquí localizaremos un refugio de montaña recientemente restaurado y al final del prado donde nos hallamos, sólo que al otro lado del cauce de las aguas, bastante por encima de nuestras cabezas, las ruinas de un antiguo refugio, muy cerca de la fuente de los Serranos. Esta última construcción data de 1918, cuando la sociedad "El Excursionista de Gredos" lo mandó construir por estar situado en un estratégico punto de arranque para excursiones por el interior de la sierra (esto fue mucho antes de la construcción de la carretera que sube a La Plataforma desde Hoyos del Espino).

La línea de cumbres que rodea la Hoya de Belesar no es especialmente llamativa, ni se caracteriza por ofrecer un perfil acusadamente escarpado, y aunque el paisaje no invite así como tampoco lo aconsejan nuestras fatigadas piernas, recomiendo encarecidamente hacer un último esfuerzo y subir a alguna de las portillas que bordean el circo desde las que se obtienen espléndidas panorámicas del Macizo Central de Gredos. Cualquiera de ellas es interesante, pero por citar alguna mencionaré la Portilla de Cantos Colorados, que da paso a la Garganta del Pinar, o el Collado del Belesar, al pie de Los Castillejos, donde nos podemos asomar a la colosal Garganta Tejea, ya en la ladera sur de Gredos, donde se divisa una de las mejores vistas de toda la vertiente meridional. Si nos queda alguna fuerza más no estaría de más acercarnos hasta la cercana Portilla de Cinco Lagunas, y desde allí hasta la Portilla del Venteadero, aunque reconozco que el cansancio puede hacer mella, sobre todo si pensamos en el largo trecho que nos queda hasta volver otra vez al pueblo de Bohoyo.

Marco geográfico

Desde un punto de vista estrictamente geográfico, al hablar de la Sierra de Gredos nos estamos refiriendo al colosal bloque elevado de algo más de 140 kilómetros de longitud que se alza a modo de barrera orográfica casi infranqueable entre las provincias de Avila, Cáceres y Salamanca, separación natural de las dos Castillas e importante nudo hidrográfico que divide las cuencas del Duero y Tajo. Todo este gran conjunto está subdividido a su vez en tres macizos: **Oriental**, situado entre la Fosa del río Alberche y el Puerto del Pico, con máxima cota en el Cabezo (2188 m.); **Central**, desde este último hasta el Puerto de Tornavacas, también llamado **Alto Gredos** por ser el tramo de los grandes relieves, con máxima cúspide en el Pico del Almanzor (2592 m.), la mayor altura de todo el Sistema Central; **Occidental**, situado entre el Puerto de Tornavacas y el Corredor de Béjar, con la cumbre del Canchal de la Ceja (2430 m.) como altitud más elevada.

La formación del relieve se origina en el Terciario, durante la orogenia alpina, con la fracturación de los antiguos materiales paleozoicos de la Meseta dando lugar a un típico relieve germánico, con alternancia de horst o bloques levantados –todo el Macizo de Gredos– y graben o bloques hundidos –los valles del Tormes y del Tiétar al N y S respectivamente–. La disimetría existente entre las dos vertientes se debe al gran salto de falla que aparece en su vertiente meridional, mucho más abrupta y desnivelada, y al basculamiento posterior de los bloques elevados hacia el norte que incidió especialmente en la vertiente septentrional, al hacerla mucho más tendida y suave. Durante el Cuaternario (glaciación Würm) se produce el modelado erosivo que ha conferido a Gredos su fisionomía actual. La acción de los hielos ha sido intensa y se traduce de muy distinta manera según qué vertiente. Así, mientras que la sur ha sufrido más los procesos de gelifracción (rotura del roquedo por la acción del hielo-deshielo) que los de glaciación - sólo 14 glaciares no muy bien conservados hoy en día -, en la norte se han llegado a contabilizar hasta 33 aparatos glaciares algunos de los cuales llegaron a tener más de 10 kilómetros de longitud en su recorrido, como así lo atestigua la multitud de depósitos morrénicos asentados en los fondos y laderas de los valles. Muchas de estas artesas han sufrido posteriormente una importante labor erosiva a cargo de las aguas de escorrentia producidas con los deshielos, transformando en parte el característico perfil en U de los valles glaciales por el de V de los fluviales, de ahí que muchos de ellos se les conozca por el nombre de gargantas. Se trata de cursos fluviales de régimen casi exclusivamente nival que en muchos casos tienen su nacimiento en distintas lagunas glaciares.

Vegetación

El descenso de las temperaturas y el aumento de las precipitaciones a medida que se asciende en altitud influyen de manera importante en las formas de vegetación que se asientan en las montañas. Esta es la razón que explicaría por qué encontramos tantas diferencias entre la vegetación del valle con respecto a las laderas de las montañas, o por qué no aparecen árboles a partir de una altitud determinada. En función de las variaciones de estos dos parámetros son cuatro los pisos bioclimáticos que podemos encontrar en Gredos:

- Piso mesomediterráneo: se distribuye entre los 300 y 800 metros y sólo en la vertiente sur. Está formado básicamente por el encinar como comunidad climácica.
- Piso supramediterráneo: ocupa la franja comprendida entre los 800 y 1700 metros. Está integrado principalmente por robles melojos y sus diferentes etapas de degradación; piornal, escobonal, brezal y pastizales.
- Piso oromediterráneo: ocupa la banda entre los 1700 y 2100 metros. Ya no aparece el arbolado, sólo formaciones de piorno.
- Piso crioromediterráneo: por encima de los 2100 metros de altitud. Sólo se desarrollan prados.

FAUNA

Hablar de Gredos es hablar de la cabra montés, animal emblemático donde los haya que se ha erigido con todo merecimiento en la reina de la fauna que habita las altas cumbres de la Sierra de Gredos. Bajo la denominación de cabra montés ibérica (Capra pyrenaica) hoy en día todavía se consideran cuatro subespecies diferentes que atienden a ligeras variaciones en la morfología de los cuernos y el color del pelaje, aunque recientes estudios están cuestionando tales matizaciones. De estas cuatro subespecies la Capra pyrenaica victoriae sería la que se desarrolla en Gredos. Desde que a principios de siglo apenas existieran una o dos decenas de individuos la población no ha hecho más que crecer continuamente hasta estimarse sus efectivos en la actualidad en unos 10.000 ejemplares, según los últimos censos. A este espectacular desarrollo han contribuido las distintas figuras legales de protección, algunas de las cuales se remontan a tiempos de Alfonso XIII, aunque se espera ansiosamente el momento que la Junta de Castilla y León declare a Gredos como parque natural, lo que conllevaría la protección de un total de 87.717 hectáreas.

A la espera de ese día comentar por último el gran número de endemismos que habitan estas montañas, fruto de los cambios climáticos acaecidos durante las últimas glaciaciones. Entre ellos destacar; la salamandra de Almanzor, que se caracteriza por la poca profusión de manchas y unos hábitos acuáticos muy desarrollados, el sapo de Gredos, que se identifica por su pequeño tamaño, el topillo nival abulense y la lagartija serrana.

KILÓMETROS DESDE MADRID: 188 km.
DISTANCIA TOTAL: 18 kilómetros.
DURACIÓN TOTAL: 5 horas y 15 minutos.
TIEMPOS DE MARCHA: Nava del Barco - Laguna de la Nava; 3 horas. Camino de regreso; 2 horas y 15 minutos.
DESNIVEL: 815 metros.
DIFICULTAD: alta. El desnivel a superar es considerable.
TIPO DE CAMINO: pista y senda. Recorrido de ida y vuelta.
AGUA POTABLE: encontraremos varias fuentes a la salida del pueblo.
ÉPOCA RECOMENDADA: sin lugar a duda la primavera, con la llegada de los primeros calores. Si la realizamos en invierno precaución con las condiciones meteorológicas así como con el material que llevemos.
SUGERENCIAS: como complemento a la excursión se puede visitar la cercana Laguna de los Caballeros distante tan sólo a una hora escasa de camino desde la Laguna de la Nava, o bien, coronar el altivo pico del Corral del Diablo (2348 m) que preside el circo de la Garganta de la Nava.
CARTOGRAFÍA: hoja 576 escala 1:50.000 del I.G.N. o S.G.E.

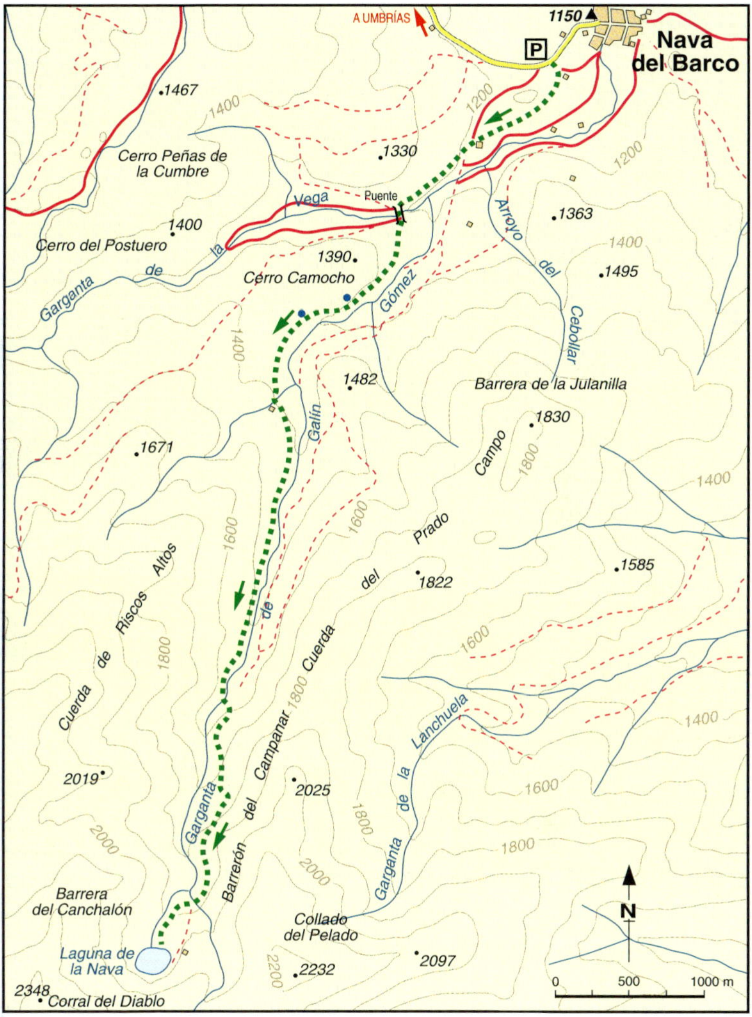

Nava del Barco va a ser en esta ocasión la localidad elegida para el inicio de un nuevo itinerario. Así, nada más llegar a esta apacible población tomaremos la carretera que se dirige al pueblo de Umbrías, de tal forma que en escasos 300 metros hallaremos a la izquierda una gran cruz de piedra de cuyas inmediaciones arranca la pista que marcará el comienzo de la excursión que a continuación paso a detallar. Nada más tomarla desecharemos un primer desvío a la izquierda que se dirige nuevamente hacia el pueblo,

escogiendo nosotros el otro ramal que supera en estos primeros instantes un ligero repecho, tras el cual nos adentraremos en el hermoso valle que crea el arroyo de Galín Gómez. Los primeros cuatro kilómetros son realmente muy agradables al ir remontando la garganta envueltos en todo momento por verdes prados donde pace el ganado, así como por densas manchas de arbolado constituidas principalmente por robles y castaños.

La pista discurre a media ladera y deja siempre a la izquierda la rica vega regada por las aguas del arroyo, no presentando ninguna complicación salvo un nuevo desvío que a la izquierda desciende rápidamente hacia el fondo de la garganta, cuando llevemos aproximadamente dos kilómetros de andadura. Enseguida llegaremos a un lugar donde se bifurca el valle, justo enfrente del Cerro del Camocho (1390 m); a la derecha nuestra aparece la Garganta de la Vega que recoge las aguas de la Laguna del Barco, mientras que a la izquierda continúa la Garganta de la Nava, receptora de las aguas de la laguna del mismo nombre. Como nuestro objetivo es ésta última continuaremos por la pista que nos traía y vadearemos en primer lugar el arroyo de la Vega por un puente, para a continuación proseguir, tras un giro brusco, por el camino que decididamente gana altura en busca de la garganta recorrida por el arroyo de la Nava, también llamado de los Acebos por los lugareños. En el breve repecho desecharemos todos los desvíos que surjan a ambos lados de la pista, no encontrando ya ningún otro desvío hasta que finalice la vía. Antes habremos de pasar delante de dos fuentes así como por alguna que otra cancela, que dejaremos siempre en su posición tal y como nos la encontramos.

La pista acaba de forma brusca justo cuando el valle se estrecha definitivamente, poco antes de llegar a una pequeña choza con muros de piedra de aspecto troglodítico. Sin embargo, nosotros continuaremos por una pequeña trocha que enseguida acaba convirtiéndose en senda, que nos conducirá sin complicación alguna hasta la misma Laguna de la Nava. A partir de este momento se aprecia con toda nitidez el origen glaciar del valle, no sólo delatado por su característica forma en U, o por los distintos arcos morrénicos donde se depositaron las rocas transportadas por los hielos visibles tanto en el fondo como en las laderas de la garganta, sino también por el perfecto pulido que presenta el substrato rocoso como veremos un poco más adelante, cuando el valle se angoste considerablemente. Hasta entonces la senda continúa remontando la garganta dejando siempre a nuestra izquierda el cauce del arroyo, aunque al irse estrechando el valle progresaremos cada vez más cerca de él hasta que definitivamente nos veamos obligados a cambiar

de orilla, momento que ocurrirá cuando divisemos en la otra margen un gran bloque de piedra coronado por una cruz de hierro. En todo instante la senda se encuentra jalonada por hitos de piedra a los que habrá que estar especialmente atentos cuando crucemos el ancho lecho rocoso del arroyo, sobre todo para no confundirnos con posibles veredas del ganado.

Nada más superar la peña, en la que por cierto también existe una imagen de la Virgen, la senda aparece muy marcada en el terreno hasta convertirse en una amplia trocha muy sabiamente trazada que nos ayudará a salvar el importante desnivel que todavía nos resta por subir. Este tramo es el más duro de todo el recorrido pues la garganta se estrecha considerablemente en un angosto pasillo que obliga al camino a describir continuos zigzags, al borde mismo del desfiladero, lo que posibilita que veamos algunas bellas pozas así como alguna que otra cascada. El magnífico camino por el que ascendemos fue construido por los hombres que trabajaron en el levantamiento del muro de contención de la laguna, para así aprovechar mejor sus aguas para el riego de campos. Ello explicaría el amplio trazado del mismo así como su cuidado empedrado, realizado con vistas al paso de bestias cargadas de víveres y materiales de construcción. Sin pérdida alguna por fin hallaremos la Laguna de la Nava después de tres horas de continua ascensión, en un coqueto rellano rodeado por desafiantes cumbres a casi 2000 metros de altitud. La laguna tiene forma redondeada y es indudablemente bella, para mi gusto una de las más bonitas de toda la Sierra de Gredos, mucho más que la cercana Laguna del Barco, a lo que contribuye sin lugar a duda su escaso renombre por parte del público en general. En sus inmediaciones encontraremos las ruinas de un par de casas, las utilizadas por los obreros para guarecerse del mal tiempo, así como un ancho dique donde podremos tumbarnos y reponer fuerzas, eso sí, sin perder nunca de vista el brillo y transparencia de estas aguas serranas.

El regreso lo efectuaremos por el mismo camino, aunque reconfortados por el magnífico rincón descubierto en pleno corazón de la agreste Sierra de Gredos.

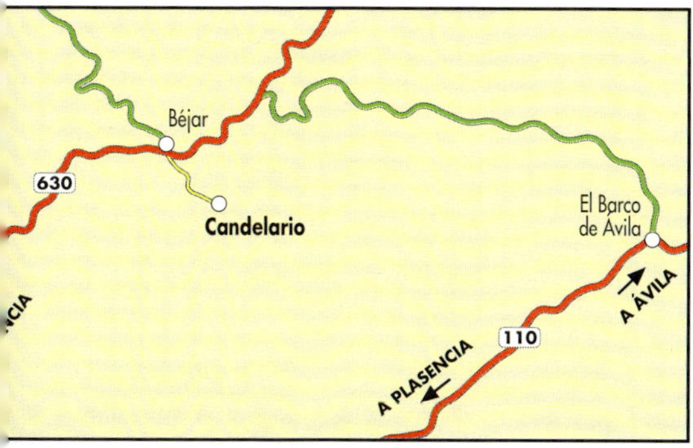

MARCO GEOGRÁFICO

La Sierra de Candelario es un eslabón más del Sistema Central localizado en el extremo suroriental de la provincia de Salamanca, si bien algunos pueblos abulenses y cacereños comparten la titularidad de dicho enclave con la anterior. La Sierra de Candelario, junto con la Sierra de Béjar, son consideradas por muchos geógrafos como las últimas elevaciones de la importante alineación montañosa que forma el Macizo de Gredos, más concretamente de su extremo occidental. –Gredos Occidental–. Sus límites vienen definidos al oeste por la depresión del río Alagón, pequeño corredor natural que separa el Gredos Occidental de la Sierra de Francia, al este por la fosa tectónica que con dirección NE-SO parte la Sierra de Gredos a través de la línea Plasencia –Puerto de Tornavacas– El Barco de Avila, separando de esta forma el Macizo Central del Occidental, mientras que al norte y al sur los límites son más imprecisos al ir desapareciendo progresivamente las elevaciones montañosas hasta integrarse en la penillanura meseteña.

El conjunto de sierras que forma el sector occidental de Gredos se caracteriza por presentar una única y marcada alineación NE-SO a modo de gran bloque elevado –horst– cuya altura máxima se sitúa en el centro del mismo, con cumbres que superan ampliamente los 2000 metros de altitud y que coincidirían básicamente con la Sierra de Candelario. A partir de esta cúspide central la altitud disminuye progresivamente en ambos sentidos, tanto al SO, a través de los Montes de Tras la Sierra, como al NE, con las sierras de Béjar y de la Alberca. Tradicionalmente se ha designado erróneamente al Pico Calvitero (2405 m) como máxima altitud de todo el sector occidental de Gredos, como así viene reflejado en numerosos libros y mapas, lo mismo que ha sucedido con su ubicación, normalmente confundida con la cumbre de El Torreón (2401 m) como todavía puede observarse en los actuales mapas del S.G.E. o del I.G.N., situada ésta última en realidad algo más al sur de la cima del Canchal de la Ceja (2430 m), verdadera cota máxima de todas las sierras que constituyen el cordal montañoso de Gredos Occidental.

Por último señalar que en las más altas cumbres pueden verse hoy en día los efectos de las últimas glaciaciones ya que aquí se asentaron algunos aparatos glaciares que, aunque de tamaño no muy grande, han dejado su huella en circos, morrenas, y sobre todo lagunas, cuya formación se debe a la ocupación por el agua de las zonas sobreexcavadas por el hielo, o bien por el taponamiento del valle al depositarse la morrena frontal.

VEGETACIÓN

Como ya vimos en el Macizo Central de Gredos, son cuatro los pisos bioclimáticos que podemos encontrar:

— Piso mesomediterráneo (400-800 m): la formación más característica de esta franja es el encinar, aunque ocasionalmente pueden aparecer algunas manchas de quejigares.

— Piso supramediterráneo (800-1600 m): el árbol predominante es el roble melojo, especie de gran valor ecológico que da cobijo a un gran número de plantas y animales. En la actualidad podemos encontrar bosques de gran extensión asentados preferentemente en las laderas de los valles. Señalar también la presencia de castaños así como pinares introducidos por el hombre.

— Piso oromediterráneo (1600-2200 m): la especie predominante es el piorno serrano, aunque ocasionalmente aparecen también pastizales de gramíneas así como cervunales en los suelos encharcados.

— Piso crioromediterráneo (2200-2400 m): ya sólo se encuentran cervunales y praderas alpinas.

FAUNA

Dentro del abundantísimo grupo de los mamíferos destacar la presencia de cabra montés, topillo nival, jabalí, tejón, lirón careto y gato montés. Por el aire distinguiremos las siluetas del azor, acentor común y alpino, águila real, buitre negro y leonado, así como alimoche y águila calzada. Entre el grupo de anfibios y reptiles señalar la presencia de rana patilarga, lagarto verdinegro, lagartija serena y culebra viperina.

KILÓMETROS DESDE MADRID: 216 km.
DISTANCIA TOTAL: 15 kilómetros.
DURACIÓN TOTAL: 5 horas y 30 minutos.
TIEMPOS DE MARCHA: Plataforma "El Travieso" – Calvitero; 1 hora y 15 minutos. Calvitero – Canchal de la Ceja; 45 minutos. Canchal de la Ceja – Lagunas del Trampal; 1 hora y 15 minutos. Camino de regreso; 2 horas y 15 minutos.
DESNIVEL: 530 metros.
DIFICULTAD: media. La debida a su longitud y desnivel.
TIPO DE CAMINO: senda. Recorrido de ida y vuelta.
AGUA POTABLE: existen dos fuentes en el camino de subida al Pico Calvitero.
ÉPOCA RECOMENDADA: sin lugar a duda la primavera, allá para últimos de mayo, cuando el piornal florece entre los neveros.
SUGERENCIAS: no dejar de visitar el encantador pueblo de Candelario, uno de los mejores conjuntos de arquitectura popular serrana conservados.
CARTOGRAFÍA: hoja 576 escala 1:50.000 del I.G.N. o S.G.E.

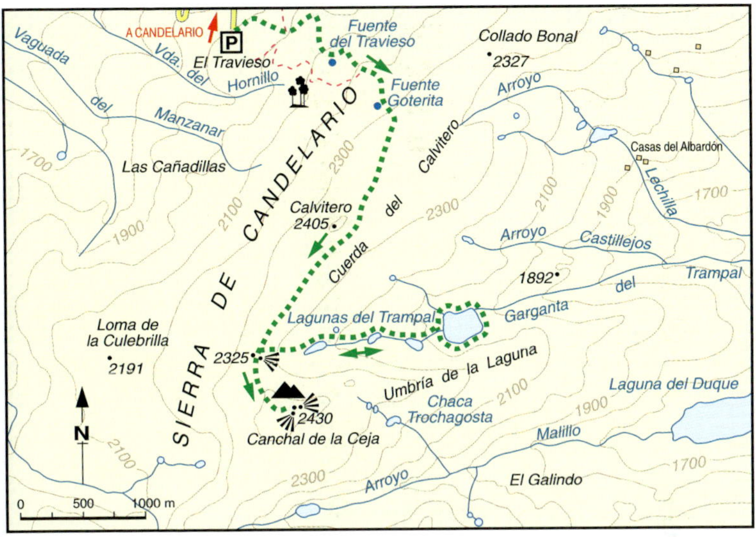

La visita al interesante conjunto glaciar que forman las Lagunas del Trampal se realiza desde la localidad de Candelario, precioso pueblo asentado a los pies de la sierra que lleva su nombre. Aunque la excursión parte de tierras salmantinas, la razón por la cual he incluido la excursión dentro de la provincia de Ávila es que buena parte del recorrido se realiza por el mismo límite entre ambas, pero

sobre todo porque administrativamente hablando las Lagunas del Trampal pertenecen a tierras abulenses, más concretamente al término municipal de Solana de Ávila.

Nada más llegar a Candelario buscaremos la calle que se dirige hacia las piscinas municipales situadas a las afueras el pueblo, enfrente de las cuales parte la carretera que se encamina hacia La Plataforma. El desvío se encuentra debidamente señalizado y desde el principio la vía empieza a ganar rápidamente altura hasta alcanzar un gran rellano, donde existe un restaurante así como algunos paneles indicativos de la zona. A este lugar se le conoce por el nombre de La Plataforma, al estar enclavado en un pequeño alto desde el que se contempla una excelente panorámica de toda la comarca. Nosotros continuaremos ascendiendo por suelo firme en dirección a El Travieso, pequeña explanada donde finaliza de manera brusca la carretera junto a un aparcamiento habilitado para vehículos, a una altitud de 1900 metros. Tras estacionar nuestro vehículo emprenderemos la marcha en dirección al cordal montañoso que por encima de nuestras cabezas se alza, y que no es otro que el que proviene del Pico Calvitero, de ahí que el conjunto de cumbres que forma dicha alineación reciba el nombre de Cuerda del Calvitero. Para encontrar el camino que asciende por la ladera debemos situarnos más o menos a mitad del estacionamiento y superar el pequeño terraplén que nos separa de una alambrada, en cuyas proximidades nace la trocha que nos guía sin ninguna complicación hasta lo alto de la cuerda.

Desde el principio comenzaremos a ganar altura decididamente, siempre rodeados por un denso piornal, hasta llegar a la Fuente del Travieso, pequeño manantial situado a una media hora de camino en medio de una pequeña pradera. Aquí efectuaremos la consabida parada para llenar nuestras cantimploras y tomar algo de aire, pues todavía nos queda un buen trecho de dura subida. El camino no tiene pérdida alguna, y aunque ocasionalmente presente alguna bifurcación o desvío, normalmente se trata de atajos que terminan incorporándose otra vez a la vía principal. Acompañados por magníficas vistas hallaremos una segunda fuente, esta vez la llamada Goterita, situada muy próxima al cordal, no encontrando en lo que resta de recorrido ningún otro manantial donde calmar nuestra sed. A partir de aquí la trocha gira hacia la derecha para ganar la divisoria de aguas en escasos minutos, avanzando a continuación por la amplia planicie que forma la línea de cumbres en dirección al cercano Pico del Calvitero (2405 m). Este pasará prácticamente desapercibido si no estamos atentos al pequeño resalte rocoso que configura su cumbre, ciertamente decepcionante por su escaso empaque, y en donde se ubica un

discreto altar que cobija una imagen de la Virgen de Nuestra Señora del Castañar. El camino bordea la cima del Calvitero en busca de un somero collado (2325 m) que antecede a la cumbre del Canchal de la Ceja (2430 m), altura máxima de la Sierra de Candelario. Desde el collado se aprecia con toda nitidez el pequeño valle glaciar donde se asientan las Lagunas del Trampal, alguna de ellas ya visible, como lo es también el marcado sendero que se encamina hacia ellas. Aunque nuestro objetivo final es la visita a las lagunas recomiendo antes hacer un último esfuerzo y subir hasta el cercano Canchal de la Ceja, donde se contempla una vastísima panorámica que excederá con creces todas nuestras expectativas, pues abarca desde el Macizo Central de Gredos hasta las últimas alineaciones montañosas de la Sierra de Francia, así como todo el Campo Charro y el cercano Valle del Jerte. La ascensión no ofrece ninguna dificultad ya que el camino que traíamos evita su agreste cara norte para bordearlo por su vertiente meridional, aunque al final tendremos que abandonar la senda al dirigirse hacia la mole del Torreón (2401 m), coronando los últimos metros de subida directamente.

La ascensión no nos llevará más allá de 25 minutos y compensa sobradamente el pequeño esfuerzo realizado. La cima al igual que la del Calvitero es plana y redondeada, excepto la ladera que mira a las lagunas, muy abrupta y rocosa, lo que propicia que se mantengan durante buena parte del verano algunos neveros. Tras efectuar este breve desvío retornaremos al collado antes comentado para tomar la senda que, en acusado descenso, se dirige hacia las Lagunas del Trampal. El conjunto lacustre lo forman varias lagunas aunque algunas de ellas no son en realidad lagunas propiamente dichas, sino más bien un conjunto de charcas y pequeñas lagunillas que reciben, precisamente, el nombre de Lagunillas. Las dos últimas son las de mayor tamaño y belleza ya que se encuentran ubicadas en una pequeña hondonada del valle, además de estar conectadas por una cascada que con el deshielo adquiere todo su esplendor.

Deleitados por tan maravilloso entorno efectuaremos el regreso por el mismo recorrido, empleando para ello algo más de dos horas de cómodo camino.

CUENCA

RUTAS

19. HOZ DE SOLÁN DE CABRAS
20. HOZ DE TRAGAVIVOS
21. BARRANCO DE LA HOZ SOMERA
22. CERRO DE SAN FELIPE
23. HOCES DEL RÍO JÚCAR

Marco geográfico

La Serranía de Cuenca es una amplia extensión montañosa de algo más de 89.000 hectáreas que se sitúa al este de la provincia que le da nombre, formando parte del importante eslabón montañoso de la Cordillera Ibérica. Este enclave montañoso visto desde la periferia –La Alcarria, La Mancha– crea un abrupto y compacto contrafuerte rocoso, pero desde su interior sorprende por su relieve escasamente accidentado constituido por un conjunto de altas planicies discontinuas –muelas y parameras– que van elevando su altitud progresivamente de oeste a este. Dichas planicies se encuentran separadas unas de otras por surcos intramontañosos por los que discurren los principales ríos, además de estar desgajadas por profundas hoces labradas por las aguas recién nacidas en su seno. Todo ello a una altitud media que muy raramente desciende de los 1000 metros, lo que ha propiciado por una parte los escasos asentamientos humanos, y por otra, la conservación de una densa masa forestal que la convierte en una de las principales reservas forestales de España.

La Hoz de Solán de Cabras, también llamada Hoz del Cuervo, es una de las menos conocidas de toda la Serranía de Cuenca debido sobre todo a la dificultad que ofrece transitar por ella, sólo a pie y a través de estrechas sendas con pasos a veces dificultosos. Su laberíntico trazado se abre paso entre la Muela de San Cristóbal y la Muela del Rebollar, con tramos muy angostos y paredes verticales esculpidas en las calizas del Cretácico, de las que brotan numerosos manantiales que desaguan los flujos subterráneos que circulan por el interior de las muelas, aumentando de esta forma considerablemente el caudal del río Cuervo.

Vegetación

Desde otro punto de vista la Hoz de Solán Cabras es un excelente muestrario de la vegetación que cubre las zonas más abruptas de la Alta Serranía donde se dan fuertes contrastes de orientación, así como importantes diferencias entre los escarpes y el fondo de la misma. La especie dominante es el pino negral o laricio, tanto en laderas como en las superficies culminantes de las planicies, aunque en estas últimas puede aparecer entremezclado con la sabina albar. En aquellas zonas donde la insolación es más alta –áreas de solana– puede aparecer ocasionalmente la encina entremezclada con quejigos y enebros, mientras que en las umbrías el pino vuelve a ser la especie dominante mezclado en el mejor de los casos con quejigos. Por lo que respecta al fondo de la hoz está ocupado por una variada vegetación de ribera, con presencia de arces de Montpellier, tilos, sauces, avellanos, acebos y menos frecuentemente tejos.

Fauna

El bosque esclerófilo y de frondosas alberga una comunidad faunística mucho más rica y variada que el de coníferas, por lo que debemos considerar a las hoces como lugares de indudable relevancia faunística. Ello no quiere decir que el pinar carezca de una comunidad animal propia ya que aquí se dan cita un buen número de especies, aunque siempre en menor variedad, cantidad e importancia, que allí donde se ha mantenido la vegetación climácica.

Analizando la composición faunística de la zona debemos hacer hincapié en el apartado de las rapaces, al estar ligadas a los abruptos farallones rocosos donde nidifican. Así podemos encontrar buitres leonados, águila perdicera, halcón peregrino, águila real y alimoche. En el capítulo de las rapaces nocturnas mencionar el búho real, muy abundante, búho chico, mochuelo, cárabo, autillo y lechuza. Ciervos, corzos y gamos recorren los bosques y matorrales de la Serranía de Cuenca, aunque su presencia se debe a la acción mediadora del hombre, algo que no ocurre con el abundantísimo jabalí, ampliamente difundido por sus montes. Entre los carnívoros terrestres señalar al zorro, gato montés, jineta, turón y comadreja, así como garduña y tejón, estos últimos muy difíciles de observar. Por último indicar la presencia de la nutria en las cabeceras fluviales, así como la trucha.

KILÓMETROS DESDE MADRID: 160 Km.
DISTANCIA TOTAL: 16 kilómetros.
DURACIÓN TOTAL: 7 horas.
TIEMPOS DE MARCHA: Solán de Cabras – Embalse de La Tosca; 3 horas y 30 minutos. Camino de regreso; 3 horas y 30 minutos.
DESNIVEL: 200 metros.
DIFICULTAD: media. Hay tramos en los que el avance resulta muy dificultoso por la espesura de la vegetación.
TIPO DE CAMINO: senda. Recorrido de ida y vuelta.
AGUA POTABLE: aunque existen diversas surgencias y manantiales es frecuente encontrarlos secos, por lo que recomiendo traer las cantimploras llenas.
ÉPOCA RECOMENDADA: cualquier mañana soleada de otoño, invierno o primavera.
SUGERENCIAS: la espesura del matorral hace recomendable llevar pantalón largo y prendas de manga larga.
CARTOGRAFÍA: hoja 539 escala 1:50.000 del I.G.N. o S.G.E.

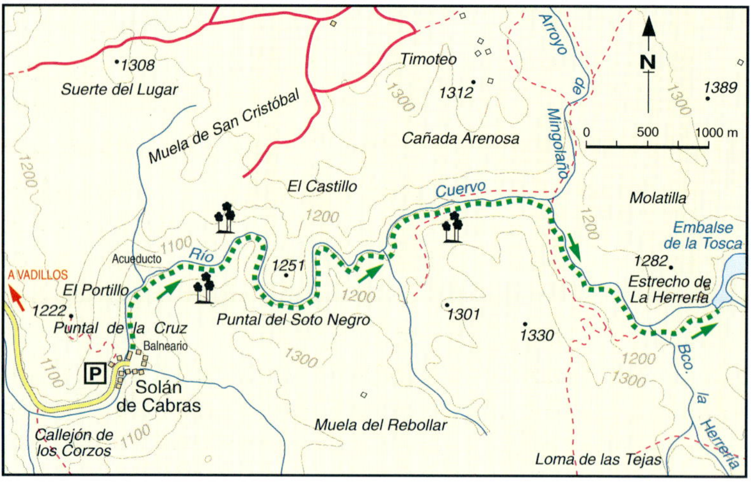

De entre las innumerables hoces creadas en el roquedo calizo de la Serranía de Cuenca, son sin lugar a duda las del río Cuervo las menos conocidas y transitadas. Dos son las razones que han llevado a tal consideración: la principal es su difícil acceso motivado por la ausencia de caminos, la otra, secundaria, la gran fama que posee su nacimiento, acaparador de toda su atención.

Nuestro itinerario parte del histórico balneario de Solán de Cabras, construcción que data de mediados del siglo XVIII cuando el ministro de hacienda Don Pedro López de Lerena mandó construir, a instancias de Carlos III, los reales baños y la casa hospedería base de las actuales instalaciones, aunque sus aguas no fueron declaradas de utilidad pública hasta el 10 de Abril de 1790, por Real Decreto firmado por Carlos IV. No obstante, la tradición cuenta que fue un pastor quien descubrió la bondad de las aguas al ver que las cabras enfermas se bañaban espontáneamente en ellas logrando su curación. Históricamente se sabe que los romanos ya tuvieron noticia de las propiedades medicinales de este agua, pero no fue hasta el siglo XVIII cuando se potencia su uso con la construcción del balneario.

Los baños se encuentran a tan sólo 3 kilómetros de la localidad de Puente Vadillos, justo al comienzo del tramo más espectacular, por lo que estacionaremos nuestro vehículo en el aparcamiento que la empresa embotelladora de las aguas del lugar aquí posee, ya que el acceso al balneario está restringido. Una vez sobrepasada la valla que delimita el recinto cruzaremos el río por un puente, lo que nos permitirá observar la peculiar toma de agua que hace el balneario del manantial que lo abastece, que según he leído sale con un caudal de 5400 litros por minuto a una temperatura constante de 21 grados. Enseguida giraremos a la izquierda para dirigirnos inmersos en una bóveda cubierta de parras hacia la hospedería y posteriormente, ya a cielo abierto, a las cocheras. En su misma linde nace el camino que habrá de conducirnos hasta nuestro objetivo final; el Embalse de la Tosca.

El sendero discurre siempre paralelo al curso del río, por su margen izquierda, y aunque en un principio tiene bastante anchura así como un firme muy bien marcado, poco a poco se va a ir estrechando a medida que interiorizamos en las hoces hasta convertirse en una pequeña senda no exenta de pasos dificultosos. Pero el esfuerzo que supone el lento caminar se verá compensado por lo agreste del paisaje, casi virgen, acogedor de numerosos manantiales que desaguan los flujos subterráneos.

El laberíntico trazado del río Cuervo con tramos muy angostos y paredes casi verticales –el nombre de Solán de Cabras deriva de la antigua expresión "sólo para cabras", rasgo inequívoco del paisaje que contemplamos–, se ve acompañado por una selvática vegetación donde pinos, jaras, enebros, bojes, romeros, guillomos, arces, quejigos, lavandas, serbales y tilos conviven en idílica armonía.

Durante un buen tiempo la atención de nuestra mirada se centrará en el Puntal de Soto Negro, espectacular meandro del río excavado a tajo en la roca caliza el cual bordearemos en un giro casi perfecto de 180 grados. A partir de este momento el ca-

mino se vuelve más estrecho y dificultoso, introduciéndose en un denso bujedal que hará perder nuestra paciencia en numerosas ocasiones al realizarse el avance de forma extremadamente lenta. Cuando llevemos aproximadamente dos horas de marcha alcanzaremos una zona de valle algo más abierta, justo a la altura de la desembocadura de un arroyo procedente de la Muela del Rebollar, difuminándose a partir de aquí la senda que nos traía oculta por la densa espesura del matorral. Por ello recomiendo bajar hasta el lecho del río y continuar por su orilla aguas arriba en dirección a la presa, aunque tengo que advertir que los casi 3 kilómetros que nos restan hasta llegar a ella son extremadamente dificultosos, aunque ocasionalmente podamos aprovechar algunas veredas y claros entre la vegetación. Para los menos aventureros este pequeño llano en el valle pude perfectamente significar el fin del itinerario, ya que las dificultades futuras harán menos agradable el resto del trayecto. Si decidimos continuar, indicar por último que el dique de contención del embalse se sitúa en un angosto paso conocido por el nombre del Estrecho de la Herrería, desde el cual es imposible subir hasta arriba del cortado, por lo que antes de llegar a él ascenderemos de forma brusca por la ladera no esperando hasta el último momento.

MARCO GEOGRÁFICO

La Serranía de Cuenca es una amplia extensión montañosa de algo más de 89.000 hectáreas que se sitúa al este de la provincia que le da nombre, formando parte del importante eslabón montañoso de la Cordillera Ibérica. Este enclave montañoso visto desde la periferia –La Alcarria, La Mancha– crea un abrupto y compacto contrafuerte rocoso, pero desde su interior sorprende por su relieve escasamente accidentado constituido por un conjunto de altas planicies discontinuas –muelas y parameras– que van elevando su altitud progresivamente de oeste a este. Dichas planicies se encuentran separadas unas de otras por surcos intramontañosos por los que discurren los principales ríos, además de estar desgajadas por profundas hoces labradas por las aguas recién nacidas en su seno. Todo ello a una altitud media que muy raramente desciende de los 1000 metros, lo que ha propiciado por una parte los escasos asentamientos humanos, y por otra, la conservación de una densa masa forestal que la convierte en una de las principales reservas forestales de España.

La Hoz de Tragavivos se encuentra enclavada dentro del sector que algunos geógrafos denominan Alta Serranía, zona difícil de precisar por ofrecer unos límites tan sinuosos como indefinidos. Sus rasgos diferenciadores con respecto al resto del conjunto montañoso de la Serranía de Cuenca serían, por una parte su mayor altitud media, y por otra, el hecho de constituir un importante nudo orográfico del que divergen varias cuencas hidrográficas, como son las del Júcar, Tajo, Cabriel y Guadalaviar. Esta mayor altitud se traduce en un incremento de las precipitaciones, lo que repercute directamente en un aumento de los caudales, y por tanto, en el poder erosivo de las aguas sobre el substrato rocoso. Es esta la razón por la cual el río Guadiela es capaz, nada más recibir a su afluente el río Cuervo, de encajarse profundamente seccionando los estratos calcáreos hasta crear la que es quizá la más angosta de todas las hoces –de ahí su nombre– que recorren la Serranía, y para mi gusto la más bella y espectacular de todas, como así tendremos oportunidad de comprobar en el recorrido que se propone a continuación.

VEGETACIÓN

La vegetación clímax de la Alta Serranía ha desaparecido y apenas quedan pequeños vestigios en donde aún se mantiene. En las muelas y parameras subsisten algunos sabinares, con la sabina albar como especie dominante, aunque la mayor parte de ellas se encuentran adehesados y en algunos casos tan sólo subsisten ejemplares aislados. Los quejigares han quedado relegados a exiguos rodales por las continuas y reiteradas talas a los que han sido sometidos –leña, carboneo, pastoreo–, no encontrando en la actualidad mas que restos del denso sotobosque que le acompañaba, principalmente bujedales. El gran beneficiario de las transformaciones efectuadas por el hombre en el medio natural ha sido el pinar, especie climácica que ha visto aumentar espectacularmente su expansión fuera de su área de origen a costa de otras especies, como encinares, quejigares y también robledales. Tan sólo en las hoces, por su difícil acceso, podemos encontrar una rica y variada vegetación autóctona constituida básicamente por chopos, olmos, sauces y frenos, y menos frecuentemente, avellanos, tilos, tejos y acebos.

FAUNA

El bosque esclerófilo y de frondosas alberga una comunidad faunística mucho más rica y variada que el de coníferas, por lo que debemos considerar a las hoces como lugares de indudable relevancia faunística. Ello no quiere decir que el pinar carezca de una comunidad animal propia ya que aquí se dan cita un buen número de especies, aunque siempre en menor variedad, cantidad e importancia, que allí donde se ha mantenido la vegetación climácica.

Analizando la composición faunística de la zona debemos hacer hincapié en el apartado de las rapaces, al estar ligadas a los abruptos farallones rocosos donde nidifican. Así podemos encontrar buitres leonados, águila perdicera, halcón peregrino, águila real y alimoche. En el capítulo de las rapaces nocturnas mencionar el búho real, muy abundante, búho chico, mochuelo, cárabo, autillo y lechuza. Ciervos, corzos y gamos recorren los bosques y matorrales de la Serranía de Cuenca, aunque su presencia se debe a la acción mediadora del hombre, algo que no ocurre con el abundantísimo jabalí, ampliamente difundido por sus montes. Entre los carnívoros terrestres señalar al zorro, gato montés, jineta, turón y comadreja, así como garduña y tejón, estos últimos muy difíciles de observar. Por último indicar la presencia de la nutria en las cabeceras fluviales, así como la trucha.

KILÓMETROS DESDE MADRID: 161 Km.
DISTANCIA TOTAL: 11 kilómetros.
DURACIÓN TOTAL: 5 horas.
TIEMPOS DE MARCHA: Embalse del Molino de Chincha – Santa Cristina; 2 horas y 30 minutos. Camino de regreso; 2 horas y 30 minutos.
DESNIVEL: 80 metros.
DIFICULTAD: alta. El inusual camino elegido desaconseja realizarlo en días de lluvia, viento y nieve. Tampoco es aconsejable para personas que sufran de vértigo y falta de decisión. No abordarlo nunca en solitario.
TIPO DE CAMINO: el borde del canal de una central eléctrica. Recorrido de ida y vuelta.
AGUA POTABLE: no encontraremos en todo el camino.
ÉPOCA RECOMENDADA: cualquier estación del año.
SUGERENCIAS: realizarlo únicamente en días festivos, cuando la central eléctrica no opera.
CARTOGRAFÍA: hojas 538-539 escala 1:50.000 del I.G.N. o S.G.E.

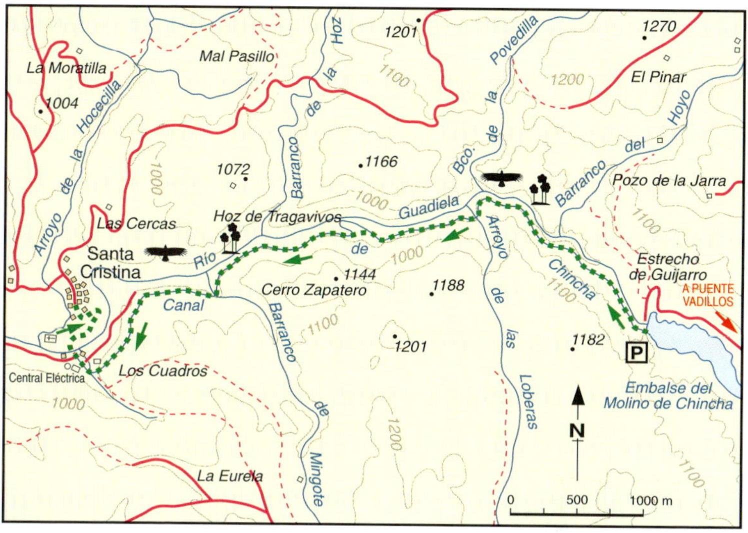

Este itinerario es sin lugar a duda el más emocionante y sobrecogedor de toda la Serranía de Cuenca. La inaccesibilidad del lugar, la ausencia total de caminos, la angostura y profundidad de la hoz llevadas a extremos inimaginables, y la rica y exuberante vegetación asentada en las proximidades del río, hacen de este en-

clave un solitario paraíso de naturaleza. Si a estas características casi únicas en toda la Serranía, le unimos el inusual y peligroso camino por el que vamos a transitar, hacen del recorrido uno de los más singulares y hermosos que se pueden recorrer por estas tierras, eso sí, no recomendable para aquellas personas que sufren de vértigo, falta de decisión o en general poco aptas.

La ruta por la que discurriremos utiliza el canal que transporta las aguas desde el Embalse del Molino de Chincha hasta la Central Hidroeléctrica de Santa Cristina, como excepcional sendero que aprovecha los escasos 40 cm de su borde. El riesgo que supone andar por este singular camino viene dado, más que a la estrechez del firme, a los continuos desplomes con varios metros de caída al vacío que se sucederán en nuestra andadura. Por ello vuelvo a insistir en la recomendación antes realizada de abstenerse aquellas personas menos capacitadas y nunca realizarlo individualmente. Por otra parte la actividad de la presa durante la semana hará que el nivel de las aguas que circulan por el canal suba considerablemente, aumentando de esta forma aún más el peligro de ser arrastrados por la fuerza de la corriente. Esta última razón es la que me hace aconsejar la realización del recorrido únicamente en domingo o día festivo, cuando la central paraliza su actividad.

Después de señalar tales indicaciones, comentar que el inicio del itinerario arranca del mismo Embalse del Molino de Chincha, situado en las inmediaciones de la turística localidad de Puente Vadillos, distante tan sólo 3 kilómetros del balneario de Solán de Cabras. Como singularidad comentar que es en el mismo pueblo donde se fusionan las aguas de los ríos Cuervo y Guadiela, aumentando así considerablemente el caudal del último, poco antes de ser represado. Otra particularidad de Puente Vadillos es la de poseer la única instalación industrial de toda la comarca, hecho que marca en gran medida su fisonomía urbana. La pista que nos conducirá hasta el dique de contención de la presa arranca nada más superar la población, justo después de sobrepasar el puente que salva las aguas del río

Guadiela, y poco antes de llegar al bonito hotel "Caserío de Vadillos". El camino forestal es apto para todo tipo de vehículos y en poco más de 4,5 kilómetros nos conducirá hasta la cabecera del represamiento (el trayecto que realizamos en automóvil es por sí sólo merecedor de hacerse andando al ir en todo momento paralelos al embalse). El dique se encuentra enclavado en un angosto paso natural labrado por el río Guadiela que recibe el nombre de Estrecho de Guijarro. Aquí estacionaremos el vehículo y nos dirigiremos enseguida a su espigón, donde encontraremos una escalera metálica que baja hasta el canal de desagüe de las aguas. La canalización se encuentra flanqueada por dos muros de cemento por cuyo remate vamos a caminar a lo largo de todo el recorrido, aunque es conveniente indicar que es preferible hacerlo por el borde derecho, que a pesar de avanzar pegado al vacío, no nos hará retroceder en ningún momento al encontrar algún obstáculo, como así ocurre con el de la izquierda.

El avance es muy lento e incluso cansino, pues en todo momento hay que prestar una gran atención a nuestros pies, sin embargo este hecho nos permitirá disfrutar aún más del agreste paisaje que nos envuelve, tan entallado por los cortados que entre pared y pared en algunos sitios apenas hay 100 metros de distancia. El canal progresa siempre por la orilla izquierda del río Guadiela, aunque siempre a media ladera, no presentando ninguna complicación el camino hasta llegar al enorme saliente rocoso que crea el Cerro Zapatero, ya que el canal se introduce en la roca excavada durante un buen trecho. Como es lógico nosotros no le seguiremos y si buscamos en cambio una pequeña senda que bordea toda la pared del peñasco por nuestra derecha, perdiendo ligeramente altura en sus inicios para luego llanear al pie del cortado durante un buen tramo. Finalmente volveremos a ganar altura hasta que nos incorporemos de nuevo al canal, pero en breves instantes ocurrirá lo mismo, aunque en esta ocasión sólo se trata de un pequeño resalte rocoso. Tras bordearlo por otra senda, el canal aparece definitivamente cubierto en su totalidad por unas grandes losas de cemento que nos harán recorrer rápidamente los últimos metros de tan singular camino hasta alcanzar las dos grandes tuberías que bajan perpendicularmente hacia la central eléctrica. Hasta aquí asciende una pista forestal que en breves minutos nos conducirá hasta dicha instalación, en cuyas proximidades existe un bar donde podremos tomar un refresco. Desde aquí recomiendo dirigirnos a la pequeña aldea de Santa Cristina situada en un pequeño promontorio, nada más vadear el río Guadiela por un cercano puente. Aunque hay que subir un pequeño repecho, las vistas que se contemplan de la Hoz de Tragavivos bien merecen este último esfuerzo antes de emprender el camino de regreso.

MARCO GEOGRÁFICO

La Serranía de Cuenca es una amplia extensión montañosa de algo más de 89.000 hectáreas que se sitúa al este de la provincia que le da nombre, formando parte del importante eslabón montañoso de la Cordillera Ibérica. Este enclave montañoso visto desde la periferia –La Alcarria, La Mancha– crea un abrupto y compacto contrafuerte rocoso, pero desde su interior sorprende por su relieve escasamente accidentado constituido por un conjunto de altas planicies discontinuas –muelas y parameras– que van elevando su altitud progresivamente de oeste a este. Dichas planicies se encuentran separadas unas de otras por surcos intramontañosos por los que discurren los principales ríos, además de estar desgajadas por profundas hoces labradas por las aguas recién nacidas en su seno. Todo ello a una altitud media que muy raramente desciende de los 1000 metros, lo que ha propiciado por una parte los escasos asentamientos humanos, y por otra, la conservación de una densa masa forestal que la convierte en una de las principales reservas forestales de España.

El Barranco de la Hoz Somera se encuentra enclavado dentro del sector que algunos geógrafos denominan Alta Serranía, zona difícil de precisar por ofrecer unos límites tan sinuosos como indefinidos. Sus rasgos diferenciadores con respecto al resto del conjunto montañoso de la Serranía de Cuenca serían, por una parte su mayor altitud media, y por otra, el hecho de constituir un importante nudo orográfico del que divergen varias cuencas hidrográficas, como son las del Júcar, Tajo, Cabriel y Guadalaviar. Esta mayor altitud se traduce en un incremento de las precipitaciones, lo que repercute directamente en un aumento de los caudales, y por tanto, en el poder erosivo de las aguas sobre el substrato rocoso. Aunque esta razón de por sí sola explicaría el profundo encajonamiento que sufre el arroyo de la Hoz Somera nada más nacer, a ello se ha unido el fuerte desnivel que salvan las aguas del arroyo hasta su confluencia con el río Guadiela, en plena Hoz de Tragavivos, con un declive que llega a alcanzar los 400 metros de diferencia en poco más de 5 kilómetros de longitud.

VEGETACIÓN

La vegetación clímax de la Alta Serranía ha desaparecido y apenas quedan pequeños vestigios en donde aún se mantiene. En las muelas y parameras subsisten algunos sabinares, con la sabina albar como especie dominante, aunque la mayor parte de ellos se encuentran adehesados y en algunos casos tan sólo subsisten ejemplares aislados. Los quejigares han quedado relegados a exiguos rodales por las continuas y reiteradas talas a los que han sido sometidos – leña, carboneo, pastoreo -, no encontrando en la actualidad mas que restos del denso sotobosque que le acompañaba, principalmente bujedales. El gran beneficiario de las transformaciones efectuadas por el hombre en el medio natural ha sido el pinar, especie climácica que ha visto aumentar espectacularmente su expansión fuera de su área de origen a costa de otras especies, como encinares, quejigares y también robledales. Tan sólo en las hoces, por su difícil acceso, podemos encontrar una rica y variada vegetación autóctona constituida básicamente por chopos, olmos, sauces y frenos, y menos frecuentemente, avellanos, tilos, tejos y acebos.

FAUNA

El bosque esclerófilo y de frondosas alberga una comunidad faunística mucho más rica y variada que el de coníferas, por lo que debemos considerar a las hoces como lugares de indudable relevancia faunística. Ello no quiere decir que el pinar carezca de una comunidad animal propia ya que aquí se dan cita un buen número de especies, aunque siempre en menor variedad, cantidad e importancia, que allí donde se ha mantenido la vegetación climácica.

Analizando la composición faunística de la zona debemos hacer hincapié en el apartado de las rapaces, al estar ligadas a los abruptos farallones rocosos donde nidifican. Así podemos encontrar buitres leonados, águila perdicera, halcón peregrino, águila real y alimoche. En el capítulo de las rapaces nocturnas mencionar el búho real, muy abundante, búho chico, mochuelo, cárabo, autillo y lechuza. Ciervos, corzos y gamos recorren los bosques y matorrales de la Serranía de Cuenca, aunque su presencia se debe a la acción mediadora del hombre, algo que no ocurre con el abundantísimo jabalí, ampliamente difundido por sus montes. Entre los carnívoros terrestres señalar al zorro, gato montés, jineta, turón y comadreja, así como garduña y tejón, estos últimos muy difíciles de observar. Por último indicar la presencia de la nutria en las cabeceras fluviales, así como la trucha

KILÓMETROS DESDE MADRID: 172 km.
DISTANCIA TOTAL: 17 kilómetros.
DURACIÓN TOTAL: 5 horas.
TIEMPOS DE MARCHA: Carrascosa – Barranco de la Hoz Somera; 1 hora y 30 minutos. Barranco de la Hoz Somera – Santa Cristina; 45 minutos. Santa Cristina – Carrascosa; 2 horas y 45 minutos.
DESNIVEL: 400 metros.
DIFICULTAD: media. El recorrido no ofrece ningún tipo de complicación técnica.
TIPO DE CAMINO: pista forestal y senda. Recorrido circular.
AGUA POTABLE: no hay en todo el camino.
ÉPOCA RECOMENDADA: otoño, invierno y primavera.
SUGERENCIAS: si nos sobra alguna hora de sol merece la pena acercarse a la cercana Hoz de Beteta, donde existe una pequeña senda botánica preparada por Icona con instructivos carteles que nos ayudarán a distinguir los árboles y arbustos más comunes de la hoz. El punto de arranque se sitúa muy cerca de la fuente de los Tilos, encontrando el desvío señalizado desde la carretera.
CARTOGRAFÍA: hojas 538-539 escala 1:50.000 del I.G.N. o S.G.E.

Para recorrer el Barranco de la Hoz Somera tomaremos como punto de partida Carrascosa, pueblo situado en el corazón de la planicie que lleva su nombre a una altitud de 1254 metros. Lo primero que haremos nada más llegar a la población es localizar su iglesia y a continuación la pista que en sus inmediaciones arranca con direc-

ción a unos cercanos lavaderos, tras los cuales el camino empieza a ganar altura lentamente en busca de un cercano pinar. La vía que seguimos se encuentra perfectamente marcada en el terreno y no presenta más novedad que un cruce en el que desecharemos el desvío de la izquierda. Al discurrir la pista por lo más alto de la muela, nombre que reciben en la zona las tierras elevadas de superficie plana, enseguida obtendremos magníficas vistas del Barranco de la Hoz Somera, a nuestra derecha, y del más lejano Embalse del Molino de Chincha, a nuestra izquierda, mientras que en el horizonte se empieza a adivinar el Barranco de la Povedilla, profundo corte horadado por las aguas por el que descenderemos en busca de un pequeño collado situado a espaldas de la Hoz de Tragavivos. En la bajada hemos podido disfrutar del impresionante tajo esculpido por el río Guadiela, aunque si de verdad queremos contemplar, a mi modo de ver, una de las más sobrecogedoras imágenes de la Hoz de Tragavivos recomiendo fehacientemente subir hasta el pequeño cerro de cota 1166 metros que se ubica en las proximidades del collado, cien metros por encima de nuestras cabezas.

De nuevo en el camino, la pista continúa perdiendo altura hasta que cruza las aguas del Barranco de la Hoz Somera. Aunque desde aquí ya se puede remontar el barranco por la orilla izquierda del arroyo en busca de una senda que encontraremos en escasos minutos, propongo continuar por la vía en dirección a la cercana aldea de Santa Cristina, pequeño asentamiento humano situado en lo alto de un gran meandro en el único tramo llano donde las aguas del río Guadiela se dan un respiro en su labor erosiva. Antes de llegar a ella, sobrepasaremos un desvío a la derecha que será el camino que utilizaremos en el regreso, ya muy cerca de un nuevo collado desde el que se contempla la pequeña población. Santa Cristina se encuentra rodeada de campos de cultivos así como por algunas praderas, en las que podremos descansar y reponer fuerzas dentro del único tramo "hospitalario" de la Hoz de Tragavivos. También podemos acercarnos, si así lo deseamos, a la contigua Central Eléctrica de Santa Cristina de la que sólo nos separa el cauce del

río, y en cuyas inmediaciones existe un pequeño bar.

Tras visitar la aldea el camino de regreso lo efectuaremos retrocediendo el tramo andado hasta el desvío antes citado. Nada más tomarlo la pista forestal se dirige hacia el fondo del Barranco de la Hoz Somera donde desaparecerá tras vadear su cauce, lo que nos obligará a continuar por una senda que remonta el curso del arroyo. En breves instantes volveremos a cruzarlo para dejarlo definitivamente a nuestra derecha, adentrándonos en el tramo más espectacular de la Hoz Somera. La senda, difícil de perder, recorre los cortados que custodian el valle dentro de un magnífico escenario en el que ocasionalmente aparecerán algunas construcciones humanas. En primer lugar hallaremos unos corrales que se sirven del saliente de unas rocas para su protección, aproximadamente a mitad de ascensión del barranco, para a continuación encontrar una paridera en muy buen estado de conservación así como las ruinas de un antiguo molino. Tras superar estas edificaciones llegaremos a una zona donde el barranco parece tener fin, al pie mismo de enormes bloques de piedra caídos de los cortados. Es ahora cuando vadearemos por última vez el cauce el arroyo en busca de la ladera opuesta por donde ascenderemos hasta abandonar la hoz.

El sendero pronto nos situará en la planicie que alberga el pueblo de Carrascosa, visible desde bastante lejos, por lo que únicamente nos restará recorrer el último 1,5 kilómetros que nos separa de él, ahora rodeados por cultivos y pastizales.

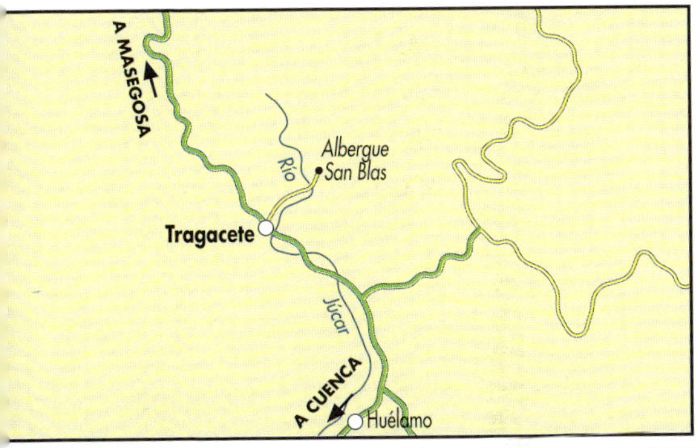

Marco geográfico

La Serranía de Cuenca es una amplia extensión montañosa de algo más de 89.000 hectáreas que se sitúa al este de la provincia que le da nombre, formando parte del importante eslabón montañoso de la Cordillera Ibérica. Este enclave montañoso visto desde la periferia –La Alcarria, La Mancha– crea un abrupto y compacto contrafuerte rocoso, pero desde su interior sorprende por su relieve escasamente accidentado constituido por un conjunto de altas planicies discontinuas –muelas y parameras– que van elevando su altitud progresivamente de oeste a este. Dichas planicies se encuentran separadas unas de otras por surcos intramontañosos por los que discurren los principales ríos, además de estar desgajadas por profundas hoces labradas por las aguas recién nacidas en su seno. Todo ello a una altitud media que muy raramente desciende de los 1000 metros, lo que ha propiciado por una parte los escasos asentamientos humanos, y por otra, la conservación de una densa masa forestal que la convierte en una de las principales reservas forestales de España.

El Cerro de San Felipe se encuentra enclavado dentro del sector que algunos geógrafos denominan Alta Serranía, zona difícil de precisar por ofrecer unos límites tan sinuosos como indefinidos. Sus rasgos diferenciadores con respecto al resto del conjunto montañoso de la Serranía de Cuenca serían, por una parte su mayor altitud media, y por otra, el hecho de constituir un importante nudo orográfico del que divergen varias cuencas hidrográficas, como son las del Júcar, Tajo, Cabriel y Guadalaviar.

La cumbre se halla dentro de la muela que lleva su nombre encontrando en ella su máxima altitud al alcanzar los 1839 metros, segunda mayor altura de toda la Serranía después del pico de La Mogorrita (1866 m). Todo este sector está constituido por un sinclinal de suave buzamiento creado sobre rocas compactas del Cretácico Superior, con una línea de cumbres estrecha y alargada de 9 kilómetros de longitud por 4 kilómetros de anchura en su zona más amplia, orientada de NO a SE. Sus bordes son escarpados en todo su perímetro y en su parte más alta se ha producido una intensa karstificación, con presencia de simas, hoyas, lapiaces, etc., por donde se infiltran las aguas de lluvia y de fusión de las nieves. Estas aguas subterráneas brotan luego en importantes surgencias como las que alumbran el río Cuervo y Júcar.

Vegetación

La vegetación clímax de la Alta Serranía ha desaparecido y apenas quedan pequeños vestigios en donde aún se mantiene. En las muelas y parameras subsisten algunos sabinares, con la sabina albar como especie dominante, aunque la mayor parte de ellos se encuentran adehesados y en algunos casos tan sólo subsisten ejemplares aislados. Los quejigares han quedado relegados a exiguos rodales por las continuas y reiteradas talas a los que han sido sometidos –leña, carboneo, pastoreo–, no encontrando en la actualidad más que restos del denso sotobosque que le acompañaba, principalmente bujedales. El gran beneficiario de las transformaciones efectuadas por el hombre en el medio natural ha sido el pinar, especie climácica que ha visto aumentar espectacularmente su expansión fuera de su área de origen a costa de otras especies, como encinares, quejigares y también robledales. En la Muela de San Felipe la especie dominante a diferencia del resto de la Serranía es el pino silvestre, sobre todo a partir de los 1500 metros de altitud, aunque ocasionalmente se le puede llegar a encontrar hasta casi los 1400 metros. Esta especie puede ser considerada como climácica dentro de la Alta Serranía, aunque a veces sobrepasa su ámbito potencial al desarrollarse sobre un piso ocupado anteriormente por frondosas –robles–, gracias a las repoblaciones efectuadas por el hombre fácilmente detectables por la uniformidad de edades y su distribución regular.

FAUNA

El bosque esclerófilo y de frondosas alberga una comunidad faunística mucho más rica y variada que el de coníferas, por lo que debemos considerar a las hoces como lugares de indudable relevancia faunística. Ello no quiere decir que el pinar carezca de una comunidad animal propia ya que aquí se dan cita un buen número de especies, aunque siempre en menor variedad, cantidad e importancia, que allí donde se ha mantenido la vegetación climácica.

Analizando la composición faunística de la zona debemos hacer hincapié en el apartado de las rapaces, al estar ligadas a los abruptos farallones rocosos donde nidifican. Así podemos encontrar buitres leonados, águila perdicera, halcón peregrino, águila real y alimoche. En el capítulo de las rapaces nocturnas mencionar el búho real, muy abundante, búho chico, mochuelo, cárabo, autillo y lechuza. Ciervos, corzos y gamos recorren los bosques y matorrales de la Serranía de Cuenca, aunque su presencia se debe a la acción mediadora del hombre, algo que no ocurre con el abundantísimo jabalí, ampliamente difundido por sus montes. Entre los carnívoros terrestres señalar al zorro, gato montés, jineta, turón y comadreja, así como garduña y tejón, estos últimos muy difíciles de observar. Por último indicar la presencia de la nutria en las cabeceras fluviales, así como la trucha.

KILÓMETROS DESDE MADRID: 206 Km.
DISTANCIA TOTAL: 14 kilómetros.
DURACIÓN TOTAL: 5 horas
TIEMPOS DE MARCHA: Inicio – Ojuelos de Valdeminguete; 1 hora y 15 minutos. Ojuelos de Valdeminguete – Cerro de San Felipe; 1 hora y 45 minutos. Camino de regreso; 2 horas.
DESNIVEL: 420 metros.
DIFICULTAD: baja. El camino es muy agradable y no ofrece ninguna complicación.
TIPO DE CAMINO: pista forestal en su mayor parte. Recorrido de ida y vuelta.
AGUA POTABLE: la abundancia de ganado desaconseja beber de los manantiales.
ÉPOCA RECOMENDADA: sin lugar a duda la primavera.
SUGERENCIAS: se aconseja llevar prismáticos por la amplísima panorámica.
CARTOGRAFÍA: hojas 564-565 escala 1:50.000 del I.G.N. o S.G.E.

El objetivo de este itinerario es visitar en un sólo recorrido dos de los lugares más destacados del conjunto de paisajes que forman la Serranía de Cuenca; por una parte el alumbramiento del río Júcar, y por otra, coronar una de las cimas más significativas, si no la más, de toda la serranía conquense, el Cerro de San Felipe. La visita a tan destacados emplazamientos se realiza desde la serrana localidad de Tragacete, de la que parte una pequeña carretera que remonta el joven río Júcar en

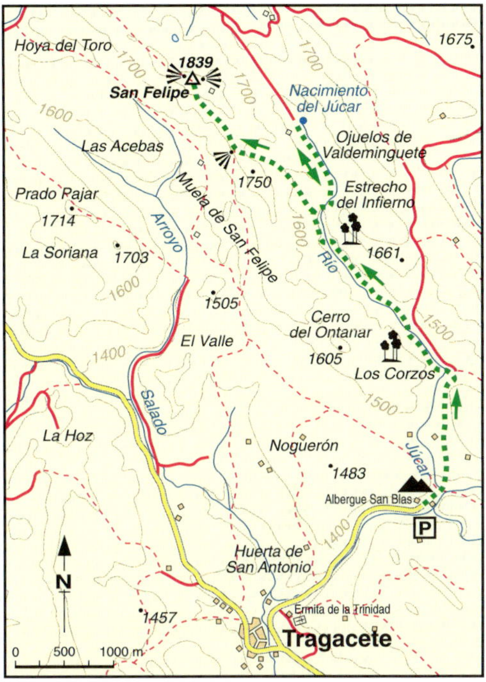

dirección al Albergue Juvenil San Blas donde finaliza. Una vez aquí dejaremos nuestro automóvil y emprenderemos el camino por la pista que continua paralela al Júcar, desechando en escasos metros un primer desvío a la izquierda que cruza el río. Aunque aprendiz en su discurrir el Júcar nos muestra enseguida su capacidad erosiva puesta a prueba durante milenios, como así lo atestigua el imponente cortado que contemplamos en nuestros primeros pasos. Tras sobrepasarlo el camino se bifurca en dos ramales, optando ahora por el de la izquierda, que cruzando el río nos llevará sin pérdida alguna hasta el nacimiento de sus aguas.

Un hermoso valle poblado por un denso pinar se abre ante nosotros en plena Muela de San Felipe, donde el Júcar aparece y desaparece en un desconcertante juego de luces y sombras. Una vez más habrá que salvar el cauce del río para tenerlo definitivamente a nuestra derecha. Antes de alcanzar el famoso Estrecho del Infierno, dejaremos atrás dos pistas de peor trazado que a la izquierda ascienden decididamente por la ladera, la primera de las cuales será la que luego utilicemos para subir hasta el Cerro de San Felipe (1839 m). Varios son los manantiales que aportan aguas al naciente Júcar en el lugar conocido como Ojuelos de Valdeminguete, a una altitud próxima a los 1600 metros, pero únicamente uno de ellos tiene constancia creadora durante todo el año, el que se sitúa justo en el Estrecho del Infierno, perfectamente señalizado mediante una indicación; si sabemos esperar un poco más, a escasos metros del angosto paso, se sitúan las restantes surgencias en un hermoso recodo del valle.

Aunque el camino continúa remontando el valle en dirección a un cercano collado en cuyas inmediaciones se halla el colosal Tormo de Cañaveras, pétreo monumento caído de una cima próxima, nosotros retrocederemos sobre nuestros pasos en dirección al desvío anteriormente citado. Esta nueva pista se encuentra mucho menos marcada que la anterior y además ofrece un fuerte desnivel hasta que corona un pequeño collado situado en el mismo cordal que el Cerro de San Felipe, casi en la base de éste. Desde aquí se adivina una magnífica panorámica sobre el valle de Tragacete, aunque todavía tenemos que esperar un poco más para divisar la turística localidad.

Una vez recuperado el resuello en este agradable rincón, emprenderemos de nuevo la marcha encaminándonos ahora hacia la cima del cerro al que subiremos, no directamente por la trocha que aparece enfrente de nosotros, sino por una pequeña pista que rápidamente se convierte en senda y que lo bordea por su vertiente occidental, es decir, la orientada a Tragacete. Esta opción nos permitirá asomarnos a algunos balcones naturales que surgirán en el camino, divisando ahora sí la localidad que antes nos ocultaba el paisaje. La senda progresa a media ladera siempre rodeada por un denso pinar, ganando altura muy lentamente hasta perderse. Su desaparición no habrá de inquietarnos ya que a poco que sepamos esperar visualizaremos el vértice geodésico que corona la cumbre, hacia el que nos dirigiremos superando el escaso desnivel que nos separa de él. La perspectiva que se contempla desde el risco bien merece el esfuerzo empleado, pues abarca desde las lejanas sierras de los Montes Universales hasta los más cercanos valles de los ríos Tajo y Júcar, sin olvidar las altas parameras molinesas, en un mar de verde que salpica todo el horizonte.

Tras reponer fuerzas emprenderemos el camino de regreso, esta vez sí por la trocha que desciende a través del cordal, lo que nos llevará escasos 20 minutos en alcanzar de nuevo el collado del que partimos, restándonos únicamente completar el itinerario por el mismo camino de ida, el apartado y pinariego valle del río Júcar.

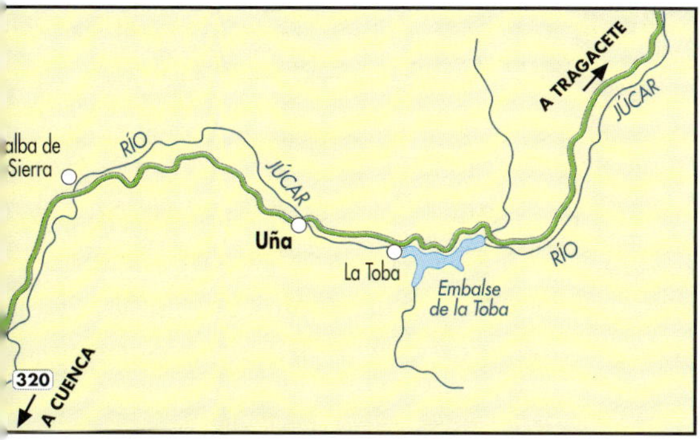

Marco geográfico

La Serranía de Cuenca es una amplia extensión montañosa de algo más de 89.000 hectáreas que se sitúa al este de la provincia que le da nombre, formando parte del importante eslabón montañoso de la Cordillera Ibérica. Este enclave montañoso visto desde la periferia –La Alcarria, La Mancha– crea un abrupto y compacto contrafuerte rocoso, pero desde su interior sorprende por su relieve escasamente accidentado constituido por un conjunto de altas planicies discontinuas –muelas y parameras– que van elevando su altitud progresivamente de oeste a este. Dichas planicies se encuentran separadas unas de otras por surcos intramontañosos por los que discurren los principales ríos, además de estar desgajadas por profundas hoces labradas por las aguas recién nacidas en su seno. Todo ello a una altitud media que muy raramente desciende de los 1000 metros, lo que ha propiciado por una parte los escasos asentamientos humanos, y por otra, la conservación de una densa masa forestal que la convierte en una de las principales reservas forestales de España.

En la Serranía de Cuenca hay multitud de ejemplos de hoces, pero quizá sea uno de los más espectaculares el tramo que crea el río Júcar entre las poblaciones de Uña y Villalba de la Sierra. Aquí, el río discurre sobre litologías muy resistentes –niveles calcáreos del Jurásico y Cretácico– lo que le obliga a labrar un angosto valle de paredes verticales formadas por espolones rocosos redondeados (tormos) que, con el paso del tiempo se derrumban dando lugar a grandes desplomes de piedras al pie de los cortados. En otros tramos, cuando la incisión del río alcanza un estrato sedimentario menos resistente, el vaciado erosivo es mayor y el valle se hace más ancho, como sucede aguas arriba de la localidad de Uña hasta las proximidades del Embalse de la Toba. Pero lo más frecuente es que las laderas de las hoces presenten un perfil en escalera al incidir sobre rocas con diferente grado de resistencia, como observaremos a lo largo de este recorrido.

Vegetación

Como sucede en el resto de itinerarios que recorren la Serranía de Cuenca podemos encontrar básicamente tres tipos de ecosistemas diferentes:

— muelas y parameras: en ellas se asientan las principales masas forestales compuestas esencialmente por coníferas siendo dominante la variedad de pino negral o laricio. En determinados enclaves aún se conservan bosques de sabina albar, aunque casi siempre muy degradados por la acción del hombre (talas, quemas, repoblaciones).

— hoces: son los lugares más protegidos y resguardados de toda la Serranía, en donde se asienta una vegetación más exigente en humedad.

Predominan los sauces, tilos, avellanos, acebos, tejos, chopos y álamos, estos dos últimos introducidos por el hombre.

— depresiones intramontañosas: se encuentran muy deforestadas al ser terrenos tradicionalmente dedicados a la agricultura. Todavía se conservan algunos encinares y coscojares más o menos adehesados en los lugares que bordean estos valles, aunque lo normal es que hayan sido sustituidos por repoblaciones de coníferas.

FAUNA

El bosque esclerófilo y de frondosas alberga una comunidad faunística mucho más rica y variada que el de coníferas, por lo que debemos considerar a las hoces como lugares de indudable relevancia faunística. Ello no quiere decir que el pinar carezca de una comunidad animal propia ya que aquí se dan cita un buen número de especies, aunque siempre en menor variedad, cantidad e importancia, que allí donde se ha mantenido la vegetación climácica.

Analizando la composición faunística de la zona debemos hacer hincapié en el apartado de las rapaces, al estar ligadas a los abruptos farallones rocosos donde nidifican. Así podemos encontrar buitres leonados, águila perdicera, halcón peregrino, águila real y alimoche. En el capítulo de las rapaces nocturnas mencionar el búho real, muy abundante, búho chico, mochuelo, cárabo, autillo y lechuza. Ciervos, corzos y gamos recorren los bosques y matorrales de la Serranía de Cuenca, aunque su presencia se debe a la acción mediadora del hombre, algo que no ocurre con el abundantísimo jabalí, ampliamente difundido por sus montes. Entre los carnívoros terrestres señalar al zorro, gato montés, jineta, turón y comadreja, así como garduña y tejón, estos últimos muy difíciles de observar. Por último indicar la presencia de la nutria en las cabeceras fluviales, así como la trucha.

KILÓMETROS DESDE MADRID: 195 Km.
DISTANCIA TOTAL: 13 kilómetros.
DURACIÓN TOTAL: 4 horas y 30 minutos.
TIEMPOS DE MARCHA: Uña – Piscifactoría; 25 minutos. Piscifactoría – Laguna de Uña; 35 minutos. Laguna de Uña – Acueducto; 2 horas. Camino de regreso; 1 hora y 30 minutos.
DESNIVEL: 100 metros.
DIFICULTAD: baja. Apta para todos los públicos.
TIPO DE CAMINO: pista forestal en su mayor parte. Recorrido de ida y vuelta.
AGUA POTABLE: no encontraremos en todo el camino.
ÉPOCA RECOMENDADA: cualquier estación del año.
SUGERENCIAS: se puede realizar en bicicleta de montaña.
CARTOGRAFÍA: hoja 587 escala 1:50.000 del I.G.N. o S.G.E.

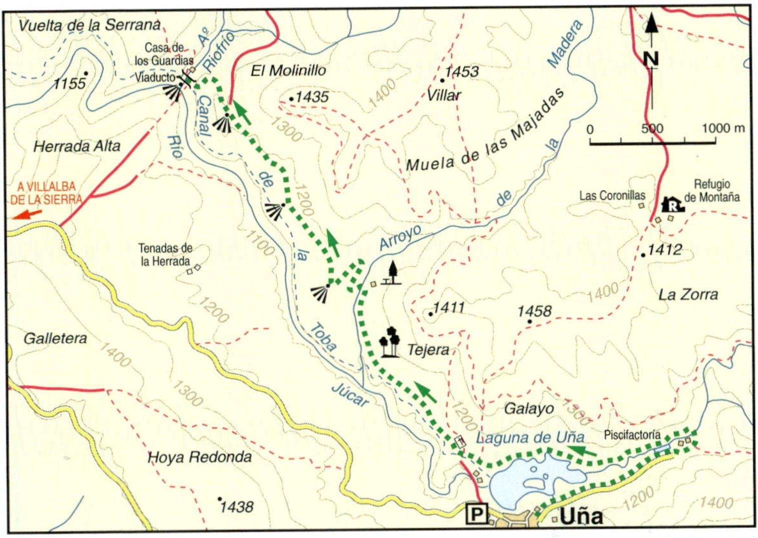

El curso del río Júcar crea magníficos parajes de gran belleza a lo largo de toda la Serranía de Cuenca lo que ha hecho muy difícil la elección de un tramo representativo, no obstante, la especial singularidad del espacio comprendido entre la localidad de Villalba de la Sierra y la población de Uña me ha hecho decantarme por él. Aquí

encontraremos espectaculares cortados originados al incidir el río sobre la roca caliza, con desniveles que superan incluso los 200 metros de altitud, pero también tendremos la oportunidad de visitar al inicio del recorrido la inigualable Laguna de Uña, la segunda en extensión tras la Laguna Grande de El Tobar.

Nada más estacionar nuestro vehículo en el bonito pueblo de Uña buscaremos la pequeña carretera que bordea la laguna en dirección a la piscifactoría que Icona posee en sus inmediaciones. El paseo es corto y muy agradable, ya que en todo momento disfrutaremos de unas magníficas vistas así como de la tranquilidad de este bello rincón. Las instalaciones se sitúan al final de la vía, bajo los cantiles rocosos de la Muela de las Majadas, justo donde se encuentran los manantiales que alimentan la laguna, algunos de los cuales se hallan en el mismo lecho de los estanques, mientras que otros se sitúan algo más alejados, en el fondo de un anfiteatro similar al del río Cuervo donde se han formado algunas tobas, aunque en la actualidad no son funcionales al estar canalizadas las aguas. Nada más superar las edificaciones surge un camino a la izquierda que continua circundando la laguna por su otro extremo, siempre bajo los cortados y envueltos por un denso cañizal, hasta incorporarse a una pista forestal en cuyas proximidades se sitúa la Casa Cuartel de la Guardia Civil (si no encontramos este camino podemos retroceder por la misma carretera hasta Uña y allí tomar la pista forestal antes citada en dirección al cuartel de la benemérita). Pegado a esta edificación hallaremos un senderillo que baja directamente hasta la antigua barrera tobácea que represaba las aguas de la laguna, junto a un envejecido molino, desde el que se contemplaba el magnífico espectáculo que suponía la caída de las aguas en cientos de hilos a modo de gran cascada. La culpa que hoy en día no se pueda ver activo tan incomparable escenario la tiene el Canal de la Toba, construcción que data del año 1925 creada con el fin de transportar el excedente de agua del Embalse de la Toba y de la Laguna de Uña a la Central Eléctrica de Villalba de la Sierra, regulando artificialmente el nivel de ésta última así como el propio caudal del río Júcar.

Después de este recomendable inciso en nuestra andadura retornaremos a la pista continuando de nuevo por ella en dirección al cercano puente que salva las aguas encauzadas del canal, las cuales se dirigen vertiginosamente hacia el Salto de Villalba. A partir de este momento el camino se adentra en el cañón del Júcar, siempre paralelo al río, aunque éste quedará oculto a nuestra visión por el profundo encajonamiento que sufre, a lo que contribuye también el denso pinar que puebla las laderas. Sin embargo, en escasos dos kilómetros la pista se alejará momentáneamente del valle para acercarse a los imponentes cortados que el arroyo de la Madera esculpe en la roca, creadores éstos de un anfiteatro natural de gran belleza. Es aquí donde se ubica una pequeña área de acampada con mesas, barbacoas, bancos y hasta una zona de baño, comodidades que hacen más atractivo si cabe la visita a este privilegiado entorno. También es en este lugar donde nacerá una desviación que asciende fuertemente en dirección a los cortados del fondo, y que desecharemos. Enseguida la pista gira bruscamente a la izquierda con la intención de remontar el único repecho del itinerario, lo que nos permitirá aproximarnos de nuevo al Júcar.

El denso pinar del que veníamos disfrutando se hace a partir de ahora más raquítico, sin duda debido a las recientes talas efectuadas, pese a lo cual la abrupta belleza del paisaje apenas se resiente, pues en todo momento nos iremos fijando en los enormes voladizos que crea la roca. No obstante tendremos que estar atentos al desvío que aparecerá a nuestra izquierda a la altura de un amplio llano, altivo mirador desde el que se contempla una de las mejores vistas de las hoces del río Júcar. El camino toma la apariencia en sus inicios de una pista, pero pronto se convertirá en una senda bien marcada que pierde muy rápidamente altura abriéndose camino entre algunos resaltes rocosos. En poco más de 10 minutos alcanzaremos el acueducto que salva el espectacular desfiladero labrado por las aguas del arroyo de Riofrío, punto final de nuestro recorrido. Esta magnífica obra de ingeniería civil es utilizada por el Canal de la Toba para evitar el abrupto desnivel que supone el cerrado barranco de Riofrío, y como prueba de ello basta indicar sus dimensiones; unos 200 metros de longitud por algo más de 60 metros de desnivel máximo, lo que unido a su descuidada apariencia hará que sólo los más aventureros se atrevan a cruzarlo, eso sí, seguros de que no podrán olvidar las intensas sensaciones que deparará.

GUADALAJARA

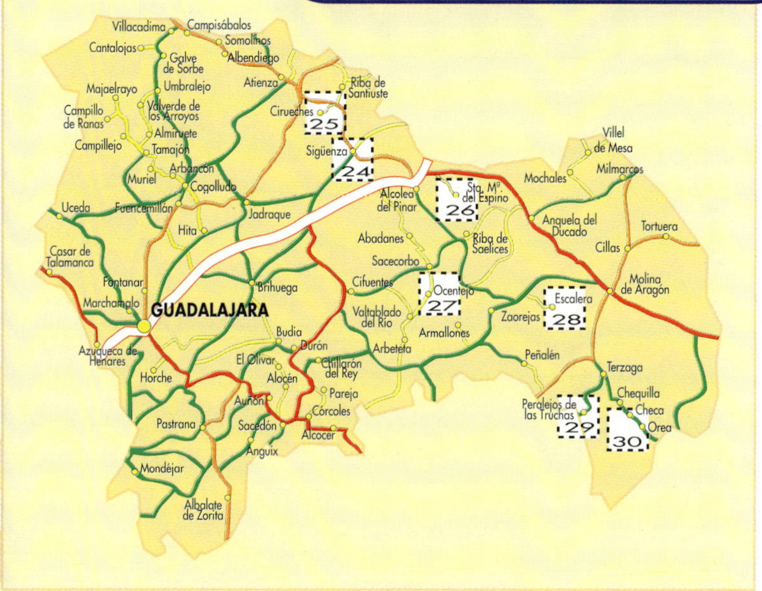

RUTAS

24. HOCES DEL RÍO DULCE
25. HOCES DEL RÍO SALADO
26. VALLE DE LOS MILAGROS
27. EL HUNDIDO DE ARMALLONES
28. BARRANCO DEL RÍO BULLONES
29. LAGUNA DE TARAVILLA
30. BARRANCO DE LA HOZ SECA

Marco geográfico

Situadas al sur de Sigüenza en el extremo nororiental de la provincia de Guadalajara, las Hoces del río Dulce forman parte del Sistema Ibérico, concretamente a las estribaciones más occidentales de la rama castellana. El río Dulce nace en Sierra Ministra, en su ladera suroeste, donde se sitúan algunos manantiales y la Fuente de Sauca, al pie mismo de las modestas cumbres que le alumbran. El río en su cabecera labra un amplio valle al atravesar terrenos compuestos por yesos y arcillas, rocas muy deleznables y fáciles de transportar, sin embargo a partir del pueblo de Jodra del Pinar las aguas entran en contacto con materiales calcáreos del Jurásico mucho más compactos y resistentes a la erosión, lo que provoca que el río se encajone profundamente al atacar directamente la roca– procesos de disolución–, creando una espectacular garganta de la cual no escapa hasta dejar atrás la localidad de Aragosa, poco antes de su confluencia al río Henares. No obstante, el profundo tajo que esculpe en la roca el río Dulce no es ni mucho menos continuo, ya que hay tramos en los que el valle ocasionalmente se ensancha, como ocurre en el tramo comprendido entre las poblaciones de Pelegrina y La Cabrera, al surcar estratos rocosos poco consistentes, aunque enseguida vuelve a estrecharse abriéndose camino entre las altas planicies que bordean su cauce. El tramo más espectacular del valle es el que antecede al pueblo de Pelegrina –Hoz de Pelegrina–, al ser aquí donde se prodigan más los cortados y las formas caprichosas del roquedo, sin embargo hay quien prefiere el tramo comprendido entre La Cabrera y Aragosa, mucho más intimista y acogedor, sin menoscabar el espacio situado aguas abajo de Jodra del Pinar, fuera ya de este recorrido.

Por último comentar que dentro del cañón se produce un microclima muy especial que contrasta con el que se registra en las altas planicies que rodean este espacio. Así, la protección que proporciona los murallones de la hoz hacen que el fondo del valle se quede al resguardo de las bajas temperaturas del invierno (recordar que La Alcarria es una de las zonas más frías de España) y protegido de los calores estivales, sobre todo en las laderas de umbría, creando un ambiente más húmedo que permite el desarrollo de una vegetación totalmente distinta al resto de la zona.

Vegetación

Son precisamente las condiciones climáticas las que influyen de manera directa en la distribución de la vegetación. Se pueden apreciar tres zonas diferentes:

— por lo que respecta al fondo del valle decir que su vegetación potencial ha sido muy modificada por el hombre, al haber sido terremos tradicionalmente dedicados a la agricultura, de ahí que en la actualidad solo veamos la vegetación ripícola reducida a las mismas orillas del cauce, –bosques de galería– formada por un escaso número de especies entre las que destacan sauces, fresnos y álamos, estos últimos muy abundantes por los planteles realizados por los lugareños. Señalar también la presencia de cerezos, nogales y algún que otro almendro.

— en las laderas alternan las zonas donde se pueden ver grandes espacios vacíos de vegetación arbórea y de matorral, con presencia aislada de arces de Montpellier, quejigos y algún enebro, con otras donde se asienta un espeso bosque mediterráneo compuesto por encinas y sabinas en las laderas de solana, mientras que en las de umbría dominan los quejigos mezclados con sabinas. El sotobosque es común a ambas y esta formado por guillomo, aliagas, majuelos, espino albar, enebro, y carambujos.

— por último podemos encontrar en las altas planicies del páramo manchas de encinares, quejigares y sabinares muy adehesados por el hombre, siempre en el mejor de los casos, porque lo normal es que sólo visualicemos una vegetación rala a base de arbustos como aulagas, espliego, tomillo y demás plantas aromáticas.

FAUNA

El doctor Félix Rodríguez de la Fuente encontró en las Hoces del río Dulce un lugar idóneo para filmar algunos de sus documentales sobre la fauna ibérica, concretamente sobre los córvidos que anidan en grandes colonias en las paredes del cañón. Aunque no es un lugar preferentemente para la observación de la vida animal podemos ver con cierta facilidad algunas rapaces que anidan en la zona, así como el buitre común. Más esquivos son el gato montes y el zorro, lo mismo que sucede con la nutria.

KILÓMETROS DESDE MADRID: 126 Km.
DISTANCIA TOTAL: 13 kilómetros (ida).
DURACIÓN TOTAL: 4 horas y 15 minutos.
TIEMPOS DE MARCHA: Barranco del Gollorio – Pelegrina; 1 hora. Pelegrina – La Cabrera; 1 hora y 15 minutos. La Cabrera – Caserío de las Heras; 45 minutos. Caserío de las Heras – Aragosa; 1 hora y 15 minutos.
DESNIVEL: 150 metros.
DIFICULTAD: baja. La única dificultad del recorrido la encontraremos casi a su inicio, cuando tengamos que descolgarnos por una cadena amarrada a la roca para salvar un desnivel de dos metros.
TIPO DE CAMINO: pista forestal en su mayor parte. Recorrido lineal.
AGUA POTABLE: encontraremos en los tres pueblos que visitemos.
ÉPOCA RECOMENDADA: cualquier estación del año aunque a comienzos del otoño el valle adquiere bellas tonalidades.
SUGERENCIAS: este recorrido está pensado para realizarse en una sola vez y en un único sentido. Para ello es imprescindible contar con otro vehículo de apoyo que estacionaremos previamente donde finaliza el itinerario, para no tener que regresar al lugar de origen andando, lo que alargaría enormemente la jornada de campo. Así pues, es preferible realizar la excursión con un grupo de amigos antes que solo para así disponer de otro automóvil que nos permita hacer la jugada planeada y recorrer en su integridad las Hoces del río Dulce.
CARTOGRAFÍA: hojas 461-487 escala 1:50.000 del I.G.N. o S.G.E.

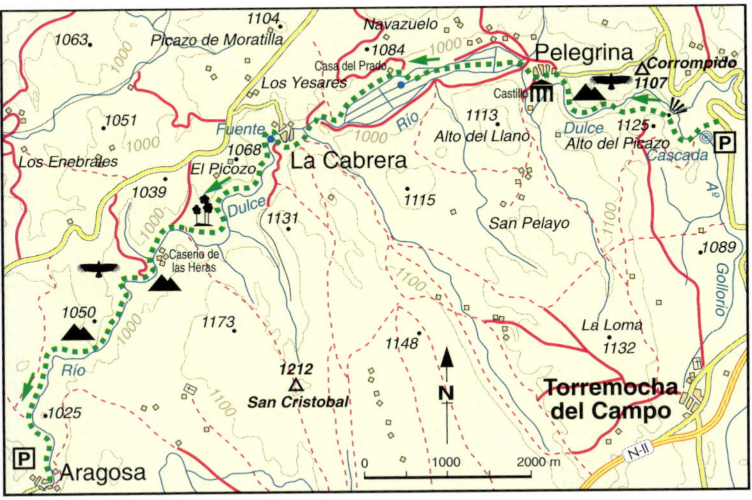

El acceso por carretera al punto de partida de este nuevo itinerario se realiza tomando el desvío que desde la N-II se dirige hacia la localidad de Sigüenza, nada más superar el pueblo de Torremocha del Campo. La vía al principio describe un trazado rectilíneo al discurrir por el alto de la planicie, sin embargo, cuando aparece el valle del río Dulce cambia bruscamente su perfil descendiendo rápidamente al lecho de las aguas mediante cerradas curvas. Pues bien, justo antes de que la carretera comience a serpentear encontraremos a nuestra izquierda una pista que marca el comienzo del recorrido, a la altura misma de la señal de tráfico que anticipa la presencia de curvas peligrosas.

Nada más estacionar nuestro vehículo recorreremos los escasos metros que nos separan de un altillo donde finaliza la pista, desde el que se observa el cercano cauce del arroyo Gollorio al que nos aproximaremos en breves instantes. Su diminuto lecho se encuentra casi siempre seco, salvo en períodos de lluvias intensas, y no ofrece ningún tipo de atractivo, por lo que se preguntará amigo lector cuál es la razón de haber elegido tan paupérrimo arroyo para acceder a las hoces. En escasos momentos encontrará usted mismo la respuesta, pues nada más seguirlo nos toparemos con un espectacular salto al vacío de algo más de 20 metros de altura que en época de lluvias crea una cascada difícilmente olvidable por su extraordinaria belleza. Sorprendidos por la singularidad de tan inimaginable paraje, cruzaremos el lecho del arroyo Gollorio casi en su mismo desplome y proseguiremos por el borde del cortado hasta que nos encontremos con unas cadenas metálicas, poco antes de subir a un pequeño cerro. Las cadenas se encuentran ancladas a la roca para permitir el descenso hasta un sendero que se encuentra algo más abajo, y aunque el paso no ofrece ninguna complicación pues salva un desnivel de unos dos metros de altura, decir para aquellas personas menos aventureras que pueden continuar por el borde de los cortados hasta que un poco más adelante estos acaben, descendiendo entonces directamente hasta el fondo del valle. Si hemos elegido la opción mas corta, hallaremos enseguida una senda que progresa a media ladera y que deja atrás el salto de agua en busca del valle del río Dulce. Al ir justo por debajo de los cortados del Alto del Picazo (1125 m) las vistas que depara la senda son magnificas, no sólo de éstos, sino también del fondo de las hoces así como de las laderas y cantiles que asoman en la otra orilla. Rodeados por una raquítica vegetación ganaremos algo de altura hasta coronar un altivo saliente a partir del cual parece difuminarse el camino, momento que aprovecharemos para descender campo a través hasta el mismo cauce del río Dulce, en lo que emplearemos no más de cinco minutos.

El camino principal al que debemos incorporarnos discurre por la otra orilla, así que buscaremos un vado entre la espesura del arbolado que nos permita salvar las aguas (se puede cruzar el río fácilmente por varios sitios), aunque si por casualidad el río lleva mucho caudal no importa porque por nuestra orilla progresa un senderillo que algo más abajo alcanza un puente de madera por donde nos incorporaremos a la pista forestal. Tras vadear el cauce, encontraremos una amplia explanada ocupada por un tupido plantel de álamos por los que avanzaremos hasta hallar el ancho camino. Antes de visualizar el pueblo de Pelegrina dejaremos atrás algunos corrales y parideras asentados en la base de los cantiles, así como el puente antes comentado y las primeras huertas y frutales que anteceden a la población. Pelegrina se sitúa en lo alto de un promontorio desde el que se domina todo el valle del río Dulce, de ahí su nombre, que significa "bella perspectiva", hecho que no pasó desapercibido a los obispos de Sigüenza al mandar construir un castillo que utilizaron como lugar de reposo y recreo. La pista asciende hasta el mismo pueblo, lo que nos permitirá recorrer sus cuidadas calles así como contemplar su pequeña iglesia románica del siglo XII, pero lo que sin duda centrará nuestra atención son las ruinas del

castillo hasta el que subiremos para disfrutar de la mejor panorámica del valle. Desde el promontorio podemos visualizar perfectamente la rica vega que se abre ante nuestros ojos, así como el camino por el cual vamos a continuar. Este surge junto a una casa de ladrillo rojo que existe al lado de la pista forestal que bordea el amplio valle, a la cual nos dirigiremos descendiendo directamente por la loma a través de algún senderillo. Nada más llegar a la pista veremos la casa y el desvío que a la izquierda se dirige hacia el interior de los campos de cultivo.

El río hasta poco antes de llegar al pueblo de La Cabrera lo tenemos en todo momento a nuestra izquierda, ligeramente apartado, lo que ocurre es que de vez en cuando aparecerán algunas acequias que desvían sus aguas para el regadío de las fértiles tierras que aquí se asientan. El ancho camino nos permite descubrir los secretos de la vega, donde abundan los cultivos de girasol y cereal, aunque también hay terrenos dedicados a pastos, así como numerosos frutales que marcan las lindes de las parcelas. Cuando nos topemos con una marcada pista forestal que cruza perpendicularmente nuestro avance, giraremos a la derecha en dirección a una fuente con pilón que se encuentra a escasos 50 metros del cruce. Tras ella ya vemos la pista que abandonamos nada más bajar del castillo, y que no elegimos en su momento por dar un amplio rodeo por toda la linde del valle. Una vez incorporados al nuevo camino, en breves instantes pasaremos por delante de las ruinas de la Casa del Prado, momento a partir del cual el fondo del valle comienza a estrecharse poco a poco hasta que de nuevo el río se encaje en un angosto paso. Aunque la pista continúa por la orilla derecha del río hasta un cercano vado, si no queremos mojarnos es mejor cruzar el agua por un curioso puente construido en raíles y maderas de la vía de un ferrocarril, progresando a partir de ahora por la margen izquierda. Algo más adelante nos incorporaremos de nuevo a la vía que nos guiará definitivamente hasta el pueblo de La Cabrera, ya muy próximo.

Lo primero que veremos serán sus características huertas así como alguna que otra casita, poco después el campo de fútbol y enseguida su bonita iglesia, en cuyas inmediaciones existe una piscifactoría. Tras atravesar el puente de piedra que salva las aguas del río Dulce hallaremos otra fuente y a continuación, la pista que progresa nuevamente por la orilla derecha del río. Este nuevo tramo de las hoces vuelve a recuperar la espectacularidad, no tanto por la abundancia de los cortados que también se prodigan, como por el denso manto vegetal que cubre todo el valle, donde abunda la encina, el quejigo, el enebro y la sabina albar, incluso en las proximidades del cauce, lo que concede un tono muy vistoso al camino. Además, sobre todo al principio, abundan las campas en las que podemos parar a comer si no lo hemos hecho con anterioridad. En una media hora alcanzaremos el Caserío de las Heras, antigua fábrica de papel moneda que mantiene todavía en pie algunas de sus antiguas instalaciones así como una gran chimenea de ladrillo. Nosotros pasaremos junto a los antiguos barracones que albergaban a los trabajadores, ya que el resto del conjunto queda en la otra orilla del río. Aquí mismo sobrepasaremos un cruce de caminos, uno de los cuales se dirige al mismo caserío, manteniendo

nuestra dirección aguas abajo hasta un nuevo estrechamiento del valle, donde han quedado en resalte unas escarpadas agujas rocosas que recuerdan a los pináculos de las catedrales góticas.

Antes de acercarnos definitivamente a la rica vega que antecede a la población de Aragosa, el río secciona un importante estrato rocoso donde anida una numerosa colonia de buitres. Ya sólo nos resta recorrer los dos kilómetros que nos separan del pueblo, concluyendo de esta forma uno de los itinerarios más completos que se pueden realizar por el valle del río Dulce.

Marco geográfico

El modesto eslabón montañoso que crea el conjunto de sierras que enlaza las últimas cumbres de Ayllón con las primeras estribaciones del Sistema Ibérico, alberga en su seno una variada red de ríos –Henares, Dulce, Salado, Tajuña, Jalón, Gallo– que van a desembocar en su mayor parte a la cuenca hidrográfica del río Tajo, aunque existe alguna excepción como ocurre con el río Jalón. En esta especie de tierra de nadie es donde nace el río Salado, en concreto en el enclave orográfico de los Altos de Barahona, pequeña unidad de relieve formada por cumbres pesadas y redondeadas que rara vez llegan a superar los 1200 metros de altitud. Aunque las aguas del río Salado resultan dulces en sus nacederos, enseguida su caudal se va ha impregnar de materias salitrosas al recorrer estratos rocosos ricos en este mineral transformando definitivamente sus cualidades. Ello permitió desde las más remotas épocas la ubicación de una serie de tradicionales salinas donde se dejaban reposar las aguas embalsadas, a la espera del proceso de evaporación que culminaba con la obtención de la sal, el oro blanco como se denominó en tiempos de la Reconquista. En la actualidad algunas de ellas siguen funcionando aunque de manera casi testimonial, ya que a partir de los años cincuenta cayeron en decadencia; las más importantes se sitúan entre los pueblos de Olmeda de Jadraque e Imón.

Por último señalar que si bien el río Salado en su cabecera crea un amplio valle al atravesar estratos rocosos poco consistentes ante la erosión, en su tramo medio y bajo el cauce se encaja progresivamente hasta crear un bello cañón horadado entre las altas planicies, articulando de esta forma el monótono relieve del páramo. Aunque no adquiere la angostura y el empaque de las cercanas Hoces del río Dulce, no es menos cierto que este desconocido enclave se presenta ante nuestros ojos de manera mucho más salvaje, casi virginal, donde resulta muy difícil encontrar a una persona, porque por no haberlas no las hay ni en los pueblos que se asientan en sus proximidades.

Vegetación

La cobertura vegetal ha sido muy modificada por la acción del hombre debido a las talas, quemas, pastoreo y roturaciones que sistemáticamente se han venido realizando hasta hace muy poco tiempo. Hoy en día encontramos una vegetación típica de parameras con manchas de encinares y quejigares con sus correspondientes sotobosques, cuya distribución espacial viene dada por la topografía del terreno así como por la riqueza de nutrientes del suelo. Así es fácil observar como en los fondos de los valles el bosque ha desaparecido por completo y se limita a las mismas márgenes de los ríos –bosques de galería–, mientras que en las laderas se asienta casi siempre un bosque mediterráneo más o menos adehesado formado por encinares –laderas de solana– o quejigares –áreas de umbría– acompañado por un variado sotobosque que en los últimos tiempos se está recuperando gracias a la menor presión ganadera. Por lo que respecta a las planicies señalar que por lo general ofrecen una vegetación rala a base de arbustos como aulagas, espliego, tomillo y demás plantas aromáticas.

FAUNA

La tradicional bajísima densidad demográfica de esta zona ha favorecido la conservación de un gran número de hábitat y de ecosistemas naturales tan necesarios para el desarrollo de la vida animal. Aunque no es un lugar preferente para la observación de la vida animal podemos ver con cierta facilidad una importante colonia de buitre leonado en los cortados que rodean el pueblo de Santamera, además de otras rapaces como el halcón peregrino y el águila real. También abundan algunas aves esteparias como los sisones, gangas, y la rarísima alondra de Dupont. Por último citar la presencia del jabalí, gato montés y el escaso desmán de los Pirineos.

PROBLEMÁTICA ECOLÓGICA

Desgraciadamente, el proyecto de construcción de un gran embalse en la cabecera del río Salado se ha consumado hace escasos meses. Atrás quedan más de veinte años de lucha contra la administración, en la que han participado un gran número de colectivos, entre los que hay que destacar una vez más a los ecologistas.

KILÓMETROS DESDE MADRID: 133 Km.
DISTANCIA TOTAL: 8 kilómetros (ida).
DURACIÓN TOTAL: 3 horas.
TIEMPOS DE MARCHA: Cirueches – El Atance; 1hora. El Atance – Santamera; 2 horas.
DESNIVEL: 70 metros.
DIFICULTAD: nula. Excursión apta para todos los públicos.
TIPO DE CAMINO: pista forestal y veredas. Recorrido lineal.
AGUA POTABLE: sólo encontraremos a la finalización de la excursión.
ÉPOCA RECOMENDADA: preferentemente otoño y primavera.
SUGERENCIAS: la reciente construcción del embalse ha modificado el desarrollo del itinerario tal y como se proponía en la primera edición. Ahora es imposible no ya sólo visitar las ruinas de El Atance, sino también remontar el río Salado por las inmediaciones de su antiguo cauce, totalmente oculto por las aguas. Bien merece una visita detallada cualquiera de las tradicionales salinas que aquí se asientan, aunque tal vez sean las de Imón, Gormellón y Olmeda las más interesantes de recorrer. Este recorrido está pensado para realizarse en una sola vez y en un único sentido. Para ello es imprescindible contar con otro vehículo de apoyo que estacionaremos previamente donde finaliza el itinerario.
CARTOGRAFÍA: hoja 461escala 1:50.000 del I.G.N. o S.G.E.

Hasta la localidad de Olmeda de Jadraque deberemos dirigirnos con nuestro automóvil, si bien el inicio del recorrido parte de la cercana pedanía de Cirueches, distante tan sólo tres kilómetros. Para tomar la pista que conduce al caserío deberemos estar atentos al desvío que existe a la altura de

las Salinas de Olmeda, pues aquí surge la vía que en un breve trecho nos guía hasta el pequeño asentamiento. Nada más estacionar nuestro vehículo junto a las primeras casas, continuaremos por el mismo camino en dirección al contiguo cauce del arroyo de la Hoz, del cual sólo nos separa unos campos de cultivo. En estos primeros instantes, al caminar ligeramente apartados del fondo del valle, encontramos la típica vegetación de encinas y quejigos acompañados por un amplio plantel de especies aromáticas, mientras que el fondo de la vaguada está totalmente ocupado por tierras dedicadas a la agricultura, aunque la abundancia de agua también permite el desarrollo de algunos pastizales para el ganado vacuno.

Tras unos 15 minutos de marcha la pista alcanza definitivamente el mismo lecho del arroyo, del cual no se apartará durante un buen tramo, justo el tiempo necesario para recorrer el angosto pasillo que esculpen las aguas en la roca caliza al seccionar la Muela de Olmeda (1136 m). Aunque los cortados no son grandiosos, no es menos cierto que la hoz tiene una innegable belleza paisajística, a la que contribuye de especial manera el denso bosque que cubre sus laderas. Si la excursión la realizamos entrado el otoño, podremos apreciar con toda nitidez las diferencias que existen entre la vegetación asentada en la ladera de solana y la que ocupa las zonas de umbría, ya que los quejigares que tamizan por completo esta última cambian de color con la llegada de los primeros fríos, lo que les diferencia, entre otras razones, de sus hermanas las encinas.

La pista no ofrece ningún tipo de complicación, pues en todo momento discurre paralela al lecho del arroyo, aunque nada más sobrepasar el tramo más encajado del valle, a la altura del puente que salva su cauce, ésta cambia de orilla y progresa paralela durante unos minutos junto a la cola del embalse, hasta que definitivamente desaparece engullida por las aguas. A partir de ahora, caminaremos campo através sin camino alguno, siempre lo más cerca posible de la orilla de las aguas, las cuales tendremos siempre como referencia visual. Si así lo hacemos, atravesaremos antiguos campos de cultivo hasta visualizar los restos del antiguo pueblo de El Atance. Éste se oculta detrás de un cerrillo, al que recomiendo su-

bir para así contemplar una de las mejores panorámicas de todo el entorno.

Como podemos comprobar, apenas quedan vestigios en pie de este asentamiento, tan solo unas ruinosas majadas que el embalse no ha llegado a ocultar, así como su iglesia, aunque según me han informado parece ser que va a ser trasladada en su integridad –como ya hicieran con su retablo– dado su innegable valor artísico. Tras visitar las inmediaciones, retornaremos por camino ya andado hasta situarnos de nuevo en el puente que salva el arroyo de la Hoz, el cual cruzaremos nuevamente para así ganar la otra orilla del embalse.

El nivel de las aguas ha hecho desaparecer también las veredas que progresaban por la base de la Muela de Olmeda (1136 m), de ahí que desde ahora y hasta la finalización del recorrido nos veamos obligados a avanzar sin camino alguno. Ello implicará soslayar todo tipo de dificultades, todas facilmente salvables por otra parte, ya que en la mayoría de los casos se limitarán a eludir pequeñas manchas de vegetación y alguna que otra irregularidad topográfica. Con el brillo de las aguas siempre a nuestra izquierda, caminaremos más o menos cerca de ellas a la vez que rodeamos los cortados de Peña del Horco, adentrándonos de esta manera en el contiguo valle del río Salado. Casi sin darnos cuenta sus laderas se cubrirán de un denso encinar donde abunda el enebro, así como la jara, poco antes de atravesar el tramo más encajado de todo el valle, el que recibe el nombre de Hoz de Santamera, por estar situado nada más salir del pueblo. Este nuevo estrechamiento es realmente espectacular ya que los cortados definen atractivas siluetas y formas de indudable belleza, que en algunos casos superan los 100 metros de desnivel. La proximidad al pueblo hace que tímidamente aparezcan pequeñas veredas, que con el tiempo terminan confluyendo en una senda bien marcada, justo en el tamo más cerrado de la angostura, mientras que por la otra margen progresa una amplia pista forestal. Ésta última cruza el cauce del río de forma brusca, por medio de un vado, incorporándose a nuestra orilla, en dirección a la cercana Santamera. Escasos son los metros que nos separan de ella, aunque antes sobrepasaremos su cementerio así como una cuadalosa fuente.

Esta pequeña localidad se halla enclavada en un bonito recodo de la hoz, rodeada de altivos cortados que le dan un aspecto extraño, casi desolador. También contribuye a ello su casi nula población, aunque en verano y fines de semana recupera alguno de sus vecinos. Aquí, en tan solitario paraje, damos por concluida la excursión.

MARCO GEOGRÁFICO

Toda la comarca del Alto Tajo se inscribe dentro de la rama castellana del Sistema Ibérico con el que comparte sus rasgos fundamentales, como son su disposición general NO-SE, común a todo el sistema montañoso, así como litologías, formadas básicamente por materiales de la Era Secundaria, aunque ocasionalmente las rocas paleozoicas afloran cuando ha sido desmantelada la cobertera sedimentaria que las recubre. Todo este sector se caracteriza por ofrecer una extensa superficie topográfica casi plana, en la que únicamente destacan pequeños cerros dejados en resalte por la erosión diferencial, a modo de gran planicie cuyo eje dominador es el río Tajo y su entramada red de afluentes. Sobre esta gran unidad estructural que los geógrafos denominan paramera se ha encajado una densa red hidrográfica que ha modificado y compartimentado su topografía, rompiendo de esta forma con la uniformidad paisajística. Los ríos con el devenir de los tiempos han ido creando sus propios valles incidiendo sobre estratos sedimentarios de diferente consistencia, creando cañones angostos de cortados verticales en el caso de las calizas mesozoicas –cañón del Tajo, hoces del Gallo, Hoz Seca, Bullones...–, o formas más abiertas a modo de pequeñas depresiones en el caso de atravesar margas, arcillas o yesos, como ocurre en los tramos altos de los ríos Gallo, Ablanque y Cabrillas. La altitud media de la zona oscila entre los 1100-1300 metros aunque según nos dirigimos hacia el sureste, muy cerca de las primeras estribaciones de la Sierra de Albarracín, ésta aumenta progresivamente hasta situarse entre los 1400-1500 metros. Por último señalar que todo este sector enlaza con la Serranía de Cuenca, con la que comparte grandes semejanzas morfológicas y paisajísticas.

El río Linares nace de la unión de varios arroyos que alumbran los altos páramos que caracterizan la comarca del Alto Tajo, en concreto de las planicies que rodean los pueblos de Luzón y Ciruelos del Pinar. El río Ablanquejo tiene como principal afluente al río Linares, junto con el arroyo de la Rambla, situándose toda su pequeña cuenca hidrográfica en el extremo más noroccidental del Alto Tajo, justo en la frontera con el cercano río Tajuña. Por su ubicación se puede considerar al río Ablanquejo como el último afluente importante que recibe el río Tajo por su orilla derecha, antes de adentrarse en su curso medio, situado tradicionalmente aguas abajo de la localidad de Valtablado del Río.

VEGETACIÓN

El paisaje vegetal del Alto Tajo es el resultado de la interacción de una serie de factores que lo influyen directamente, entre los que destacan un clima extremo de inviernos largos y muy fríos, un suelo generalmente muy pobre, y la acción omnipresente del hombre, que ha alterado y degradado profundamente la cubierta vegetal. De los tres factores enumerados es la acción antrópica la que más negativamente ha afectado a la vegetación, ya que su utilización irracional (carboneo, talas abusivas, quemas, ganadería...) y la introducción de especies nuevas en detrimento de las climácicas ha provocado una modificación profunda del paisaje y la aridificación inclusive de algunos sectores.

El elemento dominante del paisaje es el pinar, gracias a la acción del hombre, pues aunque esta zona forma parte de su área natural su extensión se ha visto favorecida por repoblaciones madereras. Tres son las variedades que podemos encontrar:

— el pino rodeno o pináster se asienta sobre materiales silíceos, areniscas y conglomerados, y es el único de los tres cuya formación no es autóctona, aunque se encuentra muy próximo a su hábitat óptimo. Su sotobosque está compuesto por brotes de roble melojo, coscojares, brezos y jarales, estos últimos dominantes en zonas castigados por el fuego.

— el pino negral ocupa la mayor extensión de terreno y se asienta preferentemente en las laderas de los cañones, como ocurre con el río Tajo, tanto en los cantiles como en su fondo, donde entra en contacto con el quejigo que forma su sotobosque.

— en las partes más altas y húmedas hace acto de aparición el pino silvestre, siempre por encima de los 1500 metros de altitud, por lo que su área de ocupación se limita al extremo sureste de la comarca (municipios de Peralejos de las Truchas, Orea, Checa...).

En las áreas más inhóspitas hace acto de presencia la sabina albar, siempre entre los 1000 y 1300 metros de altitud y siempre en aquellos lugares donde ninguna otra especie arbórea puede soportar las duras condiciones térmicas, dada su gran resistencia a las heladas fuertes y los veranos calurosos, hídricas, poco exigente en precipitaciones, y edáficas, acostumbradas a suelos duros y muy pobres en nutrientes orgánicos. En la actualidad el sabinar es un bosque abierto de aspecto adehesado que en otros tiempos ocupó un espacio mucho mayor, pero que las continuas talas y quemas han reducido a espacios testimoniales, y lo que es más grave, han degradado un ecosistema de gran fragilidad ecológica difícilmente recuperable.

FAUNA

Históricamente el Alto Tajo ha sido una de las zonas más despobladas del territorio peninsular, lo que ha favorecido la conservación de un gran número de ambientes ecológicos tan importantes para el desarrollo de la fauna. Así, entre los mamíferos más importantes hay que destacar al abundantísimo jabalí, el corzo y el ciervo, si bien la presencia de estos dos últimos es escasa, el zorro, el gato montés, la garduña y una población muy abundante de nutria. En cuanto a la avifauna se puede observar fácilmente el buitre leonado (áreas del Puente de San Pedro, Hundido de Armallones y hoces del río Ablanquejo), el águila real, perdicera y culebrera, así como halcón y alimoches. La pesca es una de las actividades que cuentan con mayor tradición y no sólo entre los habitantes de la zona, al contar con ríos que presentan unas inmejorables condiciones para su práctica. Entre las especies más abundantes está la trucha común, la trucha arco iris, el barbo y la boga.

KILÓMETROS DESDE MADRID: 152 Km.
DISTANCIA TOTAL: 10 kilómetros (ida).
DURACIÓN TOTAL: 3 horas y 15 minutos.
TIEMPOS DE MARCHA: Santa María del Espino – Cueva de la Hoz; 30 minutos. Cueva de la Hoz – Puntal del Milagro; 2 horas. Puntal del Milagro – Cueva de los Casares; 45 minutos.
DESNIVEL: 100 metros.
DIFICULTAD: baja. Nos veremos obligados a cruzar el río continuamente pero por vados que evitarán en todo momento tener que descalzarnos, salvo crecidas en el nivel de las aguas.
TIPO DE CAMINO: pista y senda. Recorrido lineal.
AGUA POTABLE: sólo encontraremos agua en el mismo pueblo de Santa María del Espino.
ÉPOCA RECOMENDADA: cualquier fin de semana del otoño, invierno o primavera.
SUGERENCIAS. este recorrido está pensado para realizarse en una sola vez y en un único sentido. Para ello es imprescindible contar con otro vehículo de apoyo que estacionaremos previamente donde finaliza el itinerario, para no tener que regresar al lugar de origen andando, lo que alargaría enormemente la jornada de campo. Así pues, es preferible realizar la excursión con un grupo de amigos antes que solo y así disponer de otro automóvil que nos permita hacer la jugada planeada y recorrer en su integridad el Valle de los Milagros. Si a la conclusión del itinerario queremos visitar la Cueva de los Casares debemos llamar con antelación al teléfono 949 - 304006 y preguntar por Emilio Moreno, persona que se encarga de mostrarla al público en general.
CARTOGRAFÍA: hoja 488 escala 1:50.000 del I.G.N. o S.G.E

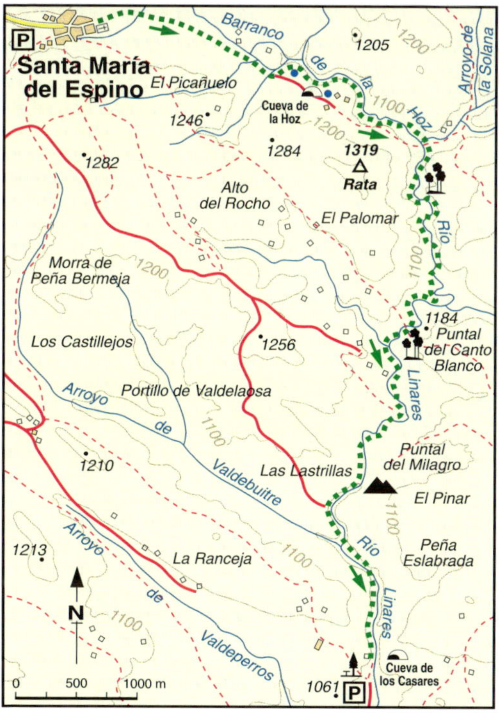

Hasta la apartada localidad de Santa María del Espino nos dirigiremos con nuestro automóvil dispuestos a iniciar un interesante recorrido pródigo en bellezas naturales. Nada más entrar en el pueblo emprenderemos la marcha desde su bonita plaza, donde existe una gran fuente en la que llenaremos las cantimploras. Aquí mismo surge la pista que tomaremos durante los primeros cinco minutos de andadura, hasta que aparezca por la derecha un primer desvío que se dirige hacia el Barranco de la Hoz, uno de los numerosos arroyos que ven nacer al río Linares. En estos primeros metros la pista progresa paralela a las aguas de arroyo, aunque lo más normal es que sólo veamos su seco lecho apenas marcado en la amplia vaguada que surca, donde proliferan los campos de cultivo y los eriales desprovistos de vegetación. También encontraremos algunas parideras y corrales, así como otro desvío que a la izquierda se dirige hacia uno de ellos. Sin embargo, tras sobrepasar alguna de estas construcciones, el camino comienza a adentrarse en un profundo estrecho del que destaca un espectacular cortado que se sitúa a nuestra derecha, debajo del cual existe una pequeña fuente junto al camino que alumbra las aguas del arroyo. Al bordear el saliente rocoso localizaremos algo más abajo la famosa Cueva de la Hoz, también ubicada a la derecha y perfectamente visible desde el camino. Ésta se sitúa por encima de nuestras cabezas por lo que si queremos visitarla tendremos que desviarnos ligeramente hasta su boca de acceso, aunque tengo que decir que sólo se puede curiosear la primera sala, donde encontraremos restos de alguna excavación así como un manantial junto a un gran tejo. La cueva fue declarada Monumento Nacional en 1935 por la importancia de las pinturas rupestres aquí halladas, de ahí que su entrada se encuentra restringida a estudiosos del tema, además, buena parte de ella se encuentra inundada por surgencias subterráneas. Esta pequeña frustración se verá al final del itinerario ampliamente recompensada con la visita a la Cueva de los Casares, de mayor longitud y con grabados más numerosos y de mayor interés, además contaremos con la sabia explicación de un guía.

Una vez reincorporados al camino, el barranco vuelve a ensancharse una vez más a la altura de una gran campa donde se han realizado algunas plantaciones de álamos, vegetación que contrasta con el denso pinar que se asienta en las laderas de la hoz, en su mayor parte fruto de recientes repoblaciones como así lo atestiguan los brotes de quejigos y robles que se entremezclan con él. La única dificultad del recorrido se presenta cuando las aguas del arroyo de la Hoz se unan con las del barranco de la Solana creando de esta manera el río Linares, también llamado erróneamente Salado por existir algunas salinas dedicadas a la extracción de tan preciado elemento. Cuando las aguas de ambos arroyos se junten habrá que abandonar definitivamente la pista y dirigirnos hacia el valle que labra el río Linares, en busca de la senda que en estos primeros instantes discurre por su orilla izquierda. Al cambio de valle hay que estar especialmente atentos pues resulta fácil confundirse y sobrepasar el desvío, al dar la apariencia el angosto cauce de un simple arroyo más. De todas formas si llega a ocurrir este hecho daré como dato de referencia que jamás debemos ver unos corrales construidos en piedra arenisca que se sitúan junto a la pista, al poco de sobrepasar la junta de las aguas; si así sucede no habrá más que retroceder escasos metros y desviarnos a la izquierda por el primer barranco que veamos.

Situados definitivamente en el valle del río Linares la senda que discurre por su fondo cambia continuamente de orilla a la

más mínima dificultad del terreno, siempre a través de vados que no ofrecen ninguna complicación de paso salvo en períodos de fuertes crecidas. El primer tramo del río es realmente bello, al crear un angosto desfiladero esculpido en rocas metamórficas que afloran en superficie al haber sido desmanteladas por la erosión fluvial el importante estrato sedimentario que las cubría, dando origen a uno de los escasos ejemplos de valle asentado sobre el zócalo paleozoico dentro del Alto Tajo. Los magníficos meandros que se van a suceder a partir de ahora no deben distraer nuestra atención del soberbio bosque autóctono que cubre la ladera de umbría, constituido preferentemente por robles y quejigos, aunque a la altura del Puntal del Canto Blanco (1184 m) son los arces quienes lo forman en su mayor parte, con individuos de gran tamaño nada comunes en la zona y que con la llegada del otoño adquieren un color rojizo de inigualable tonalidad.

Siempre acompañados por el río Linares, no encontraremos ninguna incidencia en el camino hasta que divisemos unas enormes moles rocosas situadas al poco tiempo de sobrepasar unos corrales de piedra. Aunque son varios los resaltes pétreos en los que se fijará nuestra vista, son dos los que acaparan la atención por estar muy cercanos al camino además de ser los más colosales. Ambos se sitúan en la ladera izquierda del río, por encima de una loma a la cual subiremos para ver "in situ" estos castillos de piedra que se alzan desafiantes ajenos a lo que les rodea, como casi caídos del cielo, por eso no nos debe extrañar que en la comarca se les conozca como el Puntal de los Milagros. En su composición litológica encontramos la razón de tan singular relieve, ya que al estar formados por areniscas y conglomerados –cantos rodados de cuarzo– estos han quedado en resalte al ofrecer un elevado grado de resistencia a la erosión, mientras que las zonas colindantes han sido fácilmente desmanteladas por diversos agentes erosivos aprovechando para ello líneas de fractura y composiciones diferentes. Sin embargo, las areniscas y conglomerados no se limitan a estos resaltes sino que el mismo fondo del valle se cubre de sus tonos rojizos que contrastan con el verde del pinar, en el que es sin lugar a duda el paraje más bonito de todo el Linares. La senda que traíamos se incorpora a otra pis-

ta forestal que hasta aquí llega procedente de Riba de Saelices, restándonos únicamente recorrer el breve tramo que nos separa de la Cueva de los Casares, punto final del recorrido. Antes el valle se irá ensanchando hasta aparecer los primeros huertos, muchos de ellos ocupados en la actualidad por recientes plantaciones de álamos, así como algunos chozos utilizados para guardar los aperos de labranza. Enseguida finaliza el barranco en un nuevo estrechamiento tras el cual surge la rica vega que precede al pueblo de Riba de Saelices. A la salida se encuentra la cueva, justo a la izquierda, al pie mismo del cortado en cuyas inmediaciones existe un pequeño torreón de origen árabe. Recientemente se ha acondicionado un sendero que sube hasta la cavidad aunque sólo están abiertas al público sus primeros metros. Para admirar los diversos grabados rupestres que contienen sus salas es preciso concertar la visita con el alguacil de Riba de Saelices, que gustoso nos explicará los abatares históricos de las pinturas en un recorrido que puede llevarnos más de 1 hora.

Por último comentar que a la salida del valle existe una pequeña área de recreo con bancos, árboles, mesas y chimeneas donde podemos comer y descansar, y donde recomiendo estacionar nuestro vehículo de apoyo para así evitar andar los casi dos kilómetros de pista que nos separan del pueblo.

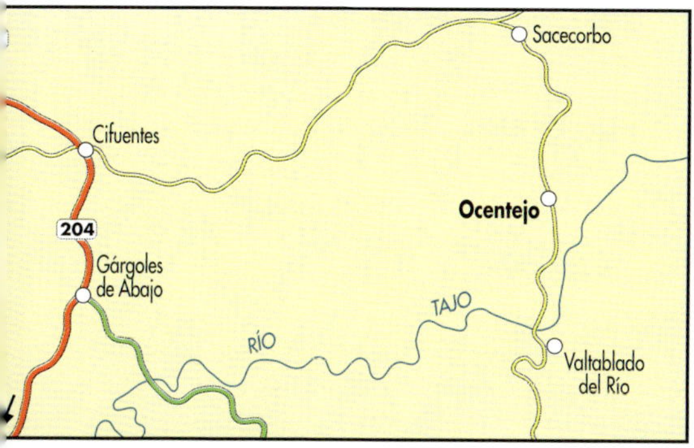

Marco geográfico

Toda la comarca del Alto Tajo se inscribe dentro de la rama castellana del Sistema Ibérico, con el que comparte sus rasgos fundamentales, como son su disposición general NO-SE, común a todo el sistema montañoso, así como litologías, formadas básicamente por materiales de la Era Secundaria, aunque ocasionalmente las rocas paleozoicas afloran cuando ha sido desmantelada la cobertera sedimentaria que las recubre. Todo este sector se caracteriza por ofrecer una extensa superficie topográfica casi plana, en la que únicamente destacan pequeños cerros dejados en resalte por la erosión diferencial, a modo de gran planicie cuyo eje dominador es el río Tajo y su entramada red de afluentes. Sobre esta gran unidad estructural que los geógrafos denominan paramera, se ha encajado una densa red hidrográfica que ha modificado y compartimentado su topografía, rompiendo de esta forma con la uniformidad paisajística. Los ríos con el devenir de los tiempos han ido creando sus propios valles incidiendo sobre estratos sedimentarios de diferente consistencia, creando cañones angostos de cortados verticales en el caso de las calizas mesozoicas –cañón del Tajo, hoces del Gallo, Hoz Seca, Bullones...–, o formas más abiertas a modo de pequeñas depresiones en el caso de atravesar magas, arcillas o yesos, como ocurre en los tramos altos de los ríos Gallo, Ablanque y Cabrillas. La altitud media de la zona oscila entre los 1100-1300 metros aunque según nos dirigimos hacia el sureste, muy cerca de las primeras estribaciones de la Sierra de Albarracín, ésta aumenta progresivamente hasta situarse entre los 1400-1500 metros. Por último señalar que todo este sector enlaza con la Serranía de Cuenca, con la que comparte grandes semejanzas morfológicas y paisajísticas.

Vegetación

El paisaje vegetal del Alto Tajo es el resultado de la interacción de una serie de factores que lo influyen directamente, entre los que destacan un clima extremo de inviernos largos y muy fríos, un suelo generalmente muy pobre, y la acción omnipresente del hombre, que ha alterado y degradado profundamente la cubierta vegetal. De los tres factores enumerados es la acción antrópica la que más negativamente ha afectado a la vegetación, ya que su utilización irracional (carboneo, talas abusivas, quemas, ganadería...) y la introducción de especies nuevas en detrimento de las climácicas ha provocado una modificación profunda del paisaje y la aridificación inclusive de algunos sectores.

El elemento dominante del paisaje es el pinar, gracias a la acción del hombre, pues aunque esta zona forma parte de su área natural su extensión se ha visto favorecida por repoblaciones madereras. Tres son las variedades que podemos encontrar:

— el pino rodeno o pináster se asienta sobre materiales silíceos, areniscas y conglomerados, y es el único de los tres cuya formación no es autóctona, aunque se encuentra muy próximo a su hábitat óptimo. Su sotobosque está compuesto por brotes de roble melojo, coscojares, brezos y jarales, estos últimos dominantes en zonas castigados por el fuego.

— el pino negral ocupa la mayor extensión de terreno y se asienta preferentemente en las laderas de los cañones, como ocurre con el río Tajo, tanto en los cantiles como en su fondo, donde entra en contacto con el quejigo que forma su sotobosque.

— en las partes más altas y húmedas hace acto de aparición el pino silvestre, siempre por encima de los 1500 metros de altitud, por lo que su área de ocupación se limita al extremo sureste de la comarca (municipios de Peralejos de las Truchas, Orea, Checa...).

En las áreas más inhóspitas hace acto de presencia la sabina albar, siempre entre los 1000 y 1300 metros de altitud y siempre en aquellos lugares donde ninguna otra especie arbórea puede soportar las duras condiciones térmicas, dada su gran resistencia a las heladas fuertes y los veranos calurosos, hídricas, poco exigente en precipitaciones, y edáficas, acostumbradas a suelos duros y muy pobres en nutrientes orgánicos. En la actualidad el sabinar es un bosque abierto de aspecto adehesado que en otros tiempos ocupó un espacio mucho mayor, pero que las continuas talas y quemas han reducido a espacios testimoniales, y lo que es más grave, han degradado un ecosistema de gran fragilidad ecológica difícilmente recuperable.

Fauna

Históricamente el Alto Tajo ha sido una de las zonas más despobladas del territorio peninsular, lo que ha favorecido la conservación de un gran número de ambientes ecológicos tan importantes para el desarrollo de la fauna. Así, entre los mamíferos más importantes hay que destacar al abundantísimo jabalí, el corzo y el ciervo, si bien la presencia de estos dos últimos es escasa, el zorro, el gato montés, la garduña y una población muy abundante de nutria. En cuanto a la avifauna se puede observar fácilmente el buitre leonado (áreas del Puente de San Pedro, Hundido de Armallones y hoces del río Ablanquejo), el águila real, perdicera y culebrera, así como halcón y alimoches. La pesca es una de las actividades que cuentan con mayor tradición y no sólo entre los habitantes de la zona, al contar con ríos que presentan unas inmejorables condiciones para su práctica. Entre las especies más abundantes está la trucha común, la trucha arco iris, el barbo y la boga.

Kilómetros desde Madrid: 149 Km.
Distancia total: 10 kilómetros.
Duración total: 3 horas.
Tiempos de marcha: Ocentejo – Salinas de la Inesperada; 1 hora y 30 minutos. Camino de regreso; 1 hora y 30 minutos.
Desnivel: 60 metros.
Dificultad: nula. Apta para todos los públicos.
Tipo de camino: pista forestal. Recorrido de ida y vuelta.
Agua potable: existe un pequeño manantial a mitad de camino.
Época recomendada: cualquier época del año.
Sugerencias: si lo realizamos en verano no olvidarse el bañador. Se puede realizar en bicicleta de montaña.
Cartografía: hoja 513 escala 1:50.000 del I.G.N. o S.G.E.

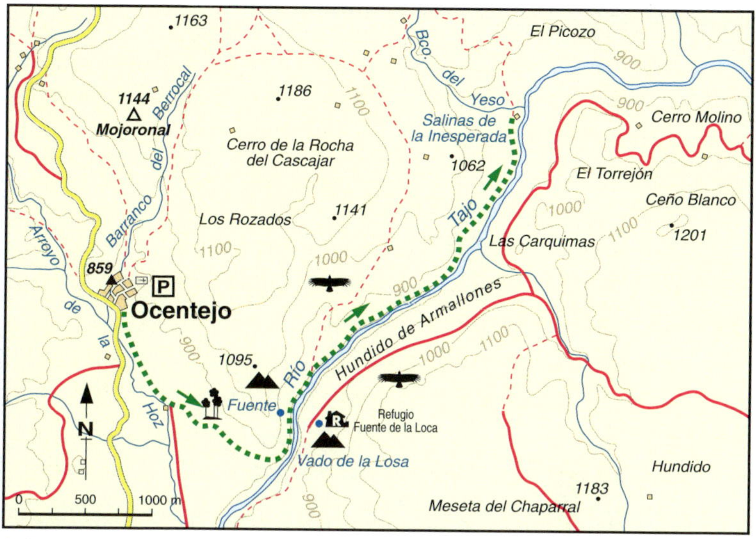

El comienzo de este nuevo itinerario toma como punto de partida el mismo pueblo de Ocentejo, pequeña localidad que en los últimos años ha visto crecer el número de visitantes que se interesan por el turismo rural. En la misma entrada de la población surge la pista

que nos conducirá, sin pérdida alguna, hasta el fantástico paraje conocido por el nombre del Hundido de Armallones, llamado así por el hundimiento que tuvo lugar en el siglo XVI a consecuencia del terremoto que asoló Lisboa, desviándose las aguas del Tajo por el cauce que puede contemplarse en la actualidad.

En su inicio la pista discurre entre acequias y pequeños huertos sabiamente distribuidos para aprovechar al máximo el terreno ganado al monte. En aproximadamente un kilómetro desecharemos a nuestra derecha el único desvío que ofrece el camino, el cual conduce hasta un antiguo molino sito en la misma orilla del río Tajo. Poco a poco el paisaje del que veníamos disfrutando va a ir cambiando, ya que al ganar altura los pinos van a hacer acto de presencia no abandonándonos en todo lo que nos resta de recorrido. Pero enseguida, tras superar el único repechó que presenta el camino, descenderemos paulatinamente en dirección al valle del río, todavía oculto a nuestros ojos pero sí lo suficientemente cerca como para oír el suave murmullo de sus aguas en su discurrir. Si sabemos esperar un poco más se abrirá ante nuestra atónita mirada el soberbio cañón que labra el Tajo, con esbeltas paredes casi verticales donde sus turbulentas aguas se baten entre enormes bloques de piedra caídos de los cortados, mientras que en los remansos encontraremos profundas pozas de aguas cristalinas.

La pista aprovecha este marco incomparable para remontar el río, siempre escoltada por bellos cantiles que hacen de este lugar uno de los más impresionantes de toda la comarca del Alto Tajo. Al ir siempre paralelos a su cauce encontraremos a lo largo del trayecto diversas praderas donde poder realizar alguna parada, y si el tiempo acompaña, disfrutar de un baño en alguna de las grandes pozas que se van a ir sucediendo. Señalar para los menos previsores que existe también un pequeño manantial que brota de la misma roca, de la cual mana un hilillo de agua durante todo el año al que habrá que estar atentos si no queremos sobrepasarlo.

Sin abandonar nunca la pista forestal llegaremos en algo más de una hora a las Salinas de la Inesperada, antigua construcción dedicada a la extracción de sal que aprovechaba los residuos de sal gema existentes en los estratos rocosos del valle, así como las cercanas aguas del río. La finca fue un próspero negocio hasta que cayó en decadencia en los años cincuenta, con el adelanto de las comunicaciones y el final de la autarquía económica. En la actualidad pueden apreciarse perfectamente los distintos compartimentos que servían de estanque para depositar allí las aguas y esperar su posterior evaporación, así como los aliviaderos para recogerla. El camino encuentra aquí su fin, por lo que si deseamos continuar remontando el Tajo lo deberemos hacer a través de pequeñas sendas que prosperan cerca de su orilla hasta la confluencia con el río Ablanquejo.

MARCO GEOGRÁFICO

Toda la comarca del Alto Tajo se inscribe dentro de la rama castellana del Sistema Ibérico, con el que comparte sus rasgos fundamentales, como son su disposición general NO-SE, común a todo el sistema montañoso, así como litologías, formadas básicamente por materiales de la Era Secundaria, aunque ocasionalmente las rocas paleozoicas afloran cuando ha sido desmantelada la cobertera sedimentaria que las recubre. Todo este sector se caracteriza por ofrecer una extensa superficie topográfica casi plana, en la que únicamente destacan pequeños cerros dejados en resalte por la erosión diferencial, a modo de gran planicie cuyo eje dominador es el río Tajo y su entramada red de afluentes. Sobre esta gran unidad estructural que los geógrafos denominan paramera, se ha encajado una densa red hidrográfica que ha modificado y compartimentado su topografía, rompiendo de esta forma con la uniformidad paisajística. Los ríos con el devenir de los tiempos han ido creando sus propios valles incidiendo sobre estratos sedimentarios de diferente consistencia, creando cañones angostos de cortados verticales en el caso de las calizas mesozoicas –cañón del Tajo, hoces del Gallo, Hoz Seca, Bullones...–, o formas más abiertas a modo de pequeñas depresiones en el caso de atravesar margas, arcillas o yesos, como ocurre en los tramos altos de los ríos Gallo, Ablanque y Cabrillas. La altitud media de la zona oscila entre los 1100-1300 metros aunque según nos dirigimos hacia el sureste, muy cerca de las primeras estribaciones de la Sierra de Albarracín, ésta aumenta progresivamente hasta situarse entre los 1400-1500 metros. Por último señalar que todo este sector enlaza con la Serranía de Cuenca, con la que comparte grandes semejanzas morfológicas y paisajísticas.

VEGETACIÓN

El paisaje vegetal del Alto Tajo es el resultado de la interacción de una serie de factores que lo influyen directamente, entre los que destacan un clima extremo de inviernos largos y muy fríos, un suelo generalmente muy pobre, y la acción omnipresente del hombre, que ha alterado y degradado profundamente la cubierta vegetal. De los tres factores enumerados es la acción antrópica la que más negativamente ha afectado a la vegetación, ya que su utilización irracional (carboneo, talas abusivas, quemas, ganadería...) y la introducción de especies nuevas en detrimento de las climácicas ha provocado una modificación profunda del paisaje y la aridificación inclusive de algunos sectores.

El elemento dominante del paisaje es el pinar, gracias a la acción del hombre, pues aunque esta zona forma parte de su área natural su extensión se ha visto favorecida por repoblaciones madereras. Tres son las variedades que podemos encontrar:

— el pino rodeno o pináster se asienta sobre materiales silíceos, areniscas y conglomerados, y es el único de los tres cuya formación no es autóctona, aunque se encuentra muy próximo a su hábitat óptimo. Su sotobosque está compuesto por brotes de roble melojo, coscojares, brezos y jarales, estos últimos dominantes en zona castigados por el fuego.

— el pino negral ocupa la mayor extensión de terreno y se asienta preferentemente en las laderas de los cañones, como ocurre con el río Tajo, tanto en los cantiles como en su fondo, donde entra en contacto con el quejigo que forma su sotobosque.

— en las partes más altas y húmedas hace acto de aparición el pino silvestre, siempre por encima de los 1500 metros de altitud, por lo que su área de ocupación se limita al extremo sureste de la comarca (municipios de Peralejos de las Truchas, Orea, Checa...).

En las áreas más inhóspitas hace acto de presencia la sabina albar, siempre entre los 1000 y 1300 metros de altitud y siempre en aquellos lugares donde ninguna otra especie arbórea puede soportar las duras condiciones térmicas, dada su gran resistencia a las heladas fuertes y los veranos calurosos, hídricas, poco exigente en precipitaciones, y edáficas, acostumbradas a suelos duros y muy pobres en nutrientes orgánicos. En la actualidad el sabinar es un bosque abierto de aspecto adehesado que en otros tiempos ocupó un espacio mucho mayor, pero que las continuas talas y quemas han reducido a espacios testimoniales, y lo que es más grave, han degradado un ecosistema de gran fragilidad ecológica difícilmente recuperable.

FAUNA

Históricamente el Alto Tajo ha sido una de las zonas más despobladas del territorio peninsular, lo que ha favorecido la conservación de un gran número de ambientes ecológicos tan importantes para el desarrollo de la fauna. Así, entre los mamíferos más importantes hay que destacar al abundantísimo jabalí, el corzo y el ciervo, si bien la presencia de estos dos últimos es escasa, el zorro, el gato montés, la garduña y una población muy abundante de nutria. En cuanto a la avifauna se puede observar fácilmente el buitre leonado (áreas del Puente de San Pedro, Hundido de Armallones y hoces del río Ablanquejo), el águila real, perdicera y culebrera, así como halcón y alimoches. La pesca es una de las actividades que cuentan con mayor tradición y no sólo entre los habitantes de la zona, al contar con ríos que presentan unas inmejorables condiciones para su práctica. Entre las especies más abundantes está la trucha común, la trucha arco iris, el barbo y la boga.

KILÓMETROS DESDE MADRID: 200 Km.
DISTANCIA TOTAL: 11 kilómetros.
DURACIÓN TOTAL: 3 horas y 45 minutos.
TIEMPOS DE MARCHA: Escalera – Molino de Escalera; 50 minutos. Molino de Escalera – Barranco del Mansegar; 1 hora y 20 minutos. Barranco del Mansegar – Fuembellida; 50 minutos. Fuembellida – Escalera; 45 minutos.
DESNIVEL: 200 metros.
DIFICULTAD: baja. El camino no ofrece ninguna complicación salvo los constantes vadeos que hay que realizar sobre el río Bullones.
TIPO DE CAMINO: pista forestal y senda. Recorrido circular.
AGUA POTABLE: no encontraremos en todo el camino.
ÉPOCA RECOMENDADA: otoño, primavera e invierno.
SUGERENCIAS: si tenemos tiempo suficiente es recomendable recorrer en nuestro vehículo la cercana Hoz del Gallo, en especial el tramo comprendido entre las localidades de Ventosa y Cuevas Labradas, donde el río se encaja profundamente entre estratos de areniscas y conglomerados creando la que tal vez sea la más bella hoz de todo el Alto Tajo. Es parada obligatoria visitar la ermita de Nuestra Señora de la Hoz, junto a la cual existe una hospedería, así como subir por el camino –Vía Crucis– que tras el monasterio llega hasta la plataforma culminante de los cortados, donde se contempla una espléndida panorámica del valle.
CARTOGRAFÍA: hoja 514 escala 1:50.000 del I.G.N. o S.G.E.

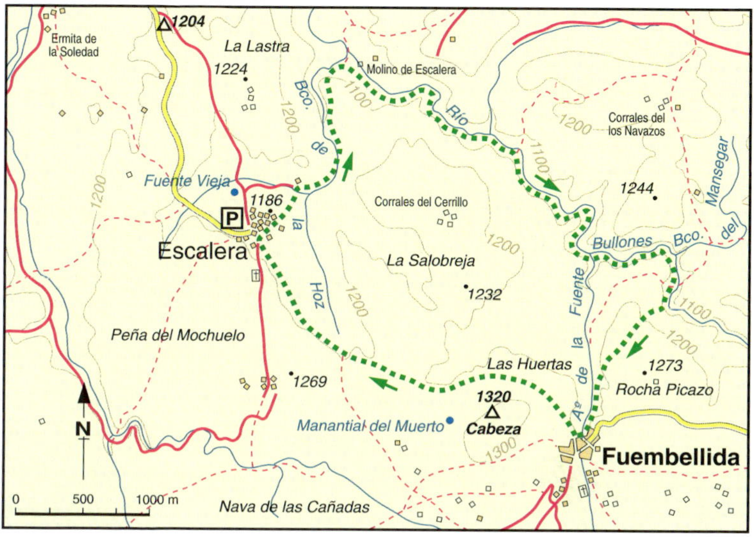

Este nuevo recorrido toma como punto de partida la olvidada aldea de Escalera situada, como tantos pueblos de la comarca, en lo más alto de los páramos, pero siempre cerca de los escasos tramos de vega aprovechables para la agricultura. El acceso por carretera es algo complicado pero en cualquier caso siempre lo efectuare-

mos desde del cercano pueblo de Lebrancón, aunque administrativamente la pedanía pertenece al término municipal de Valhermoso.

Nada más llegar a la población lo primero que haremos será estacionar nuestro vehículo en la pequeña plazoleta y acto seguido buscar el camino que nace en sus lindes. Éste discurre en sus inicios entre campos de cultivo pero enseguida se adentra en el barranco de la Hoz, poco antes de que nos incorporemos a una pista forestal. El nuevo camino discurre junto al lecho del arroyo, aunque poco antes de visualizar el río Bullones describe una cerrada curva y comienza a remontar a este último, eso sí, después de haber desechado un desvío que se dirige aguas abajo. Nosotros continuaremos por la pista hasta que en breves momentos llegue a su fin, nada más superar las ruinas de un molino situado en la otra orilla, lo que nos obligará a continuar por una senda que progresa en todo momento paralela al río. Sin embargo, a partir de este instante el barranco se va a ir poco a poco estrechando hasta quedar casi reducido su fondo al mismo cauce de las aguas, lo que obligará al sendero a ir continuamente cambiando de orilla para así evitar mojarnos, ya que en algunos tramos las propias paredes rocosas de los cortados impiden el paso. Afortunadamente el trayecto complicado apenas dura algo más de 2 kilómetros, de lo contrario nos haría perder la paciencia, ya que a partir de la incorporación del arroyo de la Fuente el valle vuelve a abrirse otra vez permitiéndonos un avance rápido. Al momento aparecerá otro riachuelo, esta vez por la izquierda, el que crea el barranco del Mansegar, en cuya desembocadura puede apreciarse una pequeña lagunilla con una gran variedad de plantas acuáticas.

La anchura del valle propicia que algunos corrales se asienten en su fondo, justo a la altura de una gran explanada donde también confluye una pista forestal procedente del pueblo de Valhermoso. Por la otra ladera, es decir, a nuestra derecha, podemos divisar dos cerrillos separados por un collado hasta el que se dirige un senderillo. Será precisamente ahora cuando nos desviaremos definitivamente del barranco del río Bullones en bus-

ca del portillo, al cual accederemos en escasos minutos por empinado camino. Una vez arribados al collado el camino desciende lentamente en dirección a las huertas situadas a las afueras del pueblo de Fuembellida, escalonadas sabiamente aprovechando el desnivel del terreno. Tras subir la cuesta que nos separa de la población sólo nos restará tomar la amplia pista que se dirige hacia Escalera, de la que nos separa apenas 45 minutos de andadura.

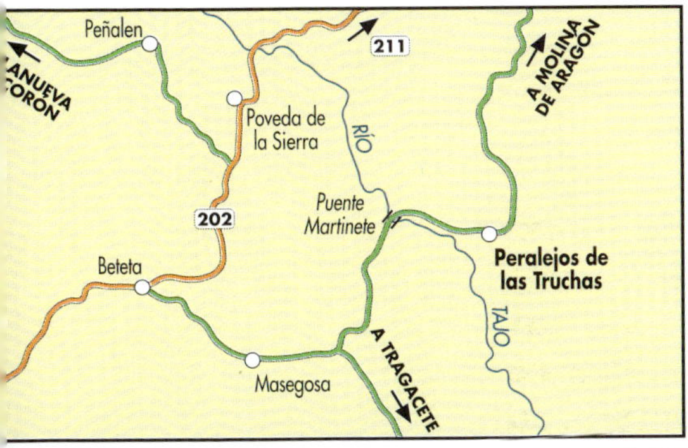

MARCO GEOGRÁFICO

Toda la comarca del Alto Tajo se inscribe dentro de la rama castellana del Sistema Ibérico, con el que comparte sus rasgos fundamentales, como son su disposición general NO-SE, común a todo el sistema montañoso, así como litologías, formadas básicamente por materiales de la Era Secundaria, aunque ocasionalmente las rocas paleozoicas afloran cuando ha sido desmantelada la cobertera sedimentaria que las recubre. Todo este sector se caracteriza por ofrecer una extensa superficie topográfica casi plana, en la que únicamente destacan pequeños cerros dejados en resalte por la erosión diferencial, a modo de gran planicie cuyo eje dominador es el río Tajo y su entramada red de afluentes. Sobre esta gran unidad estructural que los geógrafos denominan parameras se ha encajado una densa red hidrográfica que ha modificado y compartimentado su topografía, rompiendo de esta forma con la uniformidad paisajística. Los ríos con el devenir de los tiempos han ido creando sus propios valles incidiendo sobre estratos sedimentarios de diferente consistencia, creando cañones angostos de cortados verticales en el caso de las calizas mesozoicas –cañón del Tajo, hoces del Gallo, Hoz Seca, Bullones...–, o formas más abiertas a modo de pequeñas depresiones en el caso de atravesar margas, arcillas o yesos, como ocurre en los tramos altos de los ríos Gallo, Ablanque y Cabrillas. La altitud media de la zona oscila entre los 1100-1300 metros aunque según nos dirigimos hacia el sureste, muy cerca de las primeras estribaciones de la Sierra de Albarracín, ésta aumenta progresivamente hasta situarse entre los 1400-1500 metros. Por último señalar que todo este sector enlaza con la Serranía de Cuenca, con la que comparte grandes semejanzas morfológicas y paisajísticas.

Dentro de este marco la Laguna de Taravilla constituye un enclave de singular belleza, pues se trata del único represamiento de agua natural que existe en toda la comarca del Alto Tajo. La laguna se localiza en la confluencia de varios barrancos, aunque el agua que represa no procede de éstos sino de surgencias que manan del fondo de su lecho. Tiene una superficie superior a las 0,3 Has. y presenta un cierre de carácter tobáceo a través del que desagua cuando aumenta el nivel de las aguas. La laguna se encuentra rodeada por una extensa mancha de carrizos en la que se aloja una fauna original como azulones, pollas de agua y zampullín entre otras.

VEGETACIÓN

El paisaje vegetal del Alto Tajo es el resultado de la interacción de una serie de factores que lo influyen directamente, entre los que destacan un clima extremo de inviernos largos y muy fríos, un suelo generalmente muy pobre, y la acción omnipresente del hombre, que ha alterado y degradado profundamente la cubierta vegetal. De los tres factores enumerados es la acción antrópica la que más negativamente ha afectado a la vegetación, ya que su utilización irracional (carboneo, talas abusivas, quemas, ganadería...) y la introducción de especies nuevas en detrimento de las climácicas ha provocado una modificación profunda del paisaje y la aridificación inclusive de algunos sectores.

El elemento dominante del paisaje es el pinar gracias a la acción del hombre, pues aunque esta zona forma parte de su área natural su extensión se ha visto favorecida por repoblaciones madereras. Tres son las variedades que podemos encontrar:

— el pino rodeno o pináster se asienta sobre materiales silíceos, areniscas y conglomerados, y es el único de los tres cuya formación no es autóctona, aunque se encuentra muy próximo a su hábitat óptimo. Su sotobosque está compuesto por brotes de roble melojo, coscojares, brezos y jarales, estos últimos dominantes en zonas castigados por el fuego.

— el pino negral ocupa la mayor extensión de terreno y se asienta preferentemente en las laderas de los cañones, como ocurre con el río Tajo, tanto en los cantiles como en su fondo, donde entra en contacto con el quejigo que forma su sotobosque.

— en las partes más altas y húmedas hace acto de aparición el pino silvestre, siempre por encima de los 1500 metros de altitud, por lo que su área de ocupación se limita al extremo sureste de la comarca (municipios de Peralejos de las Truchas, Orea, Checa...).

En las áreas más inhóspitas hace acto de presencia la sabina albar, siempre entre los 1000 y 1300 metros de altitud y siempre en aquellos lugares donde ninguna otra especie arbórea puede soportar las duras condiciones térmicas, dada su gran resistencia a las heladas fuertes y los veranos calurosos, hídricas, poco exigente en precipitaciones, y edáficas, acostumbradas a suelos duros y muy pobres en nutrientes orgánicos. En la actualidad el sabinar es un bosque abierto de aspecto adehesado que en otros tiempos ocupó un espacio mucho mayor, pero que las continuas talas y quemas han reducido a espacios testimoniales, y lo que es más grave, han degradado un ecosistema de gran fragilidad ecológica difícilmente recuperable.

FAUNA

Históricamente el Alto Tajo ha sido una de las zonas más despobladas del territorio peninsular, lo que ha favorecido la conservación de un gran número de ambientes ecológicos tan importantes para el desarrollo de la fauna. Así, entre los mamíferos más importantes hay que destacar al abundantísimo jabalí, el corzo y el ciervo, si bien la presencia de estos dos últimos es escasa, el zorro, el gato montés, la garduña y una población muy abundante de nutria. En cuanto a la avifauna se puede observar fácilmente el buitre leonado (áreas del Puente de San Pedro, Hundido de Armallones y hoces del río Ablanquejo), el águila real, perdicera y culebrera, así como halcón y alimoches. La pesca es una de las actividades que cuentan con mayor tradición y no sólo entre los habitantes de la zona, al contar con ríos que presentan unas inmejorables condiciones para su práctica. Entre las especies más abundantes está la trucha común, la trucha arco iris, el barbo y la boga.

KILÓMETROS DESDE MADRID: 203 Km.
DISTANCIA TOTAL: 18 kilómetros.
DURACIÓN TOTAL: 5 horas y 30 minutos.
TIEMPOS DE MARCHA: Puente de Martinete – Laguna de Taravilla; 2 horas y 45 minutos. Camino de regreso; 2 horas y 45 minutos.
DESNIVEL: 100 metros.
DIFICULTAD: baja. La debida a su longitud.
TIPO DE CAMINO: pista forestal. Recorrido de ida y vuelta.
AGUA POTABLE: aunque hay un pequeño manantial a mitad de camino es mejor asegurarse y traer consigo el agua.
ÉPOCA RECOMENDADA: sin lugar a duda la primavera cuando el río Tajo lleva todo su caudal.
SUGERENCIAS: recorrido ideal para realizarse en bicicleta de montaña.
CARTOGRAFÍA: hoja 539 escala 1:50.000 del I.G.N. o S.G.E.

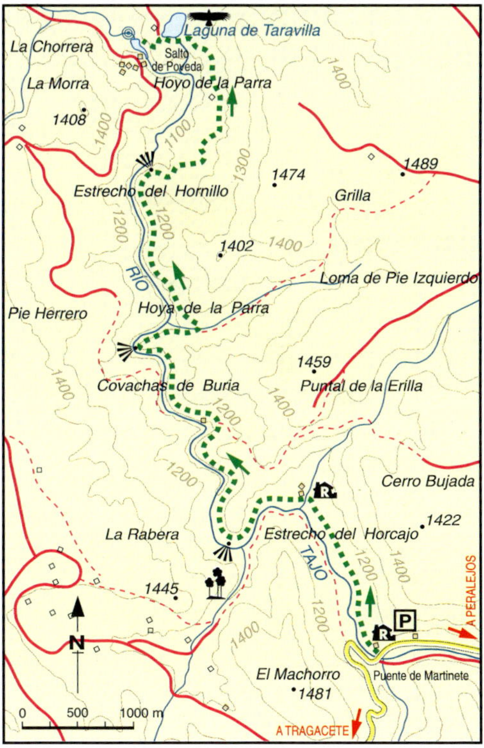

Si hay tres elementos que caracterizan la comarca del Alto Tajo estos son; la escasa presencia de asentamientos humanos, el agreste perfil que ofrece el río Tajo modelador de un angosto cañón de algo más de 200 kilómetros de longitud, y por último la reducida red de caminos y carreteras que la recorren. Estos tres factores, al margen de otros más puramente geográficos, son los causantes que en la actualidad la zona del Alto Tajo aparezca ante nuestros ojos como un área muy poco "humanizada", con grandes espacios donde las aguas bravas del Tajo surcan bellos parajes casi vírgenes y donde la labor modificadora del medio natural por parte del hombre se ha reducido a escenarios muy puntuales.

De todos los espacios modelados por el río Tajo quizá sea el que recorre este itinerario uno de los más bellos y completos, pues a lo largo de sus 9 kilómetros (ida) de andadura vamos a poder ver todo tipo de escenarios naturales además de permitirnos admirar la bonita laguna de Taravilla, la única existente en toda al comarca, magnífico colofón para un recorrido irrepetible.

El punto de partida va a ser la pista que nace junto al Puente de Martinete, distante tan sólo 4 kilómetros de Peralejos de las Truchas, por la carretera que une esta localidad con el conquense pueblo de Tragacete. Sin llegar a cruzar el puente estacionaremos nuestro vehículo en los márgenes de la calzada dispuestos a emprender la marcha. La pista forestal ofrece un perfil muy plano y sin apenas desvíos, lo que hará muy cómoda su travesía, además la belleza del paisaje contribuirá a que nos resulte más corta la excursión. Nada más empezar sobrepasaremos un refugio construido por el Icona para los numerosos pescadores que vienen a estas aguas a practicar su deporte favorito, aunque la afluencia cada vez mayor de senderistas hace que lo tengan que compartir con gente como nosotros. También localizaremos enseguida una pequeña explanada habilitada como área de descanso y esparcimiento, para el público que viene a pasar un agradable día de campo. El camino siempre discurre paralelo al río Tajo, por su margen derecha, adentrándose casi sin darnos cuanta en el tortuoso correr de unas aguas que han batallado durante miles de años contra la férrea resistencia de aguerridas rocas. Situada entre éstas, hallaremos un nuevo refugio que saldrá a nuestro encuentro cuando llevemos una media hora de caminata.

A partir de este momento el escenario natural se va a ennoblecer con profusión de formas y modelados entre los que sobresalen tremendos cantiles que cobijan este inigualable marco natural, custodiado por masas de pinos en las alturas, aunque en las proximidades del valle van a abundar los majuelos, quejigos y bojes. La única fuente que encontraremos en todo el camino aparece cuando llevemos una hora de camino, formada por un pequeño hilillo de agua que brota de la roca a través de un canalillo en la misma linde de la pista. Tras un breve descanso para reponer fuerzas nos adentraremos en el tramo más sobrecogedor, allí donde el río se encajona férreamente en estrechos pasillos que dan lugar a hermosas cavidades, siempre recorridas por cristalinas aguas que en algunos remansos dan lugar a pozas de color verde esmeralda.

Siempre inmersos en el impresionante desfiladero creado por el Tajo desecharemos todos los desvíos que a izquierda y derecha aparezcan, aunque algunos de los primeros pueden ser interesantes tomarlos para contemplar "in situ" el mismo lecho del río. El último tramo de la pista es tal vez el menos llamativo al alejarse ligeramente del cañón, pero tras una breve subida aparecerá ante nuestros ojos atónitos la recogida laguna de Taravilla, objetivo final del itinerario. Es el único represamiento natural existente en toda la zona creado a partir de la acumulación de aguas provenientes de surgencias kársticas, aprovechando para ello la impermeabilidad de su capa freática así como el interesante cierre tobáceo que repesa y alivia la laguna. La vegetación que rodea la masa de agua está constituida básicamente por una extensa superficie de carrizo, en la que se aloja una original fauna, entre la que destacan azulones, pollas de agua y nutrias. A la izquierda de la laguna existe un pequeño carril que desciende a la orilla del río donde se sitúa otra zona recreativa, así como el cercano Salto de Poveda, espectacular cascada de algo más de veinte metros de altura que crea un antiguo dique de contención construido para la producción hidroeléctrica. No se trata por tanto de un accidente natural, aunque la bella estampa que crea el agua al desbordarse en un amplio abanico que asemeja la blanca cola de un caballo bien merece la pena que nos acerquemos hasta ella, poniendo así fin a un recorrido pródigo en atractivos naturales.

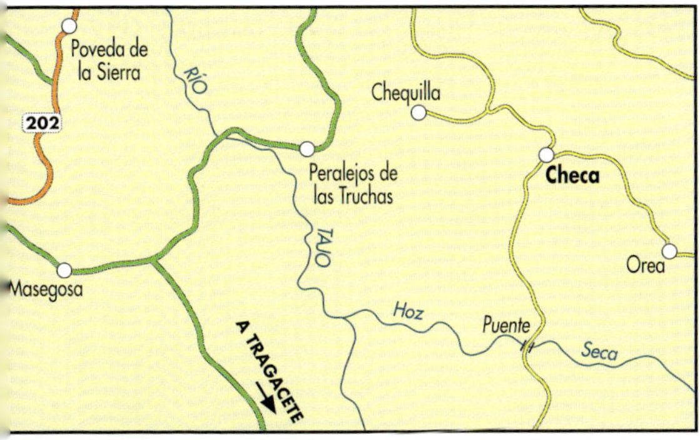

Marco geográfico

Toda la comarca del Alto Tajo se inscribe dentro de la rama castellana del Sistema Ibérico, con el que comparte sus rasgos fundamentales, como son su disposición general NO-SE, común a todo el sistema montañoso, así como litologías, formadas básicamente por materiales de la Era Secundaria, aunque ocasionalmente las rocas paleozoicas afloran cuando ha sido desmantelada la cobertera sedimentaria que las recubre. Todo este sector se caracteriza por ofrecer una extensa superficie topográfica casi plana, en la que únicamente destacan pequeños cerros dejados en resalte por la erosión diferencial, a modo de gran planicie cuyo eje dominador es el río Tajo y su entramada red de afluentes. Sobre esta gran unidad estructural que los geógrafos denominan parameras se ha encajado una densa red hidrográfica que ha modificado y compartimentado su topografía, rompiendo de esta forma con la uniformidad paisajística. Los ríos con el devenir de los tiempos han ido creando sus propios valles, incidiendo sobre estratos sedimentarios de diferente consistencia, creando cañones angostos de cortados verticales en el caso de las calizas mesozoicas –cañón del Tajo, hoces del Gallo, Hoz Seca, Bullones...–, o formas más abiertas a modo de pequeñas depresiones en el caso de atravesar margas, arcillas o yesos, como ocurre en los tramos altos de los ríos Gallo, Ablanque y Cabrillas. La altitud media de la zona oscila entre los 1100-1300 metros aunque según nos dirigimos hacia el sureste, muy cerca de las primeras estribaciones de la Sierra de Albarracín, ésta aumenta progresivamente hasta situarse entre los 1400-1500 metros. Por último señalar que todo este sector enlaza con la Serranía de Cuenca, con la que comparte grandes semejanzas morfológicas y paisajísticas.

El río de la Hoz Seca es el primer afluente importante que recibe el río Tajo nada más nacer, al que aporta, además de las aguas de escorrentía recogidas en la Sierra de Orihuela del Tremedal, las aguas captadas por surgencias subterráneas en el fondo de su hoz, lo que le permite aumentar considerablemente su caudal. El río presenta la particularidad de llevar caudal cerca de su nacimiento, así como en su tramo bajo, más o menos a partir de la Cueva del Tornero, mientras que en su sector central el lecho del barranco aparece siempre seco. Ello se debe a que a partir de su cabecera el río va perdiendo progresivamente caudal por filtraciones hasta desaparecer totalmente, aguas abajo del camping de Orea, continuando su caudal por conductos subterráneos de origen kárstico, aunque durante este recorrido se une a otros caudales recogidos en el interior de las parameras colindantes, de tal forma que al alcanzar los niveles de una roca impermeable el acuífero brota de nuevo a través de diversos manantiales aunque con renovadas fuerzas.

VEGETACIÓN

El paisaje vegetal del Alto Tajo es el resultado de la interacción de una serie de factores que lo influyen directamente, entre los que destacan un clima extremo de inviernos largos y muy fríos, un suelo generalmente muy pobre, y la acción omnipresente del hombre, que ha alterado y degradado profundamente la cubierta vegetal. De los tres factores enumerados es la acción antrópica la que más negativamente ha afectado a la vegetación, ya que su utilización irracional (carboneo, talas abusivas, quemas, ganadería...) y la introducción de especies nuevas en detrimento de las climácicas ha provocado una modificación profunda del paisaje y la aridificación inclusive de algunos sectores.

El elemento dominante del paisaje es el pinar, gracias a la acción del hombre, pues aunque esta zona forma parte de su área natural su extensión se ha visto favorecida por repoblaciones madereras. Tres son las variedades que podemos encontrar:

— el pino rodeno o pináster se asienta sobre materiales silíceos, areniscas y conglomerados, y es el único de los tres cuya formación no es autóctona, aunque se encuentra muy próximo a su hábitat óptimo. Su sotobosque está compuesto por brotes de roble melojo, coscojares, brezos y jarales, estos últimos dominantes en zonas castigados por el fuego.

— el pino negral ocupa la mayor extensión de terreno y se asienta preferentemente en las laderas de los cañones, como ocurre con el río Tajo, tanto en los cantiles como en su fondo, donde entra en contacto con el quejigo que forma su sotobosque.

— en las partes más altas y húmedas hace acto de aparición el pino silvestre, siempre por encima de los 1500 metros de altitud, por lo que su área de ocupación se limita al extremo sureste de la comarca (municipios de Peralejos de las Truchas, Orea, Checa...).

En las áreas más inhóspitas hace acto de presencia la sabina albar, siempre entre los 1000 y 1300 metros de altitud y siempre en aquellos lugares donde ninguna otra especie arbórea puede soportar las duras condiciones térmicas, dada su gran resistencia a las heladas fuertes y los veranos calurosos, hídricas, poco exigente en precipitaciones, y edáficas, acostumbradas a suelos duros y muy pobres en nutrientes orgánicos. En la actualidad el sabinar es un bosque abierto de aspecto adehesado que en otros tiempos ocupó un espacio mucho mayor, pero que las continuas talas y quemas han reducido a espacios testimoniales, y lo que es más grave, han degradado un ecosistema de gran fragilidad ecológica difícilmente recuperable.

FAUNA

Históricamente el Alto Tajo ha sido una de las zonas más despobladas del territorio peninsular, lo que ha favorecido la conservación de un gran número de ambientes ecológicos tan importantes para el desarrollo de la fauna. Así, entre los mamíferos más importantes hay que destacar al abundantísimo jabalí, el corzo y el ciervo, si bien la presencia de estos dos últimos es escasa, el zorro, el gato montés, la garduña y una población muy abundante de nutria. En cuanto a la avifauna se puede observar fácilmente el buitre leonado (áreas del Puente de San Pedro, Hundido de Armallones y hoces del río Ablanquejo), el águila real, perdicera y culebrera, así como halcón y alimoches. La pesca es una de las actividades que cuentan con mayor tradición y no sólo entre los habitantes de la zona, al contar con ríos que presentan unas inmejorables condiciones para su práctica. Entre las especies más abundantes está la trucha común, la trucha arco iris, el barbo y la boga.

KILÓMETROS DESDE MADRID: 222 Km.
DISTANCIA TOTAL: 10 kilómetros.
DURACIÓN TOTAL: 3 horas y 30 minutos.
TIEMPOS DE MARCHA: Inicio – Cueva del Tornero; 1 hora y 45 minutos. Camino de regreso; 1 hora y 45 minutos.
DESNIVEL: 100 metros.
DIFICULTAD: baja. Al ir casi siempre seco el lecho del río no ofrece ninguna dificultad caminar por el barranco.
TIPO DE CAMINO: no existe en su mayor parte. Recorrido de ida y vuelta.
AGUA POTABLE: no encontraremos en todo el camino.
ÉPOCA RECOMENDADA: cualquier época del año.
SUGERENCIAS: llevar linternas para visitar el interior de la Cueva del Tornero.
CARTOGRAFÍA: hojas 539-540 escala 1:50.000 del I.G.N. o S.G.E.

Este nuevo itinerario va adentrarse en una de las zonas más inhóspitas y agrestes de toda la comarca del Alto Tajo, y casi seguro de las menos transitadas por el hombre, al quedar muy alejada de cualquier núcleo de población. Para acercarnos al barranco de la Hoz Seca deberemos acceder en primer lugar hasta la bonita localidad de Checa y desde aquí tomar el camino forestal asfaltado que con dirección sur se dirige hacia las primeras estribaciones de la Sierra de Tremedal, muy cerca ya del límite con la provincia de Teruel.

La pista se encuentra en un pésimo estado de conservación con tramos enteros en los que ha desaparecido por completo el alquitrán, y algún que otro automóvil –lo digo por el tamaño de los baches–, por lo que habrá que esmerar la conducción si no queremos quedarnos sin medio de locomoción. Bromas aparte, el firme aunque muy irregular es apto para cualquier turismo además, la lentitud del avance se verá ampliamente compensado por la belleza de estas tierras. La carretera tras hacer numerosos ringorrangos termina por descender al mismo valle de la Hoz Seca, donde estacionaremos nuestro maltrecho vehículo en las inmediaciones del puente que salva las aguas del río. Seguidamente bajaremos al mismo cauce en busca de la senda que nos acompañará a lo largo de todo el recorrido. Ésta en un principio progresa por la margen izquierda del seco lecho del río, aunque al momento cambiará de orilla para hacerlo por la derecha, y así numerosas veces más, o a lo peor desaparece repentinamente y la volvemos a encontrar en el mismo curso pedregoso del río. Todo ello dependerá de la configuración del terreno, de la vegetación, del relieve, en especial los cortados rocosos, del agua..., que nos obligarán a cambiar de orilla cada vez que se presente alguna complicación. De todas formas al estar el tramo intermedio del río casi siempre seco –yo nunca lo he visto con agua ni tan siquiera en años lluviosos–, no tendremos ningún problema en vadearlo reiteradamente.

La primera impresión que transmite el barranco de la Hoz Seca nada más adentrarnos en él es poco alentadora, pues da la apariencia de ser una pequeña vaguada muy poco encajada en el terreno, pero pronto ese pensamiento va a desaparecer cuando el río incida profundamente en el estrato rocoso creando un profundo tajo de serpenteante trazado en un juego de hoces del que no querremos salir nunca. Así, observaremos como el fondo del cañón profundiza y se estrecha cada vez más hasta quedar reducido en algunos tramos a su propio lecho, lo que nos obligará a caminar por él, aunque siempre que podamos lo evitaremos ya que la enorme pedrera de cantos rodados que forma el fondo del río nos hará incómodo el caminar.

La vegetación arbórea que se asienta en las laderas en ningún momento llega a ser densa al estar formada por individuos dispersos de pino silvestre, aunque ocasionalmente también hace acto de presencia la sabina albar, mientras que en el fondo del valle veremos matorrales de aliagas, majuelos, arces y algún que otro rosal silvestre. En aproximadamente hora y media al-

canzaremos la Cueva del Tornero situada en la ladera derecha del río, ligeramente por encima de nuestras cabezas, no pasando desapercibida ya que su boca de acceso tiene unas dimensiones considerables. Para acceder a su interior existe una pequeña senda que nos guiará hasta su gran bóveda que profundiza en el corazón de la roca algo más de veinte metros. No obstante, el acceso a las galerías interiores se hace más dificultoso, al tener que introducirnos "a gatas" por un pequeño pasadizo de unos cinco metros de longitud, tras el cual la cavidad vuelve a ganar en anchura y altura resultando más fácil su recorrido. Aunque el interior de la gruta se encuentra encordonado no recomiendo al

público inexperto que profundice en ella más allá de una décena de metros, pues cada vez se hace más trabajoso su tránsito a la vez que la humedad del suelo es cada vez mayor.

Dependiendo de la estación del año en que hagamos la excursión, podemos encontrar el cauce del río más o menos seco. Lo normal es que en las inmediaciones de la cueva aparezcan las primeras surgencias en el suelo, primero en forma de charcos, luego asemejando pequeños regatos, para más tarde tomar la apariencia de un río que hasta su desembocadura en el Tajo no deja de ganar caudal superando incluso a su hermano mayor, pues como dice un dicho popular de la zona; "Tajo lleva la fama y Hoz Seca el agua".

La visita a la Cueva del Tornero puede suponer un magnífico colofón al recorrido pensando en el trecho que nos resta hasta nuestro vehículo, pero para aquellos más "aguerridos" señalar que se puede continuar por el barranco aguas abajo hasta casi la afluencia al río Tajo, aunque dado el carácter lineal de la excursión lo ideal sería que llegásemos tan sólo a las ruinas de la Herrería, antiguo caserón del siglo XVIII situado en la orilla derecha del río. Antes de llegar a él localizaremos una pista que nos conducirá hasta sus inmediaciones.

SEGOVIA

RUTAS

31. SIERRA DEL CALOCO
32. ACEBEDA DEL RÍO FRÍO
33. PICO DE LA BUITRERA
34. HOCES DEL DURATÓN (I)
35. HOCES DEL DURATÓN (II)
36. HOCES DEL RÍO RIAZA

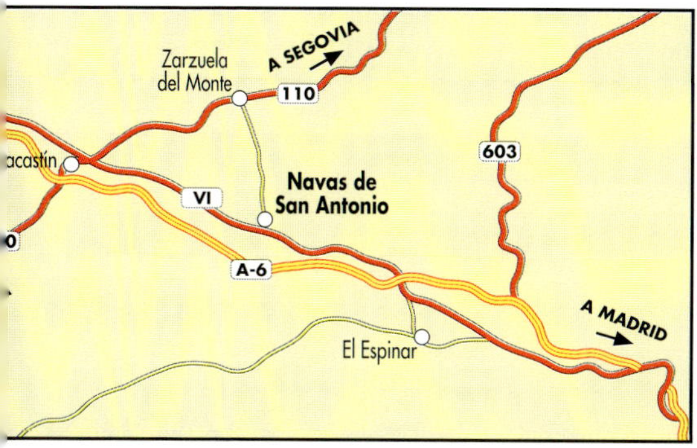

Marco geográfico

La Sierra del Caloco se sitúa en el extremo más meridional de la provincia de Segovia muy cerca ya de la Comunidad de Madrid. Geográficamente hablando esta modesta elevación pertenece al conjunto de sierras que pone en contacto las últimas estribaciones montañosas de Gredos con las primeras de Guadarrama, aunque por su ubicación comparte caracteres más afines con esta última. La Sierra del Caloco se posiciona entre las estribaciones más septentrionales de la Sierra de Malagón y los primeros desniveles de la Sierra del Quintanar, de la que sólo la separa el encajado valle que crea el río Moros en su discurrir aguas abajo. Se trata por tanto de un pequeño bloque cristalino limitado por fallas que le hacen perder altura progresivamente hasta integrarse en su totalidad dentro del paisaje mesetario compartimentando de esta forma el paisaje, al no ser tan acusado el desnivel que se produce entre la alineación principal de la Sierra de Guadarrama y el piedemonte segoviano.

La sierra se caracteriza por ofrecer un perfil muy suave y tendido en el que únicamente sobresalen algunos pequeños cerros que le dan una apariencia de relieve alomado. Predomina el granito y el gneis que dan una morfología variada según el diaclasado y la textura, con un claro predominio de las piedras berroqueñas.

Vegetación

La Sierra del Caloco está colonizada por una vegetación típicamente mediterránea formada por un bosque de encinas acompañado por un denso sotobosque compuesto principalmente por enebro, cantueso, torvisco, retama, y en las zonas más húmedas majuelos y rosales silvestres. El estado de conservación del encinar está en relación directa con el tipo de uso al que haya sido destinado el terreno, de tal modo que en las zonas más llanas éste ha desaparecido a favor de los pastizales dedicados al sustento de una tradicional ganadería extensiva, mientras que en las áreas de ladera la acción humana ha favorecido el ahuecamiento del monte con distintos fines. Hoy en día el encinar que se asienta en la sierra presenta un aspecto adehesado con claros signos de haber sido diezmado el estrato arbustivo, para así favorecer el tránsito del ganado, así como achaparrado, en el que apenas podemos encontrar individuos bien desarrollados de porte arbóreo.

Por último señalar la presencia testimonial de algunos robles melojos, generalmente en zonas de umbría sobre suelos con mayor humedad edáfica, así como algunas reducidas plantaciones de pinar.

Fauna

A pesar de las profundas transformaciones a las que se ha visto sometida, la Sierra del Caloco encierra todavía hoy en día una gran variedad de especies animales que han sabido adaptarse a los cambios introducidos por el hombre. Entre ellas destacan:

— Aves: azor, águila calzada, águila culebrera, milano negro, cernícalo común, mochuelo, lechuza y autillo.

— Mamíferos: erizo, ratón de campo, conejo, liebre, zorro y comadreja.

— Reptiles: lagarto ocelado y culebra bastarda.

KILÓMETROS DESDE MADRID: 79 km.
DISTANCIA TOTAL: 8 kilómetros.
DURACIÓN TOTAL: 3 horas.
TIEMPOS DE MARCHA: Inicio – Collado del Caloco; 1 hora y 15 minutos. Collado del Caloco – Alto del Caloco; 30 minutos. Alto del Caloco – Tomillarón; 25 minutos. Tomillarón – Ermita de San Antonio; 30 minutos. Ermita de San Antonio – Fin del recorrido; 20 minutos.
DESNIVEL: 290 metros.
DIFICULTAD: nula. Apto para todos los públicos.
TIPO DE CAMINO: no existe en su mayor parte. Recorrido circular.
AGUA POTABLE: existe una fuente en la Ermita de San Antonio.
ÉPOCA RECOMENDADA: otoño y primavera.
SUGERENCIAS. excursión ideal para pasar un tranquilo día de campo.
CARTOGRAFÍA: hoja 507 escala 1:50.000 del I.G.N. o S.G.E.

Para realizar este nuevo recorrido deberemos acercarnos hasta la segoviana localidad de Navas de San Antonio, pequeña población tradicionalmente dedicada a la agricultura que ha visto cambiar en los últimos tiempos su orientación económica por la ganadería extensiva del vacuno. Muy próxima a ella se encuentra la Sierra del Caloco, también llamada de San Antonio, relieve montañoso de modesta apariencia formado básicamente por pequeños cerros y vaguadas que dan al conjunto una bella apariencia, a la que también contribuye sin duda el denso encinar que la recubre. Una vez en el pueblo nos dirigiremos hacia su iglesia para de esta forma tomar la pista que conduce hasta la Ermita de San Antonio, camino en el que encontraremos algunas cruces realizadas en roca pertenecientes a su vía crucis. Sin embargo no llegaremos a verlas todas

pues a escasos dos kilómetros encontraremos a la altura de una campa un marcado desvío a la derecha, en donde estacionaremos nuestro vehículo dispuestos a emprender el itinerario ya a pie.

El nuevo camino recorre en sus primeros metros una magnífica explanada por donde discurren ocasionalmente las aguas del arroyo de la Dehesa, lo que favorece que durante gran parte del año se encuentre totalmente recubierta por verdes prados que sustentan a una importante cabaña ganadera. Aunque en un principio seguiremos las rodadas de la pista, en cuanto crucemos el cauce de las aguas propongo continuar campo a través en busca de la cercana falda de la sierra, ya que la ausencia casi total de vegetación nos hará muy cómodo el avance. No obstante según nos aproximemos a la ladera va a hacer acto de presencia el encinar, al principio de forma aislada y casi testimonial, pero en cuanto ganemos algo de altura casi sin darnos cuenta irá cubriendo buena parte del terreno aunque sin llegar en ningún momento a dificultar la marcha. También ocasinalmente distinguiremos algún que otro roble melojo, siempre en las proximidades de las umbrías y vaguadas, así como álamos, acompañados casi siempre por majuelos y rosales silvestres. Con la vista puesta en la loma que baja del Alto del Caloco (1429 m) avanzaremos siempre paralelos a la sierra ganando ligeramente altura hasta coronar dicho relieve, llamado por los lugareños como Cerrillo de la Gallega, aunque topográficamente no lo sea en su sentido estricto. Desde aquí ya se divisa muy cercano nuestro próximo objetivo, el collado que se sitúa entre el Alto del Caloco y el Cerro del Caloco (1567 m), este último máxima altitud de toda la sierra. Hacia la portilla encaminaremos nuestros pasos, salvando para ello un suave repecho tamizado por verdes praderas que contrastan con el duro perfil del Cerro del Caloco. Hasta su altiva cumbre podemos subir si así lo deseamos, aunque tengo que advertir que la ascensión es corta pero muy dura, pues se realiza directamente sin senda alguna salvando en un breve trecho casi 100 metros de desnivel. De todas formas no ocurre nada si no lo hacemos, pues las vistas que vamos a contemplar en el camino de regreso para nada desmerecen a las que se divisan desde el Cerro del Caloco.

Efectivamente, situados definitivamente en el collado giraremos a la izquierda para emprender el camino de regreso a través del cordal de la sierra. En primer lugar bordearemos un altillo antes de empezar a ganar altura camino del Alto del Caloco, donde ocasionalmente surgirá algún resalte rocoso fácilmente eludible como también lo es el denso encinar que cubre la ladera. Las vistas que a partir de este momento se abren son magníficas, especialmente las orientadas en la Sierra del Quintanar –Mujer Muerta– y a las cumbres de la Sierra de Malagón, sin menospreciar la que se contempla hacia la planicie castellana. Una vez en su cima continuaremos nuestro avance, siempre sin senda alguna, con dirección al Cerro del Tomillarón (1363 m)

del que sólo nos separa un falso llano totalmente resguardado por encinas de porte chaparro. Al marcar el cordal el límite administrativo entre los municipios de Navas de San Antonio y Valdeprados vamos a encontrar en nuestro caminar un muro de piedra que señala dicha demarcación, siempre a nuestra derecha, aunque en alguna ocasión podemos vernos obligados a saltarlo para así evitar la espesura del bosque, sobre todo en las bajadas y subidas de los cerros.

Tras coronar el Cerro del Tomillarón sólo nos restará dirigirnos en suave descenso hasta la Ermita de San Antonio aprovechando para ello los claros de la vegetación, y en cuyas inmediaciones encontraremos dos fuentes, una junto a la construcción religiosa y otra algo más apartada al lado de un camino carretero delimitado por muros de piedra. La Ermita de San Antonio congrega a un gran número de fieles el primer domingo de Junio al celebrarse en su explanada una gran romería de animada concurrencia en honor del santo, de gran arraigo entre los pueblos limítrofes. Una vez visitada la iglesia reemprenderemos el camino de regreso tomando para ello la primitiva pista que sin pérdida alguna nos conducirá hasta la campa donde previamente habíamos estacionado nuestro vehículo, dando por concluido el primero de los itinerarios que se adentran en tierras segovianas.

MARCO GEOGRÁFICO

La Sierra de Guadarrama es la tercera alineación montañosa, junto a Gredos y Ayllón, que conforma el núcleo principal del Sistema Central. La terminología popular asocia su nombre a todo el espinazo montaraz que se extiende al norte de la Comunidad de Madrid, si bien carece de fundamento, pues en realidad los otros dos macizos también participan en la configuración del relieve, aunque en mucho menor medida.

La Sierra de Guadarrama, también conocida como Montes Carpetanos, debe su nombre a los árabes, según parece, que llamaron al río Guadarrama "Ueder-Runel", que quiere decir río de las arenas. Geográficamente hablando, la sierra se extiende por las provincias de Madrid y Segovia, aunque es en la primera donde mayor entidad adquiere.

Posee una marcada orientación SO-NE común a todo el Sistema Central, como también lo es su composición litológica, básicamente constituida por materiales muy antiguos –granito y gneis–, que hacen de la Sierra de Guadarrama uno de los sistemas montañosos más viejos de Europa. Este hecho hace que los relieves tengan un aspecto alomado y pesado, poco vigoroso, salvo allí donde la acción de los hielos cuaternarios incidieron en el paisaje (macizo de Peñalara principalmente). Por último señalar que la altitud media de sus cumbres no es muy elevada, entorno a los 1800 metros, aunque sus cotas más importantes exceden con creces estos valores, como en el caso de Peñalara (2430 m), máxima elevación de Guadarrama, Cabezas de Hierro (2380 m), Los Claveles (2390 m)... y un largo etcétera.

VEGETACIÓN

Tres son los pisos de distribución característicos de la vegetación que podemos encontrar en la Sierra de Guadarrama. El primero en aparecer en altitud es el **basal**, formado antaño por bosques de melojos y fresnos que en la actualidad han desaparecido por la acción del hombre, que transformó las zonas más llanas en prados de siega para así favorecer una tradicional ganadería. Hoy sus especies características son el escaramujo, las zarzas y los rosales silvestres, aunque en determinados enclaves aún pueden apreciarse algunos reductos de estos primitivos bosques. Le sucede en altura el piso **subalpino**, constituido exclusivamente por bosques de pino silvestre aunque ocasionalmente pueden aparecer algunos robles, tejos, avellanos y acebos. Es un bosque pobre en substrato arbustivo ya que apenas deja pasar los rayos del sol, por lo que únicamente encontraremos algunas jaras, retamas, helecho común, piorno y enebros. A más altitud, a partir de los 1900-2000 metros, o incluso antes en determinadas zonas, las condiciones climáticas se vuelven muy duras para el desarrollo de los bosques, dando paso al piso **alpino**, caracterizado por matorrales como el piorno y el enebro rastrero. Su extensión geográfica está limitada exclusivamente a las cumbres más altas.

FAUNA

De entre toda la fauna vertebrada, son las aves las especies mejor representadas. Circunscritas a un territorio mucho más amplio algunas rapaces sobrevuelan estas alturas en busca de sustento. Especies como el azor o milano real, entre otras, son ocasionalmente observadas en sus vuelos al igual que el buitre leonado. Sin tanta relevancia pero igualmente importantes en número tenemos al cuco, picapinos, arrendajo, pinzón vulgar, carbonero garrapinos o herrerillo capuchino. Por lo que respecta a los mamíferos, señalar la presencia del zorro y el turón como predadores naturales de la ardilla, así como de algún pequeño roedor y ave.

KILÓMETROS DESDE MADRID: 86 km.
DISTANCIA TOTAL: 20 kilómetros.
DURACIÓN TOTAL: 6 horas.
TIEMPOS DE MARCHA: Embalse de Puente Alta – Toma de aguas del Acueducto de Segovia; 1 hora. Toma de aguas – Collado de Río Peces; 1 hora y 30 minutos. Collado de Río Peces – Carretera forestal de Valsaín; 1 hora. Carretera forestal – Punto de partida; 2 horas y 30 minutos.
DESNIVEL: 600 metros.
DIFICULTAD: media. Desenvolvernos en el sendero que sigue al río Frío más que una dificultad es un aliciente. El resto de la ruta es larga pero los caminos son claros y de buen piso. Además vamos siempre protegidos por árboles.
TIPO DE CAMINO: carreteras cerradas al tráfico, pista y senda. Recorrido circular.
AGUA POTABLE: sólo la fuente del Buen Agua en la pista asfaltada que bordea el Cerro de La Camorca.
ÉPOCA RECOMENDADA: la diversidad vegetal de melojos y acebos que a intervalos encontraremos, hacen del otoño e invierno la mejor época.
SUGERENCIAS: si bien la fama de la frondosidad de los pinares silvestres de la Acebeda ha sobrepasado fronteras, la posibilidad de conocer uno de los pocos bosques de acebo es un aliciente más a la excursión.
CARTOGRAFÍA: hojas 483-508 escla 1:50.000 del I.G.N.

Nada hay tan sugerente como el espacio único que crea un río a su paso por la montaña en estos tiempos de constantes sequías. Apretado entre laderas, el río Frío combina en su curso una frondosa vegetación de ribera y bosques de rojizo caduco, con el pino silvestre (tan monótono en estas sierras). Todo ello le otorga un cromatismo y una heterogeneidad ansiada por cualquier excursionista.

Para llegar a la Acebeda del río Frío, en el kilómetro 86 de la carretera N-603 que une Madrid con Segovia por San Rafael, tomaremos el desvío al Embalse de Puente Alta.

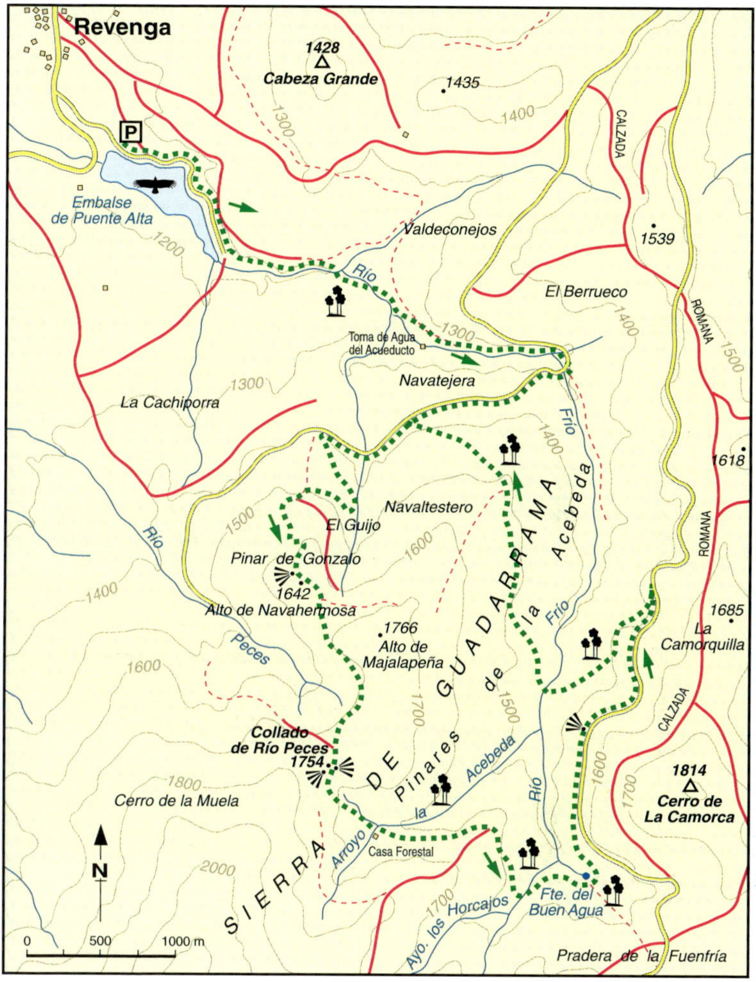

Tras estacionar nuestro vehículo junto a su muro de hormigón, podremos seguir a pie por la pequeña carretera acompañados por algún vecino. Este cómodo paseo adornado con el enorme lago en el que anades, garcetas y cigüeñas buscan alimento antes de que aprete el sol, es un racimo de olores que el viento baja de la tupida ladera, donde pinos y encinas se mezclan con un sotobosque de retamas, zarzas, jaras y miles de microflores.

Cien metros antes de concluir la carretera ante una vieja casa ruinosa, un sendero se desmarca del asfalto por la izquierda. Decididos a ir por este sendero, una maraña de encinas y jaras pegajosas, especialmente olorosas después de una lluvia, van delimitando por la ladera el camino, algo más elevado que el curso del río Frío.

Trescientos metros más adelante salimos a una nava muy encharcada, desde la que arranca un pequeño sendero que, ahora sí, prosigue cerca del río. Lo que arriba será todo pinar, para nuestra sorpresa es ahora una rica combinación de majuelos, robles melojos, pinos silvestres, encinas, y alisos en la ribera del río.

Curso arriba, el pequeño sendero sortea troncos y piedras como puede, pero no se separa nunca del río. Será en este tramo cuando nos encontremos varios mojones de piedra con el escudo real esculpido, que nos recuerdan que estamos en lo que era un cazadero reservado a la realeza. Precisamente, junto a uno de estos mojones (a media hora de sendero), veremos una construcción que suele pasar inadvertida. Necesario es el rescate del olvido, porque pese a las modificaciones, ahí tenemos la toma de aguas que los romanos hicieron para abastecer Segovia. He aquí el nacimiento del Acueducto de Segovia.

Dicha toma tiene un mecanismo sencillo: una represa recoge el agua hasta un depósito que la remansa para eliminar los sedimentos, y luego completamente limpia la canaliza por un conducto de mampostería que a media ladera llegaba hasta Segovia. Aunque tengamos que volver de nuevo a la toma de aguas, es interesante seguir unos 200 metros el conducto para ver como milimétricamente va avanzando sin ganar altura que retenga el agua, entre un melojar de rojizos contrastes otoñales.

De nuevo junto al depósito de canalización, aún nos quedan 20 minutos de subida por el sendero que sigue de cerca al río Frío, hasta dar con una carretera forestal.

Ahora por el asfalto a la derecha en ligera subida, decimos adiós al río y el pinar silvestre de asalmonados troncos se erige como protagonista. Tras media hora de asfalto, será la primera pista de tierra que salga a la izquierda, fácilmente reco-

nocible por estar muy trillada por el paso de camiones de leña, nuestro pasaporte para comenzar a subir por la loma del Alto de Navahermosa.

El esfuerzo de la acentuada cuesta que hay hasta un arroyo, da paso a un zigzag muy duro que alcanza el collado, donde se separa el Alto de Navahermosa (1642 m) y el Alto de Majalapeña (1766 m). A partir de ahí, ya más cómodamente se alternarán tramos llanos y ligera subida hasta llegar definitivamente al Collado de Río Peces (1754 m). Una vez aquí aprovecharemos para ver el nuevo valle que se abre a nuestros ojos, la destacada cumbre del Montón de Trigo (2155 m) y la verde pinada conocida como los Pinares de la Acebeda.

De frente y siguiendo las rodadas, una pronunciada caída de piedras sueltas nos llevará al arroyo de la Acebeda en menos de 15 minutos, donde nos daremos un merecido descanso en el mullido césped junto a sus frías aguas.

De nuevo en marcha, cruzamos el arroyo de la Acebeda, y sin desviarnos de la pista más trillada ascenderemos sin esfuerzo por la Ladera Zapatera, para luego caer sin prisas hasta el arroyo de los Horcajos. Desde este último arroyo aún nos quedarán 20 minutos más de frondoso y espectacular pinar silvestre, para llegar a una pista forestal asfaltada cerrada al tráfico.

Por esta carretera (cómodamente a la izquierda) no perderemos o ganaremos altura. Encontrarse con la fuente del Buen Agua a la media hora de asfalto y ver en la ladera algunos dispersos acebos bajo la cúpula pinada, es todo uno.

Cuarto de hora más tarde del refrescante caño ignoraremos la carretera por una ancha pista de tierra muy trillada que desciende por la ladera, teniendo la oportunidad de ver de cerca los acebos, hasta dar con el río Frío en una gran explanada en la que los leñadores acumulan troncos.

Cruzamos el río Frío de piedra en piedra, y continuamos por el sendero más trillado que sube por la ladera inclinándose por la derecha. Algún acebo aislado aparece bajo los estirados pinos silvestres, pero a cada paso la sorpresa de verse rodeado, asaltado y acosado por un frondoso bosque de cutículas brillantes, hojas puntiagudas y frutos rojizos cobra mayor sentido. Un bosque genuino, único y predominante de acebos, que avergonzaría a los ejemplares aislados que puede haber en otras partes de la Sierra de Guadarrama, toma forma y cobra peso. El camino trillado por los leñadores en su inicio parece sumirse en un mismo sueño, y su piso se torna de mullido césped, a la vez que nos enseña que él de antiguo ya pasaba por aquí.

El nombre de Acebeda del río Frío se consagra y toma validez mientras andamos por entre recuerdos navideños, hasta alcanzar nuevamente el negro asfalto.

Carretera abajo daremos otra vez... con el río Frío; y como nada hay más singular que seguir al que creíamos único protagonista de esta excursión, volvemos a encandilarnos con sus gorgoteantes sonidos y brillos auríferos, curso abajo por el viejo sendero ya conocido.

Marco geográfico

El Sistema Central enlaza con el Ibérico a través de un conjunto de sierras que comprenden enclaves de gran interés paisajístico, siendo el más importante el Macizo de Ayllón. Administrativamente pertenece a las provincias de Segovia, Guadalajara y Comunidad de Madrid, aunque son las dos primeras las que aúnan la mayor parte de su territorio. Este enclave montañoso se diferencia del resto de sierras que componen el Sistema Central por presentar un aspecto más compacto, una anchura mayor, y una ausencia total de fosas o corredores que compartimentan el espacio. También podemos encontrar diferencias litológicas en el roquedo, así hay un claro predominio de los materiales metamórficos pertenecientes a la Era Primaria como son pizarras, cuarcitas, gneis y micacitas.

El Macizo de Ayllón ofrece una fuerte dicotomía entre los perfiles de la cara norte y oriental, mucho más agrestes con valles profundamente abarrancados y ríos que salvan grandes desniveles en escasos kilómetros, y la vertiente sur y occidental, más tendida y suave que la anterior con un claro predominio de las formas redondeadas. Los relieves actuales proceden de la génesis alpina que, durante el Terciario elevó el conjunto montañoso de Ayllón siguiendo una alineación maestra de dirección SO-NE. Sobre estas cumbres durante el Cuaternario se asentaron algunos glaciares de escasa entidad que llegaron a modificar en parte la primitiva fisonomía del roquedo, como sucede en el Pico del Lobo (2262 m) y Peña Cebollera (2129 m). Mayor desarrollo ha adquirido la formación de pedreras debidas a procesos periglaciares, donde ha jugado un papel decisivo la elevada y densa red de diaclasas de las rocas metamórficas.

Vegetación

La característica más notable del paisaje vegetal es la existencia de evidentes y numerosas muestras de la enorme importancia que tiene la acción antrópica ejercida desde hace siglos sobre la zona, siendo la expresión más clara de dicha acción la regresión del bosque caducifolio esclerófilo y su sustitución por matorrales de brezos y jaras. A consecuencia de ello, nos encontramos que en la actualidad dichas formaciones se encuentran relegadas a un segundo plano y reducidas a zonas muy concretas que bien por titularidad –montes comunales, particulares, municipales...–, o bien por la dificultad del acceso se han conservado casi milagrosamente. Indicar también que a fecha de hoy se está observando una cierta recuperación de la vegetación con la aparición de algunas series progresivas hacia el bosque primitivo, gracias al abandono de ciertos aprovechamientos económicos (leña, carboneo, fuego y pastoreo).

Limitándonos a un estudio somero de la vegetación las principales masas boscosas están formadas por:

— robledales: el roble melojo constituye el auténtico estrato climácico de la vegetación arbórea de la zona. Aparecen en forma de bosquetes diseminados por un gran número de laderas y valles entre los 1000-1600 metros de altitud. En aquellos lugares donde el robledal ha desaparecido es sustituido por el jaral o brezal.

— hayedos: las hayas constituyen formaciones vegetales enormemente importantes por su carácter relíctico, casi fósil, testimonio viviente de otras épocas en las que las condiciones climáticas diferían enormemente de las de hoy en día. Dentro del Macizo de Ayllón se ubican preferentemente en angostos valles con orientación norte y nornoreste como respuesta de adaptación a las duras condiciones ambientales a los que se enfrentan, muy lejos de su clímax, paliando sus necesidades hídricas con la condensación de la humedad del aire al ascender por valles y collados de especial orientación. Las formaciones de haya son muy reducidas y se limitan a pequeños rodales e incluso ejemplares aislados. Los hayedos más importantes son los del Puerto de la Quesera y Tejera Negra, éste último declarado Parque Natural desde 1978, sin olvidar el de Montejo de la Sierra, situado en la Comunidad de Madrid y que cuenta con la particularidad de ser el más meridional de todos ellos.

— encinares: se localizan siempre por debajo del dominio del roble, entre los 1000-1200 metros y siempre en áreas de solana.

— quejigares: especie intermedia entre la encina y el roble melojo no constituye en nuestra zona formaciones monoespecíficas sino mixtas con uno y otro de los quercus mencionados.

— pinares: su cada vez mayor notoriedad paisajística es debida a las importantes repoblaciones efectuadas por el hombre, básicamente realizadas con pino silvestre, aunque ocasionalmente se pueden ver algunos ejemplares de pinaster.

— sabinares: se localizan preferentemente en el extremo sur así como en las inmediaciones de la Sierra de la Pela.

FAUNA

Aunque la vertiente septentrional de la provincia de Segovia no entra dentro de los límites administrativos de la Reserva Nacional de Caza de Sonsaz, figura legal de protección creada en 1973 que engloba en total 68.106 ha. repartidas entre las provincias de Guadalajara y Madrid, no es menos cierto que comparte básicamente los mismos ecosistemas que llevaron a crear dicha situación jurídica. El origen de su creación fue permitir, sobre todo, el desarrollo del corzo cuya población desde entonces no ha hecho más que aumentar. Lo mismo ha ocurrido con el ciervo aunque en menor medida. Mamíferos como el gato montés, garduña, comadreja, tejón y turón son también muy abundantes, así como el ubicuo jabalí y el astuto zorro. También son abundantes la rapaces como el buitre leonado, águila real, perdicera y calzada, ratonero común, azor, cernícalo y halcón peregrino. Entre las nocturnas destacar la lechuza, mochuelo y búho chico.

KILÓMETROS DESDE MADRID: 123 km.
DISTANCIA TOTAL: 12 kilómetros.
DURACIÓN TOTAL: 5 horas.
TIEMPOS DE MARCHA: Puerto de la Quesera – Collado de las Lagunas; 45 minutos. Collado de las Lagunas – Collado de Cervunal; 1 hora y 15 minutos. Collado de Cervunal – Pico de la Buitrera; 45 minutos. Camino de regreso; 2 horas y 15 minutos.
DESNIVEL: 325 metros.
DIFICULTAD: media. La debida a su desnivel y longitud.
TIPO DE CAMINO: pista forestal y senda. Recorrido de ida y vuelta.
AGUA POTABLE: no encontraremos en todo el camino.
ÉPOCA RECOMENDADA: cualquier estación del año. Si la realizamos en invierno precaución con las placas de hielo y con las nieblas.
SUGERENCIAS: tanto a la ida como a la vuelta podemos parar en el bonito pueblo de Riaza para admirar su magnífica plaza porticada y de paso tomarnos un tentempié.
CARTOGRAFÍA: hoja 432 escala 1:50.000 del I.G.N. o S.G.E.

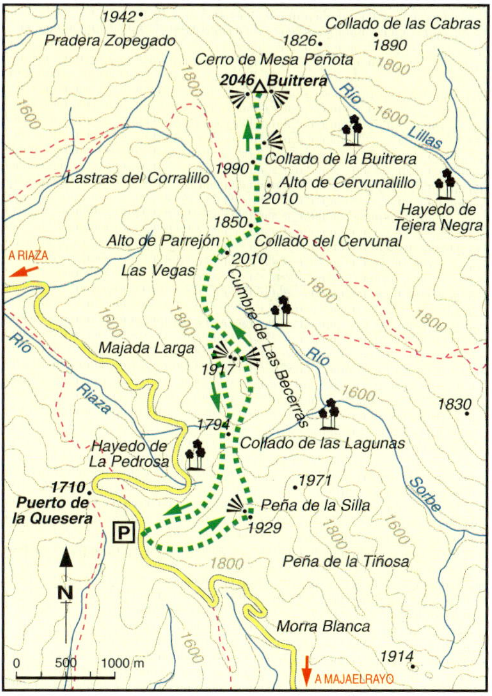

La subida al Pico de la Buitrera la realizaremos por la vertiente segoviana a través del Puerto de la Quesera (1710 m), único paso natural que interrumpe la infranqueable barrera montañosa del Macizo de Ayllón. El acceso al collado se realiza por una estrecha carretera de montaña que parte del mismo pueblo de Riaza en dirección a Riofrío de Riaza, aunque antes de alcanzar esta pequeña población encontraremos el desvío definitivo que nos conducirá hasta el Puerto de la Quesera. El camino de subida es muy bello al remontar un magnífico valle totalmente recubierto por un denso robledal, aunque si estamos atentos podemos apreciar algunos bosquetes de hayas literalmente pegadas a las zonas de umbría y vaguada, algunos de los cuales son atravesados por la misma carretera como sucede con el hayedo de La Pedrosa. Nada más llegar al collado avanzaremos todavía 800 metros más hasta localizar una pequeña explanada que se encuentra situada junto a la primera curva a la derecha, donde abandonaremos nuestro vehículo dispuestos a comenzar este interesante itinerario.

Aquí encontraremos en primer lugar una pequeña puerta giratoria que nos evitará saltar la alambrada que protege el hayedo de La Pedrosa, y a continuación el cortafuegos que nos guiará durante estos primeros instantes. Desde el principio ganaremos rápidamente altura hasta alcanzar una especie de colladito que se esconde tras el primer resalte rocoso que hemos dejado a nuestra izquierda, momento en el cual abandonaremos el cortafuegos, más bien habría que decir pista, dispuestos a progresar a partir de este momento por todo el cordal montañoso hasta alcanzar nuestro objetivo final. El abandonar la pista implica un mayor esfuerzo al estar continuamente subiendo y bajando cuestas como si estuviéramos dentro de un tobogán, lo que ocurre es que el paisaje que vamos a poder contemplar sobre ambas vertientes no tiene nada que ver si lo comparamos con el que se observa desde la pista, mucho más pobre al avanzar por la ladera segoviana. Por ello recomiendo realizar toda la subida por la divisoria de aguas hasta coronar el Pico de la Buitrera y dejar para el regreso, una vez que hemos disfrutado del soberbio paisaje, la cómoda pista que nos guiará hasta el punto de partida.

De nuevo en el camino abandonaremos definitivamente la pista rumbo a la primera dificultad que presenta el terreno, la cumbre de Peña de la Silla (1929 m). La subida la efectuaremos directamente aprovechándonos de un senderillo que progresa junto a una valla. Una vez aquí habrá que prestar especial atención para no equivocarnos de cordal y coger el que con dirección SE se encamina hacia el Pico de la Atalaya (1887 m), cuando el que debemos tomar se dirige hacia el Collado de las Lagunas (1794 m) manteniéndose hasta el final la misma orientación N. Hasta el collado, llamado así por albergar en época de lluvia y deshielos una pequeña charca, llega la primitiva pista que abandonamos hace un buen rato, cosa que volverá a suceder al continuar nuevamente ascendiendo por el fuerte desnivel que crea la Cumbre de Las Becerras (1917 m) constituida en realidad por varios resaltes cuarcíticos de bella apariencia. El esfuerzo de la subida se puede paliar en parte si buscamos un senderillo que progresa por el cordal bordeando los salientes rocosos y asomándose de vez en cuando al profundo valle

que ve nacer al río Sorbe, donde también se asienta un apartado hayedo que casi toca la línea de cumbres.

Algo más arriba, en otro pequeño collado, el senderillo se topa de nuevo con la pista a la que nos incorporaremos durante escasos metros hasta que llegue a su fin, avanzando a partir de ahora por un marcado sendero que se dirige a la cima del Alto de Parrejón (2010 m). Superada ésta, sólo nos restará descender hasta el cercano Collado del Cervunal (1950 m) y continuar por el camino que a media ladera se orienta hacia la ya visible cumbre de la Buitrera

(2046 m). El sendero se encuentra muy bien señalizado por puntos de color amarillo así como por mojones de piedra que nos conducirán hasta el Collado de la Buitrera (1990 m), dejando de esta forma a nuestra derecha el Alto de Cervunalillo (2010 m). En el collado existen un par de pasos entre el roquedo realmente espectaculares ya que nos van a permitir asomarnos al valle del río Lillas del que nos separa "tan sólo" un desnivel algo superior a los 400 metros. Desde aquí puede apreciarse con claridad las distintas manchas de vegetación que cubren sus laderas así como el más famoso de todos los hayedos que alberga el Macizo de Ayllón, el Hayedo de Tejera Negra, pequeño enclave de tan sólo 1391 ha. que ha visto crecer alarmantemente el número de visitantes de los últimos años.

El último esfuerzo nos permitirá coronar el Pico de la Buitrera después de casi tres horas de continua subida. La panorámica es una de las más completas que se puedan tener de todo Ayllón, y si el día acompaña divisaremos en el horizonte las sierras de Urbión y Demanda. Para el camino de regreso lo tenemos mucho más fácil, pues nada más descender el Alto de Parrejón tomaremos la pista que nos conducirá sin pérdida alguna hasta la cuneta donde abandonamos nuestro vehículo, finalizando de esta manera uno de los itinerarios más completos que se pueden realizar por estas apartadas tierras.

MARCO GEOGRÁFICO

Al noreste de la provincia de Segovia el río Duratón crea uno de los espacios más agrestes y hermosos que podemos encontrar en la Península Ibérica. Me estoy refiriendo al tramo comprendido entre la villa de Sepúlveda y el Embalse de Burgomillodo, donde el Duratón ha encadenado una sucesión casi perfecta de hoces de fondo plano custodiadas por acusados escarpes donde predomina la componente vertical, a lo largo de un trayecto que supera ligeramente los 25 kilómetros de longitud. La acción modeladora del cañón se debe a la capacidad erosiva que tienen las aguas de escorrentia, al disolver las calizas y dolomias que constituyen el estrato sedimentario cretácico que forma las altas tierras del páramo. Este proceso kárstico ha provocado que el río incida profundamente en la roca hasta crear un impresionante y continuo tajo labrado como por arte de magia, en medio de la horizontalidad de la meseta de la cual quiere escabullirse a través de una intrincada sucesión de meandros fluviales.

La grandiosidad del escenario unido a la variedad y singularidad de los ecosistemas que en él se asientan le valieron una declaración como parque natural en 1989, por parte del gobierno autonómico de Castilla y León. No obstante, en opinión de los expertos sus 5.030 ha. son del todo insuficientes al no englobar áreas limítrofes como arroyos tributarios, bosques ripícolas y parameras circundantes de gran valor medioambiental. Por último indicar que uno de los hechos que más sorprende y hechiza del cañón del Duratón es su descomunal naturaleza puesta de manifiesto en la enorme disimetría existente entre el fondo del valle y las altas planicies colindantes, situadas incluso 100 metros por encima de las aguas del río. Así llama poderosamente la atención el ambiente más cálido y húmedo que alberga el valle, al resguardo de los vientos fríos, con el duro clima continental que asola las parameras, diferencias que se aprecian muy claramente en los diversos tipos de vegetación que se asientan en la zona como veremos a continuación.

VEGETACIÓN

En efecto, las benignas condiciones climatológicas que se dan entre las paredes del cañón favorecen el desarrollo de un ambiente más templado y húmedo que se manifiesta en el asentamiento de bosques ripícolas o de galería en algunos sectores del río, formados básicamente por sauces, alisos, fresnos, olmos, y álamos. En los escarpes podemos localizar interesantes ejemplos de vegetación saxícola como la espuelilla de hoja carnosa, el te de roca y diversos tipos de hiedra. Al ser una zona de transición podemos encontrar ejemplares aislados de enebros, sabinas, encinas, y recientes repoblaciones de pino negral aguas abajo de la Ermita de San Frutos. Por lo que respecta al páramo decir que los antiguos bosques de encinas han sido sustituidos por campos de cereales y barbechos, hoy salpicados por matorrales de cantueso, tomillo, o salvia que conviven con manchas muy castigadas de encinares de porte arbustivo. En las zonas más frías y áridas es la sabina la que hace acto de presencia, siempre ocupando las partes más altas e inhóspitas de las parameras con formaciones de aspecto adehesado más o menos puro. Por último reseñar la importante extensión que adquiere el pinar en la orilla izquierda del Embalse de Burgomillodo.

FAUNA

Se han inventariado un total de 152 especies de los cuales 111 son aves, 9 peces, 3 anfibios, 21 mamíferos y 8 reptiles. Existe una importante colonia de buitre leonado con cerca de 250 parejas nidificantes. Otras rapaces presentes en el roquedo son el águila real, el búho real o el alimoche. La abundancia de estas aves unido a otras especies más singulares como la alondra de Dupont, la curruca rabilarga y la chova piquirroja, ha sido determinante para que la Unión Europea declarara las Hoces del río Duratón como Zona de Especial Protección para las Aves (ZEPA) en el año 1991. Entre los mamíferos destacar la presencia de la nutria, jineta, tejón, comadreja, lirón careto y gato montés. En los sectores de la paramera abundan los conejos y liebres, la perdiz común y el alcaraván. Por lo que respecta al medio acuático destacar las abundantes poblaciones de barbos, bogas y truchas.

INFORMACIÓN BÁSICA SOBRE EL PARQUE NATURAL

Entre los meses de enero a julio, ambos incluidos, está prohibido el paso a las zonas de reserva –en total hay tres– por ser época de cría, excepto a personas autorizadas. Para solicitar información sobre los permisos lo mejor es dirigirse al Centro de Interpretación de la Naturaleza situado en el pueblo de Sepúlveda en la antigua iglesia de Santiago, o bien llamar por teléfono al 921-540586. También se puede obtener la autorización a través del Servicio Territorial de Medio Ambiente y Ordenación del Territorio sito en la calle Santa Catalina nº 5, Segovia, o como en el caso anterior llamar al teléfono 921-417244.

COMPORTAMIENTO DENTRO DEL PARQUE

Está prohibido acampar, hacer fuego fuera de los lugares señalados, efectuar cualquier tipo de vertido de basuras, escombros o desperdicios fuera de los lugares señalados al efecto, y la recolección de plantas o animales. Es recomendable vestir ropas con colores discretos que no alteren el cromatismo del paisaje ni sobresalten la vida normal de la fauna, así como evitar voces, radios, y cualquier tipo de ruido. Del mismo modo se debe evitar salir de los caminos para no degradar la vegetación y, por supuesto, no escalar a los cortados ni tirar piedras.

KILÓMETROS DESDE MADRID: 118 km.
DISTANCIA TOTAL: 11 kilómetros (ida).
DURACIÓN TOTAL: 3 horas y 30 minutos
TIEMPOS DE MARCHA: Sepúlveda – Puente Picazo; 30 minutos. Puente Picazo – Puente de Talcano; 15 minutos. Puente de Talcano – Puente del Villar; 1 hora y 30 minutos. Puente del Villar – Puente de Villaseca; 1 hora y 15 minutos.
DESNIVEL: 125 metros.
DIFICULTAD: nula. Apta para todos los públicos.
TIPO DE CAMINO: senda en su mayor parte. Recorrido lineal.
AGUA POTABLE: aunque existen un par de fuentecillas es mejor traer llena la cantimplora.
ÉPOCA RECOMENDADA: otoño, invierno y primavera.
SUGERENCIAS: antes de iniciar el recorrido es interesante visitar el Centro de Interpretación de la Naturaleza situado en la antigua Iglesia de Santiago en Sepúlveda. Allí podremos estudiar y comprender a la perfección todos los elementos que componen el parque natural, gracias al abundante material didáctico que se exibe entre los que destacan diaporamas, relieves, reconstrucciones, proyecciones y reproducciones de los sonidos de la fauna. El recorrido está pensado para realizarse en una sola vez y en un único sentido. Para ello es imprescindible contar con otro vehículo de apoyo que estacionaremos previamente donde finaliza el itinerario, para no tener que regresar al lugar de origen andando, lo que alargaría enormemente la jornada de campo. Así pues, es preferible realizar la excursión con un grupo de amigos antes que solo y disponer así de otro automóvil que nos permita hacer la jugada planeada y recorrer en su integridad las Hoces del Duratón.
CARTOGRAFÍA: hojas 430 - 431 escala 1:50.000 del I.G.N. o S.G.E.

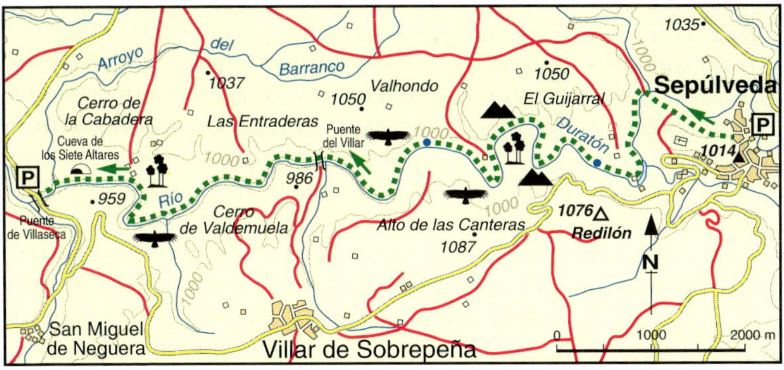

Como sucede con numerosos pueblos de la provincia de Segovia, Sepúlveda conserva todavía un magnífico conjunto histórico de innegable valor artístico que por sí solo merecería una jornada completa de visita. Sin embargo, tendremos que dejar para otra ocasión el itinerario turístico pues nada más aparcar nuestro vehículo en su espléndida Plaza Mayor nos dirigiremos hacia la Puerta del Azogue o del Ecce Homo a través de la calle Barbacana, situada a espaldas del castillo de Fernán González. Tras pasar por debajo de ella continuaremos por la calle San Justo y Postas desechando la calle que conduce al precioso Santuario Virgen de la Peña. Enseguida desaparecerán las últimas casas momento en el cual tomaremos la pista que se encamina hacia la puerta llamada de La Fuerza, visible ya desde el camino. No obstante, cuando alcancemos esta edificación, una de las siete puertas de las que al parecer deriva el nombre de Sepúlveda, habrá que abandonar definitivamente la pista y elegir la antigua calzada romana que por debajo del arco se dirige al valle del río Duratón. Acompañados por algunos almendros el camino salva el importante desnivel del cañón en sucesivos zigzag hasta llegar al puente Picazo, por donde se cruza el río. Nada más superar el puente de trazada romana se abandona la calzada para torcer a la izquierda y así seguir hasta la conclusión del recorrido junto al lecho de las aguas.

La senda por la que discurre el camino siempre deja a nuestra izquierda el cauce no apartándose nunca de sus inmediaciones salvo en un pequeño tramo, cuando el importante paredón de la Hoz nos impida continuar junto a él, para lo cual se ha habilitado un sendero que progresa por el espolón rocoso a una cierta altura, aunque no hay que temer nada pues el camino se encuentra perfectamente protegido por una barandilla de madera. Antes habremos superado una extensa chopera situada en las inmediaciones de la Huerta del Obispo donde se sitúa una antigua alberca así como algunas ruinas. Tras superar el único tramo del camino que ofrece cierta "dificultad" el sendero vuelve a aproximarse al río al que acompaña en su suave devenir hasta la confluencia del arroyo Caslilla, donde se produce un pequeño represamiento artificial de las aguas. En las inmediaciones localizaremos los restos de una antigua fábrica de luz así como las ruinas de un palomar, junto al bonito puente de Talcano, obra de origen romano acertadamente reconstruido por donde prospera otra pista que reconduce a la villa de Sepúlveda.

A partir de este instante nos adentramos en la primera de las zonas de reserva que restringe el paso a personas no autorizadas durante los meses de cría del buitre leonado. Si hasta ahora nuestra vista se había fijado atentamente en los enormes cortados que custodian el valle, desde este momento también habrá que hacerlo sobre la numerosísima colonia que lo habita. Son imprescindibles unos buenos prismáticos para admirar con toda nitidez la bella estampa de este carroñero, fácilmente detectable al aprovechar las oquedades de los desplomes rocosos para instalar sus nidos en los que se acumulan restos de

materia orgánica de color blanquecino fruto de sus defecaciones. Como curiosidad también comentaré que a espaldas de la primera casa que nos encontremos, situada a la izquierda de la senda junto a una cercana fuente, podremos adivinar el recorrido de un antiguo meandro hoy en día abandonado por el río en el único tramo del valle donde momentáneamente se ensancha su fondo.

A lo largo del trayecto efectuaremos numerosas paradas para fijarnos, aquí y allá, en las espectaculares balconadas que el río ha modelado. También veremos una segunda fuente y alguna que otra caseta semiderruida, así como numerosas cuevas instaladas en ambas orillas. Si estamos atentos distinguiremos una pequeña oquedad sita a la derecha del camino que presenta en su entrada dos pequeños dinteles labrados en la piedra en los que puede verse la fecha de 1889.

Cuando llevemos más de la mitad del camino nos toparemos con un nuevo puente, el llamado del Villar, por dirigirse hacia el pueblo de Villar de Sobrepeña la pista que aquí finaliza. Si hasta este instante no hemos realizado ninguna parada es un buen lugar par hacer un alto en el camino y sentarse a comer algo en los verdes campos que bordean el Duratón, sobre todo en su otra orilla. Los siguientes dos kilómetros se caracterizan por un nuevo estrechamiento del valle, adentrándonos en una nueva zona de reserva donde nidifica el buitre leonado al cobijo de espectaculares farallones calcáreos. Sin embargo, una vez sobre pasada la angostura, el cañón se abre definitivamente hasta el final del recorrido lo que ha aprovechado el hombre para cubrir su ancho fondo con importantes plantaciones de chopos. Antes de alcanzar el puente por donde pasa la carretera que une las localidades de Villaseca y Sebúlcor veremos a nuestra derecha un sorprendente monasterio visigótico del siglo VIII, conocido por el nombre de la Cueva de los Siete Altares. Éste

se sitúa muy próximo al puente de Villaseca, unos diez metros por encima del ancho camino, y aunque su acceso está protegido por una sólida verja conviene asomarse hasta la boca de entrada para ver su capilla exterior en la que se aprecia el arco de medio punto del altar. Más adentro existen dos capillas más y cuatro altares excavados en la roca, así como un reducido número de celdas para albergar a la comunidad de monjes. Después de visitar la cueva sólo nos faltará recorrer los escasos 200 metros que nos separan de nuestro vehículo, dando por terminado una de las excursiones más espectaculares y fáciles que se pueden hacer por tierras segovianas.

MARCO GEOGRÁFICO

Al noreste de la provincia de Segovia el río Duratón crea uno de los espacios más agrestes y hermosos que podemos encontrar en la Península Ibérica. Me estoy refiriendo al tramo comprendido entre la villa de Sepúlveda y el Embalse de Burgomillodo, donde el Duratón ha encadenado una sucesión casi perfecta de hoces de fondo plano custodiadas por acusados escarpes donde predomina la componente vertical, a lo largo de un trayecto que supera ligeramente los 25 kilómetros de longitud. La acción modeladora del cañón se debe a la capacidad erosiva que tienen las aguas de escorrentia, al disolver las calizas y dolomias que constituyen el estrato sedimentario cretácico que forma las altas tierras del páramo. Este proceso kárstico ha provocado que el río incida profundamente en la roca hasta crear un impresionante y continuo tajo labrado como por arte de magia, en medio de la horizontalidad de la meseta de la cual quiere escabullirse a través de una intrincada sucesión de meandros fluviales.

La grandiosidad del escenario unido a la variedad y singularidad de los ecosistemas que en él se asientan le valieron una declaración como parque natural en 1989, por parte del gobierno autonómico de Castilla y León. No obstante, en opinión de los expertos sus 5.030 ha. son del todo insuficientes al no englobar áreas limítrofes como arroyos tributarios, bosques ripícolas y parameras circundantes de gran valor medioambiental. Por último indicar que uno de los hechos que más sorprende y hechiza del cañón del Duratón es su descomunal naturaleza puesta de manifiesto en la enorme disimetría existente entre el fondo del valle y las altas planicies colindantes, situadas incluso 100 metros por encima de las aguas del río. Así llama poderosamente la atención el ambiente más cálido y húmedo que alberga el valle, al resguardo de los vientos fríos, con el duro clima continental que asola las parameras, diferencias que se aprecian muy claramente en los diversos tipos de vegetación que se asientan en la zona como veremos a continuación.

VEGETACIÓN

En efecto, las benignas condiciones climatológicas que se dan entre las paredes del cañón favorecen el desarrollo de un ambiente más templado y húmedo que se manifiesta en el asentamiento de bosques ripícolas o de galería en algunos sectores del río, formados básicamente por sauces, alisos, fresnos, olmos, y álamos. En los escarpes podemos localizar interesantes ejemplos de vegetación saxícola como la espuelilla de hoja carnosa, el te de roca y diversos tipos de hiedra. Al ser una zona de transición podemos encontrar ejemplares aislados de enebros, sabinas, encinas, y recientes repoblaciones de pino negral aguas abajo de la Ermita de San Frutos. Por lo que respecta al páramo decir que los antiguos bosques de encinas han sido sustituidos por campos de cereales y barbechos, hoy salpicados por matorrales de cantueso, tomillo, o salvia, que conviven con manchas muy castigadas de encinares de porte arbustivo. En las zonas más frías y áridas es la sabina la que hace acto de presencia, siempre ocupando las partes más altas e inhóspitas de las parameras con formaciones de aspecto adehesado más o menos puro. Por último reseñar la importante extensión que adquiere el pinar en la orilla izquierda del Embalse de Burgomillodo.

FAUNA

Se han inventariado un total de 152 especies de los cuales 111 son aves, 9 peces, 3 anfibios, 21 mamíferos y 8 reptiles. Existe una importante colonia de buitre leonado con cerca de 250 parejas nidificantes. Otras rapaces presentes en el roquedo son el águila real, el búho real o el alimoche. La abundancia de estas aves unido a otras especies más singulares como la alondra de Dupont, la curruca rabilarga y la chova piquirroja, ha sido determinante para que la Unión Europea declarara las Hoces del río Duratón como Zona de Especial Protección para las Aves (ZEPA) en el año 1991. Entre los mamíferos destacar la presencia de la nutria, jineta, tejón, comadreja, lirón careto y gato montés. En los sectores de la paramera abundan los conejos y liebres, la perdiz común y el alcaraván. Por lo que respecta al medio acuático destacar las abundantes poblaciones de barbos, bogas y truchas.

INFORMACIÓN BÁSICA SOBRE EL PARQUE NATURAL

Entre los meses de enero a julio, ambos incluidos, está prohibido el paso a las zonas de reserva –en total hay tres– por ser época de cría, excepto a personas autorizadas. Para solicitar información sobre los permisos lo mejor es dirigirse al Centro de Interpretación de la Naturaleza situado en el pueblo de Sepúlveda en la antigua iglesia de Santiago, o bien llamar por teléfono al 921-540586. También se puede obtener la autorización a través del Servicio Territorial de Medio Ambiente y Ordenación del Territorio sito en la calle Santa Catalina nº 5, Segovia, o como en el caso anterior llamar al teléfono 921-417244.

COMPORTAMIENTO DENTRO DEL PARQUE

Está prohibido acampar, hacer fuego fuera de los lugares señalados, efectuar cualquier tipo de vertido de basuras, escombros o desperdicios fuera de los lugares señalados al efecto, y la recolección de plantas o animales. Es recomendable vestir ropas con colores discretos que no alteren el cromatismo del paisaje ni sobresalten la vida normal de la fauna, así como evitar voces, radios, y cualquier tipo de ruido. Del mismo modo se debe evitar salir de los caminos para no degradar la vegetación y, por supuesto, no escalar a los cortados ni tirar piedras.

KILÓMETROS DESDE MADRID: 125 km.
DISTANCIA TOTAL: 7,5 kilómetros (ida).
DURACIÓN TOTAL: 3 horas
TIEMPOS DE MARCHA: Puente de Villaseca – Ermita de la Virgen de la Calleja; 30 minutos. Ermita de la Virgen de la Calleja – Meandro del Monasterio de la Hoz; 1 hora y 30 minutos. Meandro del Monasterio de la Hoz – Priorato de San Frutos; 1 hora.

DESNIVEL: 100 metros.
DIFICULTAD: media. Durante buena parte del recorrido vamos a caminar por la parte superior de los cortados, casi por su mismo borde, por lo que deberán abstenerse de realizarlo aquellas personas que sufran de vértigo. En días de lluvia o con el suelo mojado mucha precaución con los resbalones. No realizar en solitario el itinerario.
TIPO DE CAMINO: senda y veredas del ganado. Recorrido lineal.
AGUA POTABLE: no encontraremos agua en todo el camino.
ÉPOCA RECOMENDADA: otoño, invierno y primavera.
SUGERENCIAS: antes de iniciar el recorrido es interesante visitar el Centro de Interpretación de la Naturaleza situado en la antigua Iglesia de Santiago en Sepúlveda. Allí podremos estudiar y comprender a la perfección todos los elementos que componen el parque natural, gracias al abundante material didáctico que se exibe entre los que destacan diaporamas, relieves, reconstrucciones, proyecciones y reproducciones de los sonidos de la fauna. El recorrido está pensado para realizarse en una sola vez y en un único sentido. Para ello es imprescindible contar con otro vehículo de apoyo que estacionaremos previamente donde finaliza el itinerario, para no tener que regresar al lugar de origen andando, lo que alargaría enormemente la jornada de campo. Así pues, es preferible realizar la excursión con un grupo de amigos antes que solo para así disponer de otro automóvil que nos permita hacer la jugada planeada y recorrer en su integridad las Hoces del Duratón. Para los más aventureros otra opción interesante es enlazar los dos itinerarios de las hoces del río Duratón en una sola vez y en un único sentido, tardando aproximadamente seis horas y media en recorrer los 18,5 kilómetros que separan Sepúlveda de la Ermita de San Frutos.
CARTOGRAFÍA: hojas 430 - 431 escala 1:50.000 del I.G.N. o S.G.E.

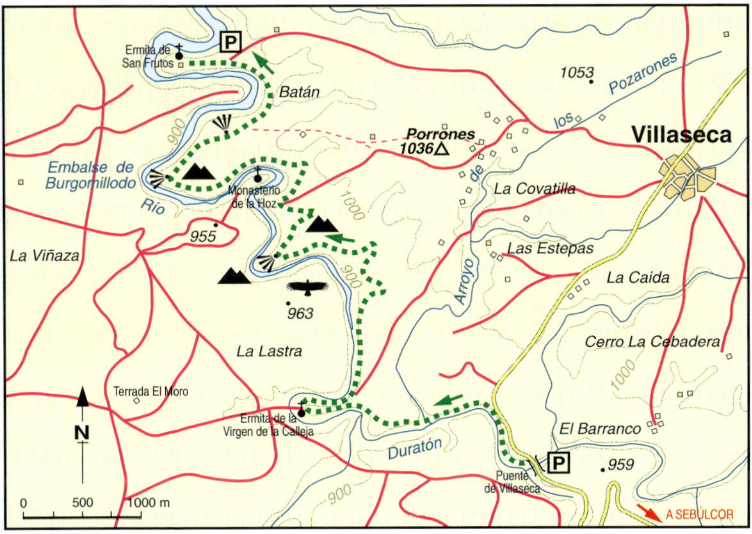

Este segundo itinerario que recorre el tramo más bajo de las Hoces del río Duratón toma como punto de partida el ya conocido Puente de Villaseca, aunque tengo que decir que en algunos libros y mapas consultados también aparece con el nombre de San Juan, por situarse muy cerca de la desembocadura del arroyo que le da nombre.

Si venimos desde el pueblo de Villaseca, antes de cruzar el puente encontraremos a la derecha una pista que baja hasta la amplia explanada donde se ha habilitado una zona recreativa que incluye un par de bares. Aquí abandonaremos nuestro vehículo dispuestos a iniciar el recorrido tomando para ello la pista que sigue la misma dirección que las aguas del río. La pista atraviesa una magnífica alameda y en escasos 500 metros desaparece, justo cuando el valle se estrecha, progresando a partir de este momento por una marcada senda que se encuentra señalizada en sus inicios por estacas de color verde. Enseguida los cortados van a hacer acto de aparición, especialmente en la orilla derecha, con esbeltos desplomes en los que ocasionalmente pueden verse algunas oquedades de gran tamaño, como sucede con las cuevas de Santero Epe, Cuarcimalo y la del Polvo, estas dos últimas comunicadas entre sí.

Nada más sobrepasar la primera curva del río, a la altura de un pequeño represamiento de las aguas, el sendero se ve obligado a ascender por la ladera para así evitar un angosto paso que impide nuestro avance por la orilla, de todas formas rápidamente volveremos a descender hasta visualizar un cerrado meandro en cuyo frontal se sitúa algún que otro muro de la antigua Ermita de la Virgen de la Calleja. Hasta sus ruinas bajaremos para así progresar nuevamente junto al río Duratón, aunque por breves instantes, pues el cauce definitivamente se adentra en un estrecho cañón formado por paredes que superan los 100 metros de caída casi vertical del que no escapa hasta aguas abajo del embalse de Burgomillodo. Así pues se plantean dos posibilidades; bien continuar por el fondo del valle para luego subir hasta la Ermita de San Frutos, o bien abandonar definitivamente el lecho de las aguas y realizar lo que nos queda de itinera-

rio por el mismo borde de los cortados. Yo propongo la segunda opción pues de esta forma dependeremos de nosotros mismos, me explico, al progresar por el angosto valle corremos el riesgo que el nivel de las aguas del embalse tape por completo el fondo del mismo, resultándonos prácticamente imposible caminar cómodamente por el estrecho margen de terreno que hay hasta el pie de los cantiles, además, en el mejor de los casos nos puede resultar muy pesado andar por terrenos normalmente cubiertos por barro y enfangados. Esta es la razón por la cual me decanto por la segunda opción, mucho más rápida y variada, pues al ir por las alturas tenemos una visión muy distinta de las Hoces del río Duratón que nada tiene que ver con lo que se aprecia desde su fondo, como sucedía en el anterior itinerario.

Cuando el valle definitivamente se encajona abandonaremos para siempre la orilla del río y comenzaremos a ganar altura hasta situarnos por encima de los desplomes rocosos, utilizando siempre alguno de los numerosos senderillos que recorren la ladera utilizados normalmente por rebaños de cabras. La ausencia total de vegetación nos va a permitir en todo momento elegir el camino más fácil, siempre más o menos cerca de la ceja del cortado, aunque siempre manteniendo una mínima distancia de seguridad. Procuraremos avanzar lo más alto posible para evitar así los diversos escalones del cañón, algo más peligrosos de atravesar por la llamada al vacío que los entrecorta, pero siempre sin perder de vista los bellísimos y gigantescos meandros del río que debajo de nuestros pies descubren las entrañas de los estratos rocosos. La visión del valle la mantendremos siempre, salvo cuando nos veamos obligados a bordear pequeños barrancos por donde discurren muy ocasionalmente algunos regatos nacidos en el seno de las planicies. Estas vaguadas están lo suficientemente encajadas en el terreno como para no poder cruzarlas directamente, viéndonos obligados a dar pequeños rodeos que evitan el brusco desnivel, eso sí, siempre a través de veredillas trazadas por el ganado.

Al superar el segundo de estos arroyos enseguida aparecerá ante nuestra atónita mirada las ruinas del Monasterio de Nuestra Señora de la Hoz, asentadas en la otra orilla bajo el majestuoso cortado de un meandro, en la que es sin lugar a duda la más bella hoz del Duratón. El monasterio fue fundado por los franciscanos en el año 1231 que eligieron este enclave por su difícil comunicación, sobre un espolón rocoso en medio del valle al que sólo se puede acceder por un extremo, así como por los fértiles suelos que lo rodeaban hoy tapados por las aguas del embalse. En la actualidad el convento presenta un abandono total y puede apreciarse como ha cedido incluso partes del voladizo rocoso que sepultan algún que otro muro del convento. Su visita debe realizarse desde el pueblo de Sebúlcor de donde parte una pista forestal que se aproxima hasta las inmediaciones, tomando luego un sendero que desciende hasta el río. Nosotros en cambio continuaremos por la otra orilla rodeando el precioso meandro en dirección a la cercana Ermita de San Frutos, aunque antes tengo que indicar que existe un camino que baja hasta el río a través de una pequeña vaguada que se localiza justo enfrente de las ruinas; si descendemos comentar que existe un sendero que progresa más o menos cerca del cauce a través de la ladera en dirección a nuestro objetivo final.

Antes de llegar a la nueva construcción religiosa, habrá que rodear un gran meandro tras el cual se ubica un nuevo barranco bastante profundo que da la impresión de haber sido también en sus inicios un meandro del propio río Duratón, como lo atestigua el cerro que ha quedado en resalte tras la retirada de las aguas. Lo más recomendable es bajar a su fondo y remontar el cauce hasta incorporarnos de nuevo al cañón, que describe un último meandro de 180 grados antes de llegar a la ermita. El Priorato de San Frutos se alza en medio de la soledad del páramo en el puntal de un estrecho meandro al que se accede por el Puente de la Cuchillada, paso natural que salva el estrecho y profundo precipicio que aísla y defiende el acceso a San Frutos. Según la tradición el profundo tajo que ofrece la roca en el puente se atribuye al báculo de San Frutos usado milagrosamente para defender a los vecinos de Se-

púlveda, refugiados junto al santo para protegerse de las hordas moriscas. Desde lo alto del promontorio se visualiza la cabecera del pantano así como una amplia panorámica que se extiende hasta las cumbres de Ayllón y Guadarrama, aunque si miramos al cielo veremos también el majestuoso vuelo del buitre leonado, que en toda esta zona tiene unas medidas de especial protección.

Hasta la ermita llega una pista forestal que tomaremos para acercarnos hasta la explanada donde previamente habremos estacionado nuestro vehículo, dando por concluido el segundo de los itinerarios que nos han permitido conocer mejor el Parque Natural de las Hoces del Duratón.

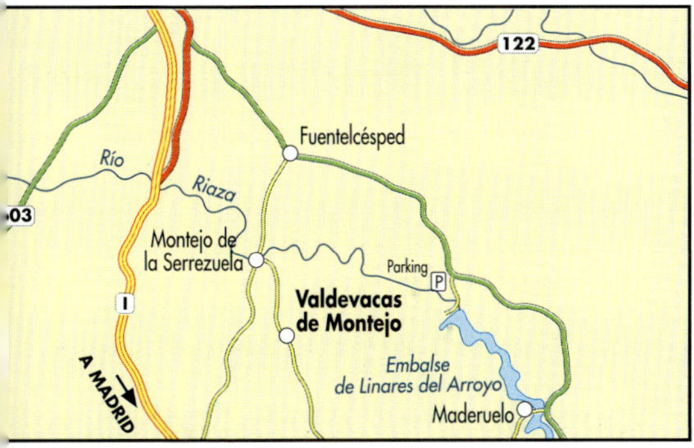

Marco geográfico

El río Riaza nace en las inmediaciones del Puerto de la Quesera, en pleno Macizo de Ayllón, rodeado de cumbres que superan los dos mil metros de altitud. En su cabecera se localizan importantes restos glaciares así como una de las mejores masas de roble melojo conservadas dentro de la provincia de Segovia, y como no, su más preciada joya, el hayedo de La Pedrosa. Tras recibir los últimos afluentes de la Sierra de Grado el río comienza a encajarse en el terreno hasta crear un profundo desfiladero del que no escapa hasta casi su afluencia con el río Duero, siendo su tramo más espectacular el comprendido entre las localidades de Maderuelo y Montejo de la Vega al seccionar a tajo las modestas elevaciones de la Sierra de Pradales.

Este sector encañonado del río Riaza se extiende a lo largo de algo más de 15 kilómetros de angosto valle en el que se suceden espectaculares cortados horadados en los estratos calizos, que en alguna ocasión superan los 100 metros de desnivel. Toda la zona está declarada en su mayor parte Refugio de Caza por la Comunidad de Castilla-León a la espera de su ansiada mención como parque natural, sobre una extensión aproximada de 8000 hectáreas que coincidiría con el área declarada asimismo Zona de Especial Protección para las Aves (ZEPA) por la Unión Europea. A la espera de dicha figura legal comentar por último que existen dos refugios de aves administrados uno de ellos por Adena, el que se sitúa en las inmediaciones de la Ermita de Casuar, y el otro por la Confederación Hidrográfica del Duero, ubicado este último muy cerca del Embalse de Linares del Arroyo.

Vegetación

Podemos distinguir atendiendo a la vegetación que cubre el valle tres ambientes diferentes:

— el que se extiende por las inmediaciones del río compuesto por un bosque de galería que se ciñe a los márgenes del cauce. Las especies más comunes son sauces, alisos y sobre todo chopos y álamos.

— el que cubre las laderas del valle allí donde la verticalidad de los cortados lo permite. Aquí se puede apreciar una gran dicotomía entre la ladera de umbría, mucho más boscosa con formaciones mixtas de encinar-quejigal mezclados con individuos aislados de sabina albar, y la de solana, donde apenas aparecen algunas manchas de encinar de porte chaparro así como enebros y sabinas. También el sotobosque se encuentra mucho más desarrollado en la vertiente septentrional, no sólo compuesto por plantas aromáticas como sucede en la vertiente opuesta, sino también por guillomos, cornicabas, majuelos, mostajo, rosales silvestres, y el sempiterno enebro.

— por último mencionar las formaciones vegetales que cubren las planicies que bordean el cañón, reducidas en la actualidad a pequeños enclaves de sabinar muy castigados por el hombre como lo demuestra su aspecto adehesado. Aparecen como formaciones más o menos puras y siempre relegadas a los terrenos de topografía más irregular, ya que el resto del páramo son los campos de cultivo los grandes dominadores del paisaje.

FAUNA

El gran protagonista de este espacio natural es el buitre leonado, como también sucedía en las cercanas Hoces del río Duratón, con más de 200 parejas censadas que lo convierten en el segundo asentamiento más importante de esta especie en toda Europa. Además crían en estos acantilados alimoches, águilas reales, halcones comunes, búhos reales... En los eriales vecinos destacar la escasa alondra Dupont y otras aves esteparias como gangas, sisones, garzas, anátidas invernantes, fochas, y otras aves acuáticas en el Embalse de Linares del Arroyo. Entre los mamíferos mencionar la presencia de la nutria, jineta, tejón, comadreja, lirón careto, jabalí y gato montés.

KILÓMETROS DESDE MADRID: 130 km.
DISTANCIA TOTAL: 11,5 kilómetros (ida).
DURACIÓN TOTAL: 3 horas
TIEMPOS DE MARCHA: Parking – Central Eléctrica; 30 minutos. Central Eléctrica – Viaducto de la vía del tren; 30 minutos. Viaducto de la vía del tren – Ermita de Casuar; 45 minutos. Ermita de Casuar – Valdevacas de Montejo; 1 hora y 15 minutos.
DESNIVEL: 225 metros.
DIFICULTAD: nula. Apta para todos los públicos.
TIPO DE CAMINO: pista forestal. Recorrido lineal.
AGUA POTABLE: no encontraremos agua en todo el camino.
ÉPOCA RECOMENDADA: otoño, invierno y primavera.
SUGERENCIAS: llevar prismáticos para la observación de las rapaces. El recorrido se puede realizar en bicicleta de montaña. El recorrido está pensado para realizarse en una sola vez y en un único sentido, para ello es imprescindible contar con otro vehículo de apoyo que estacionaremos previamente donde finaliza el itinerario, para no tener que regresar al lugar de origen andando, lo que alargaría enormemente la jornada de campo. Así pues, es preferible realizar la excursión con un grupo de amigos antes que solo para así disponer de otro automóvil que nos permita hacer la jugada planeada y recorrer en su integridad las Hoces del río Riaza.
CARTOGRAFÍA: hoja 375 escala 1:50.000 del I.G.N. o S.G.E.

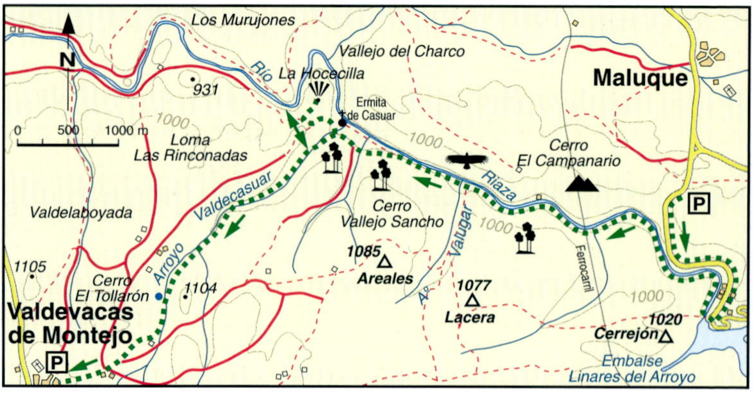

El punto de partida de este nuevo itinerario es el aparcamiento que ha habilitado en las inmediaciones del Embalse de Linares del Arroyo la compañía eléctrica Unión Fenosa. Para acceder a él tomaremos la carretera que une las localidades de Maderuelo y Fuentelcésped y elegiremos el desvío debidamente indicado que a mitad de camino baja hasta la presa. Antes de llegar a sus instalaciones nos encontraremos con una barrera que, impide el paso de vehículos no autorizados y junto a ella el estacionamiento antes comentado.

La bajada a las instalaciones la efectuaremos por la carretera de acceso, no empleando más de 30 minutos en recorrer los escasos 2 kilómetros que nos separan del dique de contención. Antes de alcanzarlo, cuando ya estemos en el fondo del valle, veremos unas casas destinadas a albergar a los operarios que aquí trabajan así como un puente con barandilla de color amarillo que salva las aguas del río Riaza. Será por este último por donde cambiemos de orilla dispuestos a coger la pista forestal que progresa por la otra margen, y que nos conducirá sin complicación alguna por el tramo más espectacular del cañón. Desde el primer momento nos veremos envueltos por magníficos cortados erosionados por la acción disolutiva de las aguas de escorrentia, creando formas caprichosas como sucede con los cantiles del Cerro del Campanario, con siluetas que asemejan torreones de una muralla. Por el contrario la vegetación se limita a las proximidades del cauce, donde aparecen plantaciones de álamos, ya que las laderas aparecen totalmente descarnadas sin ningún tipo de protección para los suelos, con un raquítico matorral formado por aliagas, carrascas y alguna sabina.

En escasa media hora alcanzaremos el colosal viaducto por donde pasa la línea de ferrocarril Madrid-Burgos, momento a partir del cual el valle se estrecha aún más hasta quedar reducido a su mínima expresión, hecho que contrasta con la verticalidad de sus paredes, tan abruptas y cerradas que en los meses de invierno apenas dejan pasar los rayos del sol. Este ambiente más umbroso ha favorecido el asentamiento de un denso manto vegetal de innegable belleza, que abarca desde las amplias laderas donde se asienta un enmarañado encinar-quejigal acompañado por arces y sabinas aisladas, hasta el lecho del río, donde proliferan las saucedas y alisidas tan importantes para la conservación del ecosistema fluvial. Como única incidencia del camino reseñar que sobrepasaremos un desvío a la izquierda que se dirige hacia el barranco de Valugar, por donde circula un pequeño arroyo con agua casi todo el año que superaremos también. A partir de este instante, la pista se va a alejar ligeramente del río a la vez que comienza a ganar altura pausadamente hasta coronar una pequeña lomita desde la que ya se divisa la Ermita de Casuar, situada en un ensanchamiento del cañón. A la construcción religiosa la preceden numerosas huertas así como una casa realmente curiosa al estar realizada con vagones de tren. Como curiosidad también decir que las laderas que rodean este enclave están cubiertas en su totalidad por un bosque de sabina albar muy bien conservado, normalmente entremezclado con enebros de gran porte.

Para visitar la Ermita románica hay que tomar un breve desvío que nos permitirá apreciar el lamentable abandono que presenta hoy en día. En realidad son los restos de la antigua iglesia que perteneció al Monasterio de Casuar, pequeña abadía regida por la orden de los benedictinos de la que sólo se conservan los muros y la bóveda del ábside, ya que la techumbre del templo ha desaparecido como el resto del monasterio.

La pista que nos ha guiado hasta este bonito rincón del valle gira bruscamente a la izquierda y se adentra en el barranco de Valdecasuar en dirección a nuestro objetivo final, el pueblo de Valdevacas de Montejo. Sin embargo, antes de

encaminarnos hacia él propongo avanzar unos instantes más por el cauce del río Riaza a través de un sendero que nace en las proximidades de una casa con porche que se encuentra muy cerca de la Ermita de Casuar. El camino bordea el muro de piedra de la propiedad y gana rápidamente altura en busca de una loma desde la que se divisa una de las mejores, por no decir la mejor, panorámica de todas las Hoces del río Riaza, tanto aguas arriba como hacia la vega de Montejo. El extremo de la loma provoca un acusado meandro de 180 grados que es conocido por el nombre de La Hocecilla, angosto desfiladero que impide el paso de cualquier camino al caer los cortados hasta el mismo lecho de las aguas. El sendero que hemos tomado continua por lo más alto de los cortaderos durante un pequeño trecho hasta que nuevamente se reincorpora al valle, ya muy cerca del pueblo de Montejo de la Vega. Nosotros sin embargo no lo veremos pues nada más hacer este breve inciso nos reincorporaremos a la primitiva pista en dirección al barranco de Valdecasuar, pequeña incisión en el relieve provocada por el arroyo del mismo nombre que durante poco más de dos kilómetros crea un magnífico cañón que nada tiene que envidiar al de su hermano mayor. Además ofrece la particularidad de estar totalmente cubierto por un magnífico sabinar constituido por individuos de gran porte capaces de soportar las condiciones climáticas más extremas, aunque desgraciadamente no se han librado de alguna que otra repoblación de pinos.

La pista remonta en su totalidad el barranco hasta que se incorpora a la planicie del páramo dominando a partir de este instante el paisaje los extensos campos de cereales, sólo interrumpidos por pequeñas hileras de chopos allí donde discurre algún regato de agua. La proximidad al pueblo viene determinada por la aparición de huertecillos que ocupan las inmediaciones del cauce del arroyo, algunas alamedas así como por un pilón con fuente. Al final el camino se separa del arroyo y sube hasta Valdevacas de Montejo, no sin antes haber sobrepasado algún que otro desvío.

TOLEDO

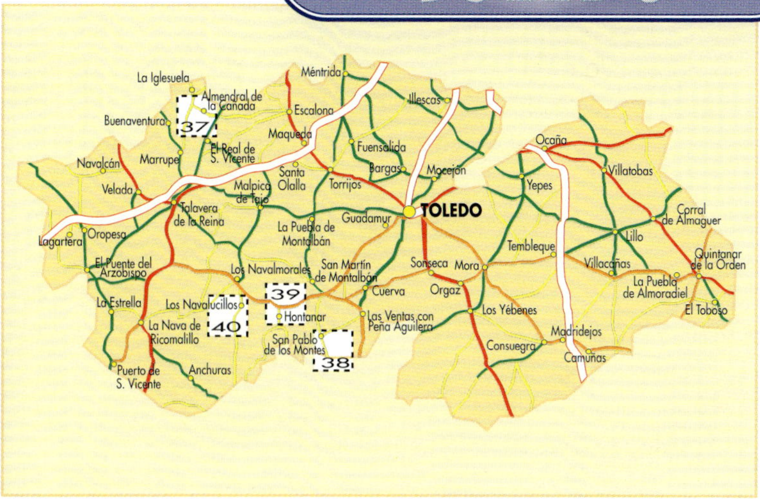

RUTAS

37. SIERRA DE SAN VICENTE
38. SIERRA DE SAN PABLO DE LOS MONTES
39. PICO SOMBRERERA
40. CASCADA DEL CHORRO

Marco geográfico

La Sierra de San Vicente se localiza en el borde septentrional de la provincia de Toledo constituyendo el último contrafuerte montañoso del Sistema Central en su sector más meridional, antes de adentrarse en la Fosa del Tajo. El conjunto queda limitado por los valles del Tiétar, con el que entra en contacto mediante un enlace abrupto, y del Alberche, con el que se relaciona a través de una rampa tendida. Al oeste es el río Tajo quien marca distancias mientras que al este la Sierra de San Vicente tiene continuidad a través de modestas entidades montañosas como las sierras de La Higuera, Peña Berrocal, Peña Cenicientos y Peña Cadalso, enlazando a partir de esta última con las primeras elevaciones de la Sierra de Guadarrama. Todo el conjunto se organiza como un gran bloque tectónico o horst levantado entre dos fosas –Tiétar y Alberche– siguiendo una línea de fractura de orientación SO-NE, con un claro predominio de los materiales metamórficos como el granito y el gneis. La línea de cumbres se caracteriza por ofrecer perfiles suaves y redondeados, sobre los que se han desarrollado formas graníticas menores, como lanchares, piedras berroqueñas y domos. Su origen se encuentra en el desmantelamiento de las superficies culminantes, de tal modo que la destrucción de la capa alterada deja al descubierto las rocas no meteriorizadas que dan lugar a las distintas formas en función del diaclasado y de la fracturación.

Vegetación

La Sierra de San Vicente está colonizada por una vegetación frondosa típicamente mediterránea que se sucede en altitud según los condicionantes climáticos van cambiando –temperaturas y precipitaciones–. Según esta descripción podemos encontrar diversos pisos de arbolado:

— el piso inferior corresponde al encinar, formación vegetal que sube mucho en altitud en las áreas de solana en las que constituye la vegetación climácica, mientras que en las laderas frescas y húmedas queda relegado a posiciones más bajas. El estado de conservación del encinar está en relación directa con el tipo de uso al que ha sido destinado el terreno, de tal modo que podemos encontrar zonas muy castigadas por la agricultura y la ganadería y otras en las que aparece un encinar adehesado de gran belleza. Su sotobosque está compuesto principalmente por enebros, que alcanzan algunas veces la talla arbórea a modo de pequeños bosquetes, cantueso, torvisco, retama, lino y jaguarzo blanco. Por último señalar la presencia de alcornoques en aquellos lugares más resguardados y húmedos de la sierra.

— el encinar es sustituido en altura por un bosque caducifolio compuesto esencialmente por roble melojo y castaño, asentados sobre un suelo silíceo en general pobre y poco evolucionado. El robledal se encuentra perfectamente adaptado a las condiciones bioclimáticas que se aproximan mucho a su óptimo, especialmente en la vertiente septentrional, donde crea un bosque de gran extensión y tamaño aunque intercalado con castaños. Este último en cambio crea una masa pura de cierta importancia en la ladera de solana, sin duda extendida artificialmente desde antaño por ser una especie muy apreciada por el hombre tanto por su fruto como por su excelente madera. Intercalados en el robledal y el castañar aparecen algunos ejemplares de fresnos y cerezos, así como un denso matorral constituido en su totalidad por jaras, enebros y retamas.

— en las partes más altas de la sierra los caducifolios son sustituidos por pinares compuestos principalmente por las variedades pinaster y silvestre. Esta masa es fruto de recientes repoblaciones que se limitan a pequeñas extensiones localizadas generalmente a las laderas de umbría y siempre sobre suelos donde el robledal encuentra su hábitat natural, como lo demuestra las continuas rozas que se efectúan para mantener a raya los brotes de robles.

— finalmente en la zona de cumbres la vegetación arbórea da paso a un pastizal de porte almohadillado entremezclado con algún ejemplar de enebro muy achaparrado.

FAUNA

A pesar de las profundas transformaciones a las que se ha visto sometida, la Sierra de San Vicente encierra todavía hoy en día una gran variedad de especies animales que han sabido adaptarse a los cambios introducidos por el hombre. Entre ellas destacan:

— aves: azor, águila calzada, águila culebrera, águila real, milano negro, cernícalo común, mochuelo y autillo.

— mamíferos: erizo, ratón de campo, conejo, liebre, zorro, comadreja y jabalí.

— reptiles: lagarto ocelado y culebra bastarda.

KILÓMETROS DESDE MADRID: 109 km.
DISTANCIA TOTAL: 13 kilómetros.
DURACIÓN TOTAL: 5 horas y 30 minutos.
TIEMPOS DE MARCHA: Almendral de la Cañada – Pico de las Cruces; 3 horas. Pico de las Cruces – Almendral de la Cañada; 2 horas y 30 minutos.
DESNIVEL: 700 metros.
DIFICULTAD: media. No tanto por complicaciones técnicas sino por la fuerte pendiente que hay que salvar.
TIPO DE CAMINO: pista forestal. Recorrido circular.
AGUA POTABLE: encontraremos una fuente en la subida.
ÉPOCA RECOMENDADA: otoño y primavera.
SUGERENCIAS: itinerario ideal para pasar un día tranquilo de campo. Visitar a la finalización de la excursión las ruinas del Convento de Piélago.
CARTOGRAFÍA: hojas 579-602 escala 1:50.000 del I.G.N. o S.G.E.

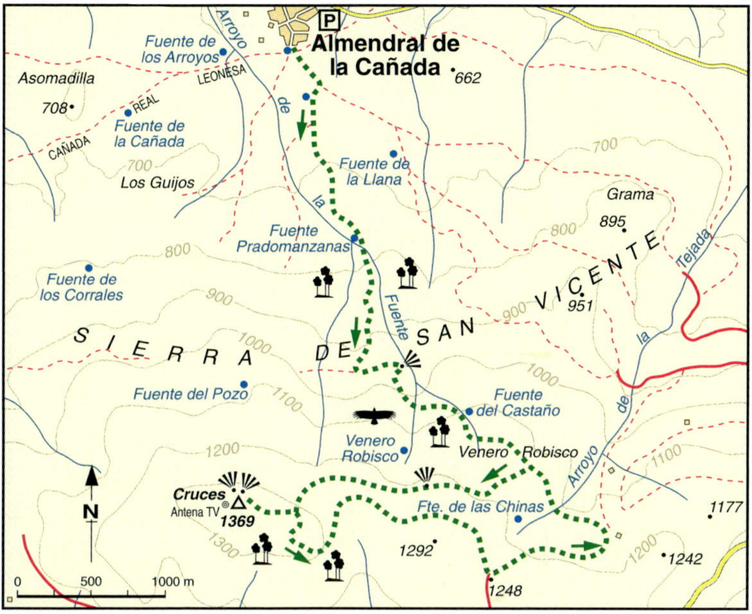

La ascensión al Pico de las Cruces (1369 m) la vamos a realizar desde Almendral de la Cañada, bonita localidad serrana asentada en la falda de la ladera norte de la Sierra de San Vicente. Al llegar al pueblo tomaremos la calle principal que se dirige hasta una pequeña plazoleta situada a sus afueras, donde se ubica una gran fuente así como las últimas casas de la población, justo por donde pasa la Cañada Real Leonesa, de ahí la gran anchura de la calle así como su apariencia descuidada sin ningún tipo de pavimentación. Aquí será donde abandonaremos nuestro vehículo dispuestos a emprender la andadura eligiendo para ello una de las dos pistas que confluyen en las inmediaciones del pilón, en concreto la de la izquierda. Ésta enseguida dejará atrás las últimas construcciones en dirección al depósito de aguas que existe en las inmediaciones, no sin antes sobrepasar un campo de fútbol así como una nueva fuente con abrevadero. En las proximidades del estanque encontraremos un desvío a la derecha que desecharemos, al continuar nosotros por la misma pista que desde su inicio no ha hecho otra cosa que ganar altura, aunque a partir de este momento se hará mucho más evidente al afrontar la ladera sin ningún tipo de dubitación.

El ascenso por la pendiente pone de manifiesto los progresivos cambios que experimenta el paisaje, al principio casi imperceptibles, pero a medida que subimos en altura éstos se hacen muy profundos y llamativos. Así se pasa en muy poco espacio de los pequeños huertos, frutales, viñedos y pastizales que rodeaban el pueblo a un magnífico robledal de gran porte que cubre por completo la vertiente norte del Pico de las Cruces, máxima cota de toda la Sierra de San Vicente.

La subida como he comentado anteriormente es dura pues en ningún momento dejamos de ascender, prueba de ello es que la propia pista tiene su firme cementado en los repechos más duros para sí permitir el paso de vehículos, pues no tenemos que olvidar que estamos siguiendo un antiguo camino carretero. En aproximadamente 30 minutos visualizaremos un nuevo depósito de aguas, esta vez de apariencia redondeada y a nuestra izquierda, así como otra cercana fuente situada junto al camino que recibe el nombre de Pradomanzanas. A partir de aquí el bosque se vuelve mucho más frondoso hasta cubrir por completo la ladera de la montaña, a la vez que la subida se da un pequeño respiro durante unos breves instantes aprovechando un falso llano que finaliza al toparnos con una bifurcación. A este desvío hay que prestar especial atención pues no se halla del todo visible, ya que el nuevo ramal que vamos a tomar no se encuentra muy marcado en el terreno por tratarse de una antigua pista forestal hoy día en desuso. El desvío se localiza en una cerrada curva que describe la pista principal a la altura de una diminuta explanada, justo antes que las copas de los robles oculten por completo el camino. Así pues, no habrá más que girar a nuestra izquierda y tomar este nuevo ramal que de inmediato comienza a ganar altitud. Las rodadas de la pista se encuentran parcialmente ocultas por pequeños matorrales que delatan su abandono, algo que no debe importarnos pues así le da la apariencia de una senda que progresa por un bonito robledal que en otoño cubre por completo de hojarasca el suelo.

Al avanzar a media ladera la panorámica que se abre es realmente magnífica al englobar buena parte del Macizo de Gredos y las primeras estribaciones montañosas de la Comunidad de Madrid, como la fácilmente reconocible Peña Cenicientos. También observaremos el pueblo de Almendral de la Cañada y la vaguada en la que se asienta, así como el nuevo valle al que nos dirigiremos en breves instantes. Éste se encuentra surcado por el arroyo de la Fuente y alberga en su seno un castañar de bello porte que se entremezcla con el robledal, lugar muy apreciado por el jabalí que encuentra en este recóndito rincón el agua y los alimentos necesarios para sacar adelante sus crías. Tras cruzar el cauce del arroyo el camino nuevamente se empina hasta alcanzar otra vez la pista principal que abandonamos hace ya un buen rato, y que desechamos por dar un buen rodeo por la ladera de la montaña. De nuevo en la vía principal la tomaremos por nuestra izquierda hasta que en aproximadamente 10 minutos localicemos un marcado desvío a la derecha, a la altura de un crestón cuarcitico, abandonando de nuevo la pista principal por la misma razón que en el caso anterior. Al encontrarnos muy cerca de la línea de cumbres el robledal ha dado paso a un pinar de

repoblación que contrasta enormemente con el anterior paisaje, de todas formas son pequeñas extensiones no continuas que en ocasiones se entremezclan con el propio robledal.

La nueva pista vuelve a ganar ligeramente altura hasta coronar una pequeña loma desprovista de vegetación desde la que se ve la cercana cumbre del Pico de las Cruces, feamente coronada por un conjunto de aparatosas antenas que estropean su visión. Nada más superar el relieve el camino pierde altura y se dirige hasta la misma base de la montaña apartándose luego definitivamente de ella, lo que nos obligará a abandonarlo para subir campo a través hacia la cercana divisoria de aguas de la que sólo nos separa un considerable desnivel. Rodeados por verdes pastizales y algún que otro brote de robledal alcanzaremos la línea de cumbres así como la pista forestal que nos conducirá hasta la misma cima, no sin antes adentrarnos en otro espeso robledal asentado en la ladera meridional. En el altivo mirador encontraremos numerosas antenas y construcciones que pertenecen a TVE y a Retevisión, así como un extraño vértice geodésico, yo por lo menos no he visto ninguno con ese tamaño, de casi seis metros de altura y totalmente vallado. Como es de suponer las vistas son amplísimas y dignas de mención, como ya sucedía en la cercana Sierra de la Higuera, lo que ocurre ahora es que al estar más altos se abarca todavía más; así podemos apreciar con toda nitidez la silueta del Pico del Almanzor, los Galayos, el Puerto del Pico, y todo el sector de Gredos Oriental, pero también las primeras estribaciones montañosas de la Comunidad de Madrid y el cercano valle del Tajo. Así mismo vemos el resto de cumbres de la Sierra de San Vicente entre las que sobresalen los picos San Vicente (1322 m) y Pelados (1333 m).

En las inmediaciones de la cumbre podemos hacer un alto en el camino en cualquiera de las amplias campas que la rodean y disfrutar de un merecido descanso que nos ayude a recobrar las fuerzas necesarias para el camino de regreso. Este se puede efectuar por el mismo recorrido o bien tomar una pequeña variante que, aunque algo más larga, nos va a ayudar

a completar los conocimientos de este enclave montañoso. Así, propongo no abandonar la pista forestal que desciende del Pico de las Cruces y seguirla por todo el cordal hasta hallar un pequeño collado de cota 1248 metros que se ubica antes del Pico Pelados. Aquí nos desviaremos a la izquierda para tomar un ramal que en acusado descenso se dirige hasta los manantiales que alumbran el arroyo de la Tejada, y que no es otro que la primitiva pista que elegimos en nuestro camino de ida al salir del pueblo de Almendral de la Cañada. Ésta, tras descubrir una cerrada curva, progresa a media ladera hasta encontrar de nuevo el último desvío que elegimos para coronar el Pico de las Cruces, el que se encontraba junto a un espolón rocoso cuarcítico. Sin abandonar la pista nos situaremos de nuevo en la incorporación del primer desvío que escogimos, presentándosenos aquí la opción de continuar por la pista principal y así realizar el recorrido completo, o bien, tomar de nuevo el "atajo" y así tardar menos en llegar a nuestro punto de partida. Sea cual sea la variante elegida, lo que si estaremos seguros es de haber realizado un recorrido diferente y desconocido para la gran mayoría de los madrileños.

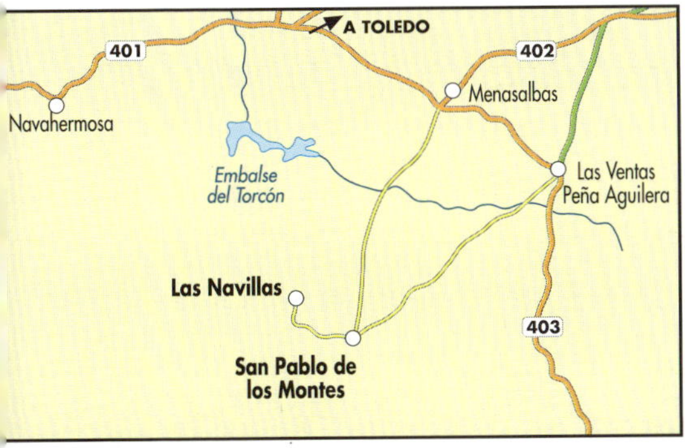

MARCO GEOGRÁFICO

Con un desarrollo longitudinal próximo a los 150 kilómetros y una anchura algo inferior a los 50 kilómetros, los Montes de Toledo ocupan una superficie aproximada de 5.500 km^2 repartidas a partes iguales entre las provincias de Toledo y Ciudad Real. Sus límites naturales serían por tanto; al norte la meseta cristalina de Toledo, al este La Mancha, al sur el Campo de Calatrava y al oeste la comarca de La Jara. El espacio así definido se desarrolla en su totalidad dentro del sector de la Meseta Meridional, en el que aflora un relieve modelado sobre un roquedo muy antiguo –eras Arcaica y Primaria– compuesto mayoritariamente por capas de pizarras y cuarcitas fuertemente plegadas como consecuencia de fases de actividad tectónica muy remotas –orogenia herciana–.

Los Montes de Toledo constituyen una agrupación de relieves montañosos caracterizada por su robustez y densidad, por una ausencia casi total de alineaciones importantes y por un claro predominio de las serrotas cortas, muy numerosas y juntas entre sí, que componen intrincados relieves de apariencia monótona y perfiles redondeados. La mayoría de estas sierras ofrecen fuertes desniveles así como importantes afloraciones rocosas de origen cuarcítico, muy duras y resistentes al ataque de los agentes externos, que han quedado en resalte por el vaciamiento por erosión diferencial de los materiales pizarrosos mucho más blandos y deleznables. Este proceso erosivo hace de los Montes de Toledo un ejemplo antológico de lo que los geomorfólogos denominan "relieve apalachense", caracterizado por una sucesión de alineaciones cuarcíticas de similar altitud delimitadas por depresiones excavadas en franjas pizarrosas.

Dentro de estas alineaciones la Sierra de San Pablo de los Montes es un eslabón más al estar comprendida entre la Sierra del Castañar y la Sierra de Corral de Cantos. Se desarrolla entre el Puerto del Milagro y el Collado Marchés con alturas comprendidas entre los 1200-1400 metros de altitud, aunque ocasionalmente es rebasada como sucede con el Pico de Peñafiel (1419 m), máxima altitud del enclave montañoso.

VEGETACIÓN

Pese a que en la actualidad las áreas de pendiente suave y las depresiones interiores se encuentran ampliamente roturadas y en los relieves montañosos la vegetación ha sufrido una apreciable degradación, es fácil aún apreciar que la formación arbórea por excelencia es el bosque mediterráneo compuesto por un denso encinar al que acompaña un variado y rico sotobosque. Este bosque leñoso en el que la encina es la especie casi exclusiva ocupa los sectores de los piedemontes externos, las laderas de las sierras más bajas y la parte inferior de las vertientes de los macizos de mayor altura y humedad. Estos encinares se caracterizan por ofrecer una gran espesura siempre y cuando no hayan sido ahuecados o limpiados para su aprovechamiento ganadero, con un estrato arbustivo oloroso constituido por jaras, tomillos, cantueso, romero, etc., así como por lentiscos, cornicabras, acebuches, y enebros. En la sierras de mayor entidad, favorecidas a efectos pluviométricos por la orografía, se desarrollan bosques mixtos correspondientes a una flora de origen atlántico compuestos esencialmente por quejigos y alcornoques, además de la sempiterna encina, con un denso matorral al que se añaden especies como torviscos, madroños, y brezos. Por lo que respecta a las más altas umbrías y en general a las laderas más frescas y húmedas es el rebollar la formación arbórea dominante, con bosques casi puros en los que escasean los individuos de gran porte a causa de las acciones antrópicas.

En la actualidad esta cubierta vegetal sigue ocupando la mayor parte de la superficie de las sierras, pero con frecuencia no conserva su carácter y porte forestal ni su densidad originaria –podas, carboneo, leña, incendios, ganado–, sino que aparece más o menos degradada e incluso sustituida por comunidades de monte bajo.

FAUNA

Desde muy antiguo aparece reflejado en numerosos libros de viajes, caza y estudio, la abundante riqueza faunística que desde siempre han albergado estas sierras. A ello ha contribuido su accidentada topografía, su escasa ocupación humana, la marginalidad del enclave respecto a las principales vías de comunicación, y sobre todo las amplias extensiones de monte y arbolado tan necesarios para el desarrollo de la vida animal. Esta relación entre flora y fauna ha quedado reflejada en textos tales como *La Montería* de Alfonso XI, o en *Las Relaciones Topográficas de los Pueblos de España* mandada realizar por Felipe II en el siglo XVI, donde se hace mención de los buenos que eran estos terrenos para la caza del venado, el oso –desaparecido en el siglo XVIII–, el jabalí, el lince, o el mismo lobo –aniquilado en la década de los 70–. Su merecida fama cinegética ha puesto en grave peligro de extinción algunas de las especies que la habitan, sobre todo en los últimos años a causa de la caza incontrolada, y todo ello a pesar de poseer actualmente una serie de espacios protegidos dentro de las proximidades de los Montes de Toledo, como la Reserva Nacional de Cijara, el Coto Nacional de Quintos de Mora, o el mismo Parque Nacional de Cabañeros. De todas formas es justo reconocer que esta situación sólo se produce en los escasos montes comunales y de titularidad pública porque en el resto, dada la gran proliferación de enormes latifundios de propiedad privada dedicados en su mayor parte como cotos de caza, destacan desde un punto de vista biogeográfico como zonas de un alto valor ecológico por la excepcional reserva de fauna y flora que cobijan en su seno.

Todo ello da una idea de la variedad faunística de la comarca de los Montes de Toledo, con especies tan señaladas como el corzo, gamo, jabalí, meloncillo, águila imperial y real, buitre negro y leonado, alimoche, halcón peregrino, gavilán, cigüeña negra, búho real, junto a conejos, ginetas, tejones, garduñas, nutrias o el escasísimo lince ibérico.

KILÓMETROS DESDE MADRID: 118 km.
DISTANCIA TOTAL: 14 kilómetros.
DURACIÓN TOTAL: 3 horas y 30 minutos.
TIEMPOS DE MARCHA: Las Navillas – Puerto de Marchés; 1 hora y 15 minutos. Puerto de Marchés – Cumbre de las Majadillas; 25 minutos. Cumbre de las Majadillas – Puerto de Robledillo; 20 minutos. Puerto de Robledillo – Las Navillas; 1 hora y 30 minutos.
DESNIVEL: 485 metros.
DIFICULTAD: baja. Apta para todos los públicos.
TIPO DE CAMINO: pista forestal en su mayor parte. Recorrido circular.
AGUA POTABLE: antes de coronar el Puerto de Marchés encontraremos la fuente de la Canaleja.
ÉPOCA RECOMENDADA: cualquier fin de semana desde octubre hasta junio.
SUGERENCIAS: el itinerario que a continuación se detalla quizás sea uno de los más completos que se pueden realizar por los Montes de Toledo.
CARTOGRAFÍA: hoja 684 escala 1:50.000 del I.G.N. o S.G.E.

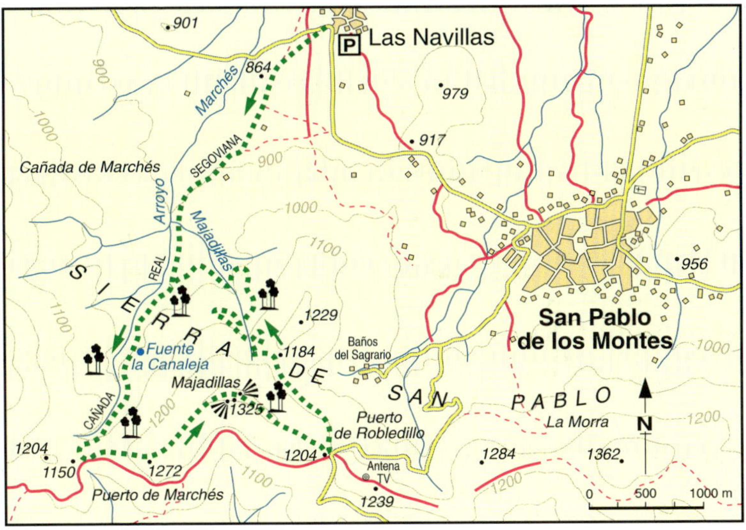

Hasta el municipio toledano de San Pablo de los Montes nos acercaremos para dar comienzo a un nuevo itinerario que nos va a permitir recorrer uno de los rincones más bellos y desconocidos de la Comunidad de Castilla-La Mancha. Una vez situados en el pueblo tomaremos el desvío que conduce hasta la pequeña pedanía de Las Navillas, distante tan solo 3 kilómetros, en donde estacionaremos nuestro vehículo justo a su entrada. Aquí localizaremos una amplia campa a la izquierda de la carretera así como la pista que en escasos metros nos guiará hasta al Cañada Real Segoviana, nada más superar un campo de fútbol.

La amplia vereda por la que transitamos se encuentra flanqueada a ambos lados del camino por magníficos bosques de robles melojos asentados en las laderas septentrionales de la Sierra de San Pablo y Macizo de Corral de Cantos, aunque desgraciadamente buena parte de los terrenos que engloba este último pertenecen a fincas particulares y latifundios como el que limita la valla que encontraremos a nuestra derecha. La Cañada progresa en estos primeros instantes por el amplio valle recorrido por las aguas del arroyo Marchés, pero a medida que ascendemos éste va estrechando su fondo hasta quedar reducido a su mínima expresión, sobre todo a partir de la incorporación del arroyo de las Majadillas. Tras sobrepasar este último, el bosque se ciñe a los márgenes del camino haciendo muy agradable la subida al ir continuamente fijándonos en el tamaño de algunos ejemplares. Si miramos con atención nos daremos cuenta que también aparecen entremezclados algunos fresnos y arces, sobre todo en el fondo del valle, mientras que en las zonas más soleadas y secas es la encina y la jara las que hacen acto de presencia.

Cuando llevemos aproximadamente 45 minutos de andadura hallaremos la única fuente que existe en todo el camino, la llamada Canaleja, recientemente reconstruida como así indica una inscripción. Antes habremos sobrepasado el único desvío que presenta el camino, el que a la izquierda se sitúa junto a una barrera con cadena que impide el acceso a vehículos, a la altura de un cartel contraincendios, y que es el ramal que utilizaremos en nuestro camino de regreso. El tramo más duro de la ascensión aparece nada más sobrepasar el manantial, lo que provoca que el camino se estreche aún más hasta casi quedar reducido a una trocha que se abre paso entre el denso jaral que cubre por completo los últimos metros que anteceden al Puerto de Marchés (1150 m). Desde el collado se aprecia una magnífica vista sobre el valle del río Bullaque, enorme depresión interior de extraordi-

naria planitud recubierta en su totalidad por depósitos pedregosos transportados desde las sierras colindantes –rañas–.

Una vez efectuada la parada de rigor reemprenderemos el camino abandonando para ello la Cañada, que a partir de ahora se dirige al pueblo de Retuerta de Bullaque, en busca de la cercana cumbre de las Majadillas (1325 m) que a nuestra izquierda se alza desafiante. La subida es fácil al no estar cubierta su ladera por apenas vegetación, así que buscaremos los claros de terreno para evitar en la medida de lo posible los afloramientos rocosos. De todas formas, cuando nos hallemos a media ladera encontraremos numerosas veredas trazadas por el ganado que nos ayudarán a transitar cómodamente entre los tres grandes resaltes cuarcíticos que configuran la cima, sin perder nunca de vista la excelente panorámica que se abre a ambas vertientes. El descenso hacia el Puerto del Robledillo (1204 m) es todavía más rápido al aprovechar la marcada senda que se dirige al collado, y que en sus últimos metros toma la apariencia de una pista. Sin llegar nunca a cruzar la carretera local que pasa por el puerto descubriremos a nuestra izquierda una nueva pista casi oculta entre el robledal que será el camino definitivo que emplearemos para el regreso. Al adentrarnos de nuevo por la ladera de umbría el bosque de robles vuelve poco a poco a recuperar su esplendor hasta cubrir por completo la ladera de la montaña creando un ambiente sombrío pero muy acogedor, que nada tiene que ver con las raquíticas formaciones que hemos atravesado al recorrer el cordal de las Majadillas. En escasos 20 minutos alcanzaremos un

pequeño collado (1184 m) cubierto por una verde campa que aprovecharemos para realizar un merecido descanso y de paso reponer fuerzas, en un claro del robledal desde el que se divisa el pueblo de San Pablo de los Montes.

A partir de aquí el camino pierde decididamente altura describiendo continuos zigzags que cruzan en varias ocasiones la hondonada por donde circulan las aguas del arroyo de Majadillas, en el tramo que sin lugar a duda el bosque mayor belleza adquiere. Aunque existen desvíos a ambos lados de la pista nosotros desecharemos todos hasta reincorporarnos de nuevo al fondo del valle por donde transitaba la Cañada Real Segoviana, que una vez más nos guiará hasta la población de Las Navillas donde concluye el itinerario.

MARCO GEOGRÁFICO

Con un desarrollo longitudinal próximo a los 150 kilómetros y una anchura algo inferior a los 50 kilómetros, los Montes de Toledo ocupan una superficie aproximada de 5.500 km^2 repartidas a partes iguales entre las provincias de Toledo y Ciudad Real. Sus límites naturales serían por tanto; al norte la meseta cristalina de Toledo, al este La Mancha, al sur el Campo de Calatrava y al oeste la comarca de La Jara. El espacio así definido se desarrolla en su totalidad dentro del sector de la Meseta Meridional, en el que aflora un relieve modelado sobre un roquedo muy antiguo –eras Arcaica y Primaria– compuesto mayoritariamente por capas de pizarras y cuarcitas fuertemente plegadas como consecuencia de fases de actividad tectónica muy remotas –orogenia herciana–.

Los Montes de Toledo constituyen una agrupación de relieves montañosos caracterizada por su robustez y densidad, por una ausencia casi total de alineaciones importantes y por un claro predominio de las serrotas cortas, muy numerosas y juntas entre sí, que componen intrincados relieves de apariencia monótona y perfiles redondeados. La mayoría de estas sierras ofrecen fuertes desniveles así como importantes afloraciones rocosas de origen cuarcítico, muy duras y resistentes al ataque de los agentes externos, que han quedado en resalte por el vaciamiento por erosión diferencial de los materiales pizarrosos mucho más blandos y deleznables. Este proceso erosivo hace de los Montes de Toledo un ejemplo antológico de lo que los geomorfólogos denominan "relieve apalachense", caracterizado por una sucesión de alineaciones cuarcíticas de similar altitud delimitadas por depresiones excavadas en franjas pizarrosas.

Al oeste del Puerto Marchés los relieves septentrionales de los Montes de Toledo aumentan de anchura y complejidad dando lugar a la Sierra de Corral de Cantos, cuyo límite occidental se sitúa en los puertos del Risco de las Paradas y Valleleor que comunican los valles de los ríos Cedena y Estena. Aunque la altitud media de los cordales se sitúa en torno a los 1300-1350 metros existen algunos picos que la sobrepasan ligeramente como sucede con el propio Sombrerera (1402 m), Corral de Cantos (1421 m) y el pico de San Vicente (1430 m), máxima altitud del enclave montañoso.

VEGETACIÓN

Pese a que en la actualidad las áreas de pendiente suave y las depresiones interiores se encuentran ampliamente roturadas y en los relieves montañosos la vegetación ha sufrido una apreciable degradación, es fácil aún apreciar que la formación arbórea por excelencia es el bosque mediterráneo compuesto por un denso encinar al que acompaña un variado y rico sotobosque. Este bosque leñoso en el que la encina es la especie casi exclusiva ocupa los sectores de los piedemontes externos, las laderas de las sierras más bajas y la parte inferior de las vertientes de los macizos de mayor altura y humedad. Estos encinares se caracterizan por ofrecer una gran espesura siempre y cuando no hayan sido ahuecados o limpiados para su aprovechamiento ganadero, con un estrato arbustivo oloroso constituido por jaras, tomillos, cantueso, romero, etc., así como por lentiscos, cornicabras, acebuches, y enebros. En la sierras de mayor entidad, favorecidas a efectos pluviométricos por la orografía, se desarrollan bosques mixtos correspondientes a una flora de origen atlántico compuestos esencialmente por quejigos y alcornoques, además de la sempiterna encina, con un denso matorral al que se añaden especies como torviscos, madroños, y brezos. Por lo que respecta a las más altas umbrías y en general a las laderas más frescas y húmedas es el rebollar la formación arbórea dominante, con bosques casi puros en los que escasean los individuos de gran porte a causa de las acciones antrópicas.

En la actualidad esta cubierta vegetal sigue ocupando la mayor parte de la superficie de las sierras, pero con frecuencia no conserva su carácter y porte forestal ni su densidad originaria –podas, carboneo, leña, incendios, ganado–, sino que aparece más o menos degradada e incluso sustituida por comunidades de monte bajo.

FAUNA

Desde muy antiguo aparece reflejado en numerosos libros de viajes, caza y estudio, la abundante riqueza faunística que desde siempre han albergado estas sierras. A ello ha contribuido su accidentada topografía, su escasa ocupación humana, la marginalidad del enclave respecto a las principales vías de comunicación, y sobre todo las amplias extensiones de monte y arbolado tan necesarios para el desarrollo de la vida animal. Esta relación entre flora y fauna ha quedado reflejada en textos tales como *La Montería* de Alfonso XI, o en *Las Relaciones Topográficas de los Pueblos de España* mandada realizar por Felipe II en el siglo XVI, donde se hace mención de los buenos que eran estos terrenos para la caza del venado, el oso –desaparecido en el siglo XVIII–, el jabalí, el lince, o el mismo lobo –aniquilado en la década de los 70–. Su merecida fama cinegética ha puesto en grave peligro de extinción algunas de las especies que la habitan, sobre todo en los últimos años a causa de la caza incontrolada, y todo ello a pesar de poseer actualmente una serie de espacios protegidos dentro de las proximidades de los Montes de Toledo, como la Reserva Nacional de Cijara, el Coto Nacional de Quintos de Mora, o el mismo Parque Nacional de Cabañeros. De todas formas es justo reconocer que esta situación sólo se produce en los escasos montes comunales y de titularidad pública porque en el resto, dada la gran proliferación de enormes latifundios de propiedad privada dedicados en su mayor parte como cotos de caza, destacan desde un punto de vista biogeográfico como zonas de un alto valor ecológico por la excepcional reserva de fauna y flora que cobijan en su seno.

Todo ello da una idea de la variedad faunística de la comarca de los Montes de Toledo, con especies tan señaladas como el corzo, gamo, jabalí, meloncillo, águila imperial y real, buitre negro y leonado, alimoche, halcón peregrino, gavilán, cigüeña negra, búho real, junto a conejos, ginetas, tejones, garduñas, nutrias o el escasísimo lince ibérico.

KILÓMETROS DESDE MADRID: 127 km.
DISTANCIA TOTAL: 9,5 kilómetros.
DURACIÓN TOTAL: 3 horas y 45 minutos.
TIEMPOS DE MARCHA: Hontanar – Collado de la Madroña; 45 minutos. Collado de la Madroña – Collado de Marlín; 1 hora. Collado de Marlín – Pico Sombrerera; 30 minutos. Pico Sombrerera – Collado de la Madroña; 1 hora. Collado de la Madroña – Hontanar; 30 minutos.
DESNIVEL: 560 metros.
DIFICULTAD: alta. El desnivel a salvar es considerable a lo que se le une la ausencia de camino durante buena parte de la subida.
TIPO DE CAMINO: pista forestal en su mayor parte. Recorrido circular.
AGUA POTABLE: no encontraremos en todo el camino.
ÉPOCA RECOMENDADA: cualquier fin de semana del otoño, invierno y primavera.
SUGERENCIAS: precaución con las pedreras que encontraremos en la subida. No emprender la excursión en solitario.
CARTOGRAFÍA: hoja 684 escala 1:50.000 del I.G.N. o S.G.E.

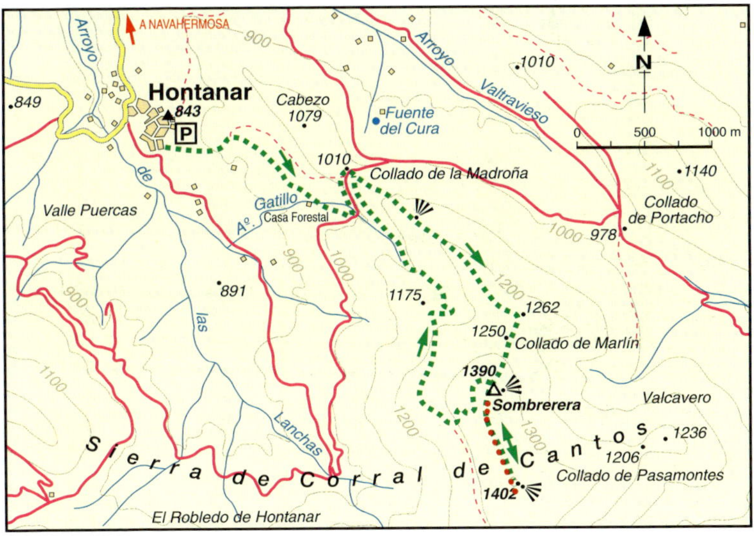

Si en la anterior excursión hemos tenido la oportunidad de recorrer una de las mejores extensiones conservadas de robledal que se asientan en los Montes de Toledo, en esta ocasión vamos a poner un poco más difícil el camino al subir a una de las cumbres más representativas de la comarca, me estoy refiriendo al Pico Sombrerera (1402 m), una de la veintena escasa de alturas que superan ligeramente los 1400 metros de altitud. El punto de partida elegido para la ascensión es el coqueto pueblo de Hontanar, pequeña población asentada en un precioso valle donde se concentran un gran número de arroyos, de ahí el nombre de hontanar. Para llegar a nuestro destino pasaremos primero por el importante municipio de Navahermosa y desde allí tomaremos la carretera que nos conducirá hasta la citada localidad, donde estacionaremos nuestro vehículo en las inmediaciones de su iglesia.

Una vez aquí cogeremos alguna de las calles que bajan hasta el cementerio para así tomar la pista que conduce en sus primeros metros hasta el cercano depósito de aguas, situado a la derecha de la misma. Desde el comienzo, el camino gana rápidamente altura y se adentra en un denso jaral que cubre por completo la ladera por la que ascendemos. La bella vista que se contempla sobre las cumbres que rodean el valle no debe distraernos del primer desvío, nada más superar la loma, tomando el ramal de la izquierda que se encamina hacia unos campos de cultivo y una pequeña alameda. Sobrepasada ésta, la pista poco a poco se va desdibujando hasta quedar convertida en un sendero bien marcado que progresa a media ladera del valle en dirección a la antigua Casa Forestal de la Madroña, dedicada hace años a albergar las cuadrillas de guardas forestales que trabajaban en los bosques contiguos. Así pasaremos por delante de ella y cruzaremos en breves instantes el cauce casi siempre seco del arroyo del Gatillo, penetrando de nuevo en un espesísimo jaral en el que progresivamente va haciendo acto de presencia el encinar. El camino en cuanto salva el lecho de las aguas vuelve a coger altura por la cuesta que bordea la vaguada del arroyo, en busca de la cercana pista que por encima de nuestras cabezas conduce al ya visible Collado de la Madroña (1010 m). En este tramo hay que prestar especial atención para no perder la senda que casi "milagrosamente" se abre paso entre el intransitable jaral, así pues es preferible retroceder unos metros ante la menor duda en el camino antes que aventurarse y tirar para arriba por no detenerse unos segundos en buscar su trazado.

Instalados en la pista giraremos a la izquierda para recorrer en escasos cinco minutos el breve trecho que nos separa del Collado de la Madroña, paso natural que unía antaño el pueblo de Hontanar con el de Navahermosa. Aquí mismo confluye otra pista que a nuestra derecha se dirige hasta las inmediaciones del Pico Corral de Cantos (1421 m), una de las máximas altitudes de la sierra a la que da nombre, y que ahora desecharemos aunque en el regreso será el camino que utilizaremos. También tengo que decir que la ascensión al Pico Sombrerera se puede realizar utilizando esta vía y así evitar la par-

te más "complicada" de la subida, aunque sin lugar a duda le quitaremos al recorrido una gran parte de la belleza y emociones que transmite. Por esta razón propongo subir a nuestro objetivo por el mismo cordal que surge desde el collado, a través de una visible senda que enseguida se divide en dos ramales, eligiendo el de la derecha ya que el otro pierde altura rápidamente. Bien marcada en sus inicios, no en balde es utilizada por cazadores, se diluye al poco tiempo en cuanto aparecen las primeras pedreras atrapadas por los resaltes rocosos. Este hecho no debe preocuparnos pues la trepada es fácil en parte debido al escaso porte de los matorrales, encontrando siempre pasillos por los que progresar excepto en las zonas donde se acumulan los canchales, a los que habrá que prestar mayor atención. Para la ascensión tomaremos como punto de referencia el tubo que se abre entre dos grandes cuchillos rocosos que al principio incluso llegan a superar los 20 metros de desnivel, sin embargo, a medida que progresemos por el canal que los separa estos disminuirán en verticalidad hasta quedar reducidos a simples crestones cuarcíticos. Ello traerá consigo que se produzcan pequeñas brechas en el afloramiento a modo de balconadas que nos permitirán observar el paisaje que se extiende a ambas vertientes, y de paso recuperar el resuello del duro repecho.

Por paradójico que parezca la parte alta del cordal es muy plana y ancha, una vez que desaparecen los resaltes rocosos, lo que facilitará nuestro avance siempre rodeados, eso si, por un denso jaral-encinar que no abandonaremos hasta unos metros antes de coronar el Pico Sombrerera. Hacia su visible cumbre dirigiremos nuestros pasos sobrepasando en primer lugar un cerrillo de cota 1262 m y a continuación el Collado de Marlín (1250 m), para una vez aquí atacar directamente la fuerte pendiente que nos separa de nuestro objetivo final. Antes de coronarlo hallaremos una pequeña pradera situada junto a un gran escalón rocoso hasta la que llega una pista que luego utilizaremos en nuestro camino de regreso. Tras superar este paso encontraremos el correspondiente vértice geodésico, alguna que otra antena, así como una caseta para la vigilancia contraincendios dada la privilegiada posición del Pico Sombrerera respecto al conjunto de montes que le rodean. La verdadera cúspide de la montaña se encuentra ligeramente apartada de la posición del vértice geodésico, en concreto en un pequeño resalte rocoso de cota 1402 m distante algo menos de un kilómetro. Seguro que a más de un lector le llamará poderosamente la atención que el vértice geodésico no se sitúe en el punto más alto del relieve, pero hay que recordarles que aunque por regla general su ubicación coincide con los lugares más altos de las montañas esta situación atiende exclusivamente a criterios cartográficos relacionados con el levantamiento topográfico de un plano, y no altitudinales como cabría suponer. Por lo tanto nos dirigiremos a la verdadera cumbre a través de verdes cam-

pas interrumpidas por pulidos relieves cuarcíticos que en tendida subida nos conducirán hasta la cima situada en el mismo borde de un bello cortado rocoso, donde podemos efectuar una parada técnica para reponer fuerzas y descansar.

Para el camino de regreso cogeremos la pista que finaliza en las inmediaciones de la caseta de vigilancia. Ésta describe en rápido descenso numerosos zigzags hasta que se incorpora a otra pista mucho más marcada que, procedente del Collado de la Madroña, sube hasta las proximidades de Corral de Cantos. Nosotros la tomaremos por nuestra derecha para dirigirnos en continua bajada y sin pérdida alguna hacia el citado collado. Si no queremos utilizar el mismo camino que empleamos en la subida, podemos tomar una antigua pista abandonada que desde el cruce de caminos baja hasta las cercanías del pueblo de Hontanar. Su inicio se encuentra medio oculto por la vegetación, aunque no lo suficiente como para no localizarla, perdiendo enseguida altura por la ladera que mira al valle al pie mismo del roquedo del Cabezo (1079 m). Su desuso provoca que su trazado se vea muy difuminado, hasta convertirse en una simple trocha que progresa entre un denso jaral en dirección al primitivo camino que elegimos nada más salir de la población, dando de esta manera por concluido el itinerario.

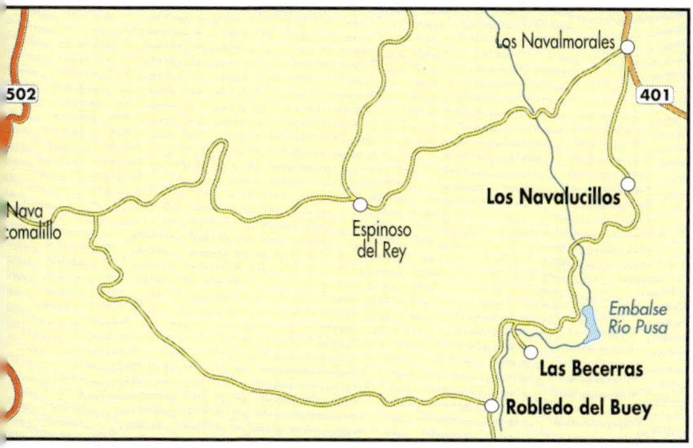

MARCO GEOGRÁFICO

Con un desarrollo longitudinal próximo a los 150 kilómetros y una anchura algo inferior a los 50 kilómetros, los Montes de Toledo ocupan una superficie aproximada de 5.500 km^2 repartidas a partes iguales entre las provincias de Toledo y Ciudad Real. Sus límites naturales serían por tanto; al norte la meseta cristalina de Toledo, al este La Mancha, al sur el Campo de Calatrava y al oeste la comarca de La Jara. El espacio así definido se desarrolla en su totalidad dentro del sector de la Meseta Meridional, en el que aflora un relieve modelado sobre un roquedo muy antiguo –eras Arcaica y Primaria– compuesto mayoritariamente por capas de pizarras y cuarcitas fuertemente plegadas como consecuencia de fases de actividad tectónica muy remotas –orogenia herciana–.

Los Montes de Toledo constituyen una agrupación de relieves montañosos caracterizada por su robustez y densidad, por una ausencia casi total de alineaciones importantes y por un claro predominio de las serrotas cortas, muy numerosas y juntas entre sí, que componen intrincados relieves de apariencia monótona y perfiles redondeados. La mayoría de estas sierras ofrecen fuertes desniveles así como importantes afloraciones rocosas de origen cuarcítico, muy duras y resistentes al ataque de los agentes externos, que han quedado en resalte por el vaciamiento por erosión diferencial de los materiales pizarrosos mucho más blandos y deleznables. Este proceso erosivo hace de los Montes de Toledo un ejemplo antológico de lo que los geomorfólogos denominan "relieve apalachense", caracterizado por una sucesión de alineaciones cuarcíticas de similar altitud delimitadas por depresiones excavadas en franjas pizarrosas.

El arroyo del Chorro nace en la Sierra de Rocigalgo dentro del sector más intrincado y vigoroso de los Montes de Toledo. Se trata de un denso conjunto de elevaciones cuarcíticas de orientación NO-SE que con una anchura próxima a los 40 kilómetros se extiende desde el pueblo de Los Navalmorales, situado en el piedemonte septentrional, hasta los confines meridionales del valle del río Estena, ya muy cerca de la provincia de Badajoz. La altitud y el empaque de los relieves aumentan de norte, donde las alineaciones son menores y no alcanzan los 1200 m de altura, a sur, donde se agrupan un gran número de cordales en los que tienen su cabecera ríos importantes como Cedena, Pusa, Cedilla y el mencionado Estena. En este último sector se localizan varias cumbres que superan los 1400 m de altitud dos de las cuales son las máximas cúspides de los Montes de Toledo, me estoy refiriendo a los picos Majana (1438 m) y Rocigalgo (1448 m).

VEGETACIÓN

La vegetación que cubre los márgenes de los ríos y arroyos de las áreas de montaña más elevadas de los Montes de Toledo, se caracteriza por presentar especies arbóreas y arbustivas que se corresponden con pasadas épocas climáticas muy distintas a la que se desarrollan en la actualidad. Dichas márgenes, que en los tramos más bajos y abiertos están colonizadas de forma casi exclusiva por sauces, fresnos, y álamos, se encuentran ocupadas en los sectores más altos e intrincados por bosques de ribera constituidos además de por las especies indicadas, por arces, mostajos y robles, aunque en los enclaves especialmente cerrados también aparecen abedules, acebos y tejos, que se pueden considerar relictos de fases climáticas frías del pasado. Ello es posible gracias a las singularísimas condiciones ambientales que se crean en las angosturas de algunas gargantas, donde podemos encontrar un microclima excepcionalmente húmedo, fresco y umbroso, que permite el desarrollo de estas reliquias vivientes propias de otros tiempos pasados y otras latitudes, como ocurre en el valle del arroyo del Chorro.

FAUNA

Desde muy antiguo aparece reflejado en numerosos libros de viajes, caza y estudio, la abundante riqueza faunística que desde siempre han albergado estas sierras. A ello ha contribuido su accidentada topografía, su escasa ocupación humana, la marginalidad del enclave respecto a las principales vías de comunicación, y sobre todo las amplias extensiones de monte y arbolado tan necesarios para el desarrollo de la vida animal. Esta relación entre flora y fauna ha quedado reflejada en textos tales como *La Montería* de Alfonso XI, o en *Las Relaciones Topográficas de los Pueblos de España* mandada realizar por Felipe II en el siglo XVI, donde se hace mención de los buenos que eran estos terrenos para la caza del venado, el oso –desaparecido en el siglo XVIII–, el jabalí, el lince, o el mismo lobo –aniquilado en la década de los 70–. Su merecida fama cinegética ha puesto en grave peligro de extinción algunas de las especies que la habitan, sobre todo en los últimos años a causa de la caza incontrolada, y todo ello a pesar de poseer actualmente una serie de espacios protegidos dentro de las proximidades de los Montes de Toledo, como la Reserva Nacional de Cijara, el Coto Nacional de Quintos de Mora, o el mismo Parque Nacional de Cabañeros. De todas formas es justo reconocer que esta situación sólo se produce en los escasos montes comunales y de titularidad pública porque en el resto, dada la gran proliferación de enormes latifundios de propiedad privada dedicadas en su mayor parte como cotos de caza, destacan desde un punto de vista biogeográfico como zonas de un alto valor ecológico por la excepcional reserva de fauna y flora que cobijan en su seno.

Todo ello da una idea de la variedad faunística de la comarca de los Montes de Toledo, con especies tan señaladas como el corzo, gamo, jabalí, meloncillo, águila imperial y real, buitre negro y leonado, alimoche, halcón peregrino, gavilán, cigüeña negra, búho real, junto a conejos, ginetas, tejones, garduñas, nutrias o el escasísimo lince ibérico.

KILÓMETROS DESDE MADRID: 151 km.
DISTANCIA TOTAL: 8 kilómetros.
DURACIÓN TOTAL: 3 horas.
TIEMPOS DE MARCHA: Inicio – Fin de la pista; 1 hora. Fin de la pista – Cascada del Chorro; 30 minutos. Camino de regreso; 1 hora y 30 minutos.
DESNIVEL: 110 metros.
DIFICULTAD: nula. Apta para todos los públicos.
TIPO DE CAMINO: pista forestal y senda. Recorrido de ida y vuelta.
AGUA POTABLE: no encontraremos en todo el camino.
ÉPOCA RECOMENDADA: otoño, invierno y sobre todo primavera.
SUGERENCIAS: para visitar la Cascada del Chorro se necesita teóricamente un permiso del Ayuntamiento de Los Navalucillos –Tlf.: 925-426381–, especialmente en verano cuando hay mayor afluencia de público. Está terminantemente prohibido bañarse en el arroyo.
CARTOGRAFÍA: hoja 683 escala 1:50.000 del I.G.N. o S.G.E.

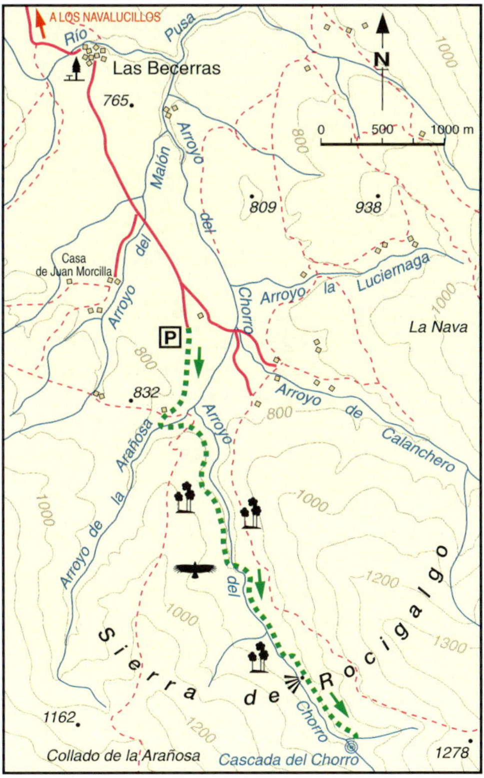

La última excursión del libro está especialmente recomendada para aquellos grupos de amigos, padres de familia, parejas, o profesores de alumnos, que quieran sin mucho esfuerzo ver uno de los rincones más sobrecogedores de los Montes de Toledo. A los valores meramente paisajísticos de la excursión hay que añadirle su innegable valor didáctico, pues en poco lugares, a no ser en un jardín botánico, vamos a encontrar el número y variedad de especies relacionadas con ámbitos bioclimáticos tan diversos y cercanos entre sí, a lo que hay que añadir el interesantísimo ecosistema faunístico que acoge merecedor por sí solo de un itinerario.

El punto de partida que nos va a permitir visitar la Cascada del Chorro nace en las inmediaciones de una pequeña aldea situada en mismo valle del río Pusa, casi en la unión con las aguas del arroyo del Chorro. Para acceder a este perdido rincón de la geografía toledana deberemos en primer lugar ir hasta el pueblo de Los Navalucillos y allí escoger la carretera que se dirige hacia Robledo del Buey, para a continuación, tomar la pista debidamente señalizada que a nuestra izquierda baja hasta el asentamiento de Las Becerras. El desvío lo encontraremos cuando llevemos algo más de 10 kilómetros y nos conducirá en acusado descenso hasta el puente que salva las aguas del Pusa, en cuyas proximidades existe un bonito merendero abierto durante todo el año cobijado a la sombra de centenarios castaños. Nada más cruzar el río la pista gira a la izquierda en busca del amplio valle del arroyo del Chorro, situado nada más sobrepasar la aldea, que en estos primeros instantes se encuentra rodeado por campos de cultivo. En poco más de 3 kilómetros, tras superar varios desvíos a ambos lados del camino, nos encontraremos con una cadena que impide el acceso de vehículos así como un cartel de prohibido el paso a toda persona no autorizada, momento a partir del cual da comienzo el itinerario propiamente dicho.

Aunque teóricamente es preciso solicitar un permiso al Ayuntamiento de Los Navalucillos para visitar la cascada en la práctica no deja de ser un mero formulismo, ya que nadie controla tal acceso. Solamente en verano encontraremos algún guarda forestal que nos lo puede solicitar para así evitar acampadas ilegales que deterioren el entorno y sobre todo la calidad de las aguas, pues no hay que olvidar que la captación para el consumo del municipio se realiza del mismo arroyo del Chorro.

Por lo que respecta al camino decir que no presenta ninguna complicación, pues desde el comienzo vamos a progresar por una amplia pista que en sus primeros metros se aparta ligeramente del valle para así bordear el pequeño cauce del arroyo de la Arañosa. Antes de cruzar el puente podemos apreciar junto al mismo lecho de las aguas un viejo castaño de enorme tamaño así como un magnífico tejo, especies muy raras en los Montes de Toledo. A partir de aquí el camino gana momentáneamente altura hasta que de nuevo se adentra en la estrecha garganta que crea el arroyo del Chorro, discurriendo el camino a media ladera pero sin dejar en ningún instante de perder altura. Hay que destacar el densísimo bosque mediterráneo

que cubre las laderas del valle, tan tupido que resulta imposible transitar por él fuera de los márgenes del camino, aunque si nos fijamos con atención no todos los árboles son encinas, sino que en realidad muchos de ellos son quejigos fácilmente confundibles por el parecido de la corteza y la hoja. También aparecen robles melojos en los suelos más húmedos y siempre en las áreas de umbría, así como brezos en las inmediaciones del arroyo. Cuando llevemos unos 40 minutos de andadura la pista cambia de orilla y continúa remontando el valle del Chorro, aunque en esta ocasión por su mismo fondo. Ello nos va a permitir observar con toda comodidad la variada vegetación que se asienta en las inmediaciones del lecho del arroyo, tanto arbórea como arbustiva; así destacar entre la primera chopos, nogales, castaños, robles, fresnos, y tejos, mientras que entre la segunda señalar la presencia de brezos, majuelos, madroños y el escasísimo acebo, auténtica joya botánica del valle. Este variado ecosistema y su extraordinario grado de conservación se ve acrecentando aún más si cabe por la abundantísima y singular fauna que lo habita, formada básicamente por jabalíes, zorros, ciervos, gamos y nutrias entre otras especies, pero que menciono por su fácil avistamiento.

La cómoda pista que venimos siguiendo desde el principio llega repentinamente a su fin, justo cuando crea una pequeña explanada donde hallaremos unas casetas que sirven para captar el agua que luego es transportada hasta el pueblo de Los Navalucillos. Aquí mismo hay que buscar la antigua senda que recorría el valle y que se encuentra unos metros por encima de nuestras cabezas, ligeramente en lo alto del terraplén. El nuevo camino es especialmente bello a ganar someramente altura por la ladera que recubre el encinar, lo que nos va a permitir de vez en cuando observar la impresionante garganta que recorre el arroyo del Chorro. En escasa media hora localizaremos un imponente farallón rocoso bajo el cual la senda se divide en dos ramales; el de la izquierda, que se aparta momentáneamente del valle para bordear el resalte rocoso continuando algo más arriba por las inmediaciones del cauce hasta finalizar en el Collado del Chorro (1310 m), al pie mismo del Pico Rocigalgo (1448 m), mientras que el de la derecha nos conducirá, tras vadear el lecho de un pequeño cauce, a la misma Cascada del Chorro distante escasos metros. El salto se ubica en el tramo más angosto del valle custodiado por esbeltos cortados pétreos puestos en resalte por la acción erosiva de las aguas, provocando un salto de unos 10 metros de altura. En época de lluvias presenta una caudal considerable aunque durante todo el año se puede apreciar la innegable belleza de su cola blanca, siempre rodeados por una vegetación exuberante propia de otros climas y latitudes pero que aquí encuentra unas condiciones ambientales muy propicias debido a la singularidad del enclave.

Antes de emprender el camino de regreso podemos curiosear por las proximidades del lugar para observar el variado número de especies que aquí se congregan, entre las que destacan abedules, acebos, tejos y helechos entre otras conocidas. También podemos trepar hasta el tramo superior de la cascada (no intentarlo desde el mismo salto) para de esta forma contemplar la mejor panorámica de todo el valle, así como dos magníficas pozas de gran tamaño que represan las aguas cristalinas del arroyo, y alguna que otra cascada más que pondrán el colofón final a esta inolvidable excursión.

Bibliografía

Acero Guerra, Miguel Ángel / López Vázquez, Luis: *Guía de la Casa de Campo de Madrid*. Madrid, Libros Penthalon, 1992.

Acero Guerra, Miguel Ángel / López Vázquez, Luis: *Andar por el Alto Tajo*. Madrid, Libros Penthalon, 1992.

Acero Guerra, Miguel Ángel: *Madrid a la búsqueda de su Naturaleza*. Madrid, Libros Penthalon, 1995.

Cepillo, José Luis / Ruiz, Francisco/ Madrid, Juan: *Andar por las Sierras y Barrancos de las Zona Centro*. Madrid, Libros Penthalon, 1993.

Cepillo, José Luis / Ruiz, Francisco/ Madrid, Juan: *Andar por las Sierras de Guadalajara*. Madrid, Libros Penthalon, 1995.

Cepillo, José Luis / Ruiz, Francisco/ Madrid, Juan: *Andar por los Montes de Toledo*. Madrid, Libros La Tienda, 1997.

Costa Morata, Pedro: *Guía Natural de las Montañas Españolas*. Madrid, Icona, 1993.

Ferrer, José María: *Viajar por... Castilla La Mancha*. Madrid, Ediciones La Librería, 1996.

García Gómez, Enrique: *Por los Montes de Toledo*. Toledo, Servicio de Publicaciones de las Junta de Comunidades de Castilla-La Mancha. Colección Rutas de Senderismo, 1995.

Leralta García, Javier: *Pueblos y Paisajes de Madrid*. Madrid, Ediciones La Librería, 1995.

Leralta García, Javier: *Rutas Verdes desde Madrid*. Madrid, Ediciones La Librería, 1997.

Lobo, Jorge: *Andar por la Sierra de Gredos*. Madrid, Ediciones Penthalon, 1990.

López Vázquez, Luis / Acero Guerra, Miguel Ángel: *Andar por la Serranía de Cuenca*. Libros Penthalon, 1993.

Marrero Cabrera, Juan Antonio: *Itinerarios por Segovia*. León, Ediciones Lancia, 1996.

Moreno, Manuel Andrés: *Andar por la Guadalajara desconocida*. Madrid, Libros Penthalon, 1995.

PLIEGO VEGA, DOMINGO: *100 excursiones por la Sierra de Madrid* (Tomo I). Madrid, Ediciones La Librería, 1992.

PLIEGO VEGA, DOMINGO: *100 excursiones por la Sierra de Madrid* (Tomo II). Madrid, Ediciones La Librería, 1992.

PLIEGO VEGA, DOMINGO: *La Sierra de la Cabrera y sus alrededores.* Madrid, Guías Desnivel, 1981.

RINCÓN, MANUEL: *Andar por el Macizo de Ayllón.* Madrid, Ediciones Penthalon, 1988.

SANTAMARÍA POLO, TOMÁS /ACEBES ARRANZ, JOSÉ LUIS: *Gredos, roca viva.* Proatur, S.A., 1995

VV.AA: *Guía de los Espacios Naturales de Castilla-La Mancha.* Toledo, Servicio de Publicaciones de la Junta de Comunidades de Castilla-La Mancha, 1992.

VV.AA: *El Escorial, sus montes y alrededores.* Madrid, Consejería de Educación y Cultura-Dirección General de Juventud, 1989.

VV.AA: *La Sierra Norte.* Madrid, Consejería de Educación y Cultura-Dirección General de Juventud, 1989.

VV.AA: *El Suroeste de Madrid a través de una vía de tren abandonada.* Madrid, Consejería de Educación y Cultura-Dirección General de Juventud, 1989.

VV.AA: *Hábitat-Ecoguía de los Espacios Naturales de España y Portugal.* Volumen I y II. Taller de Editores S.A., 1995.